実務フロー順でわかる

フリーランス法
への対応

宇賀神国際法律事務所 弁護士
宇賀神 崇【著】
UGAJIN TAKASHI

FREE LANCE

中央経済社

はじめに

　本書は，いわゆるフリーランス法にどのように対応すべきか，実務フローに沿って解説したものである。

　筆者は，第二東京弁護士会が厚労省から委託を受けて運営している「フリーランス・トラブル110番」事業が2020年11月に開始して以来，同事業においてフリーランスから数多の無料法律相談に応じてきた弁護士の一人である。同事業の累計相談件数は既に2万件を超えており，筆者自身がこれまで経験してきた相談件数も，おそらく数百件程度に上る。フリーランスと発注者の間でどのようなトラブルが，どのような原因で生じているか，よく実情を把握している数少ない弁護士であると自負している。

　発注者とフリーランスとの間のトラブルを防ぐことは，発注者とフリーランスの双方が気持ちよく働くために，また，この国でフリーランスという働き方が根付き，健全に発展するために，ぜひとも必要なことである。働き手が安心してより自由に働ける社会を構築することは，個々の働き手が自己の能力や創造性を今まで以上に発揮し，ワークライフバランス（ライフワークバランス）を図り，もって個々の生産性と幸福度を向上させ，ひいては，この国の再生の道筋をつけるために，必要なことである。フリーランス法という新しい法律が制定されたのも，まさにこのためである。

　そのような思いを胸に，筆者は，本書において，ただ単にフリーランス法の内容だけを平板に説明するのではなく，フリーランス・トラブル110番の相談経験を豊富に想起しながら，読者が実際に直面するであろう様々な問題を取り上げ，実務フロー順に並べ，その都度どのように対応すべきか，又は対応すべきでないか，可能な限り解説した。必要に応じ，フリーランス法ではない内容も豊富に盛り込んだ。

　実務対応を考えるうえで重要なポイントではあるものの，読者がいきなり読

むには難しい発展的な問題は，「深掘りコラム」として別立てで解説した。

　本書が，発注者とフリーランス双方にとって望ましい実務の実現のためにお役にたてば，望外の喜びである。

2024年11月

弁護士　宇賀神　崇

目　　次

はじめに・i

凡例・XIV

第1章　フリーランス法とは？

1　フリーランス法とは？ ……………………………………… 3

2　フリーランス法成立の背景と経緯 ……………………… 3

3　フリーランス法の項目 …………………………………… 5

(1)　全体像／5

(2)　フリーランスの定義／7

(3)　契約条件明示義務／7

(4)　60日・30日以内の報酬支払／8

(5)　報酬減額，買いたたき等の禁止／8

(6)　募集情報の的確表示義務／9

(7)　妊娠出産育児介護配慮義務／10

(8)　ハラスメント対策義務／10

(9)　契約解消の30日前予告義務／10

(10)　違反への制裁／11

4　フリーランス法のリスク ………………………………… 11

(1)　行政上の指導・勧告・命令，刑事罰／11

(2)　民事上の責任，紛争リスク／12

5　フリーランス法前後で何が変わるのか？ ………………… 13

(1)　労働法／13

II

(2) 独禁法・下請法／14

(3) 消費者法／15

(4) 民法／16

(5) フリーランス法施行後／17

6　フリーランス法対応のポイントと重要度 ……………………… 19

深掘りコラム1　フリーランス法の私法的効力 ………………… 20

(1) 私法上の効力の実務上の重要性／20

(2) 独禁法の私法上の効力／20

(3) 下請法の私法上の効力／23

(4) 労基法の私法上の効力／26

(5) 労働法規上の「配慮義務」の私法上の効力／26

(6) その他の労働法規の私法上の効力／28

(7) フリーランス法の私法上の効力／29

第2章　フリーランス法が適用される範囲は？

1　フリーランス＝「特定業務受託者」とは？ ……………………… 37

(1) 「業務委託」／37

(2) 「事業者」／40

(3) 「従業員」の使用／44

(4) 法人であって，「代表者」の他に「役員」がいない／46

(5) 「特定受託事業者」該当性の判断基準時／49

(6) 「特定受託事業者」該当性の判断方法／53

2　発注者＝「業務委託事業者」「特定業務委託事業者」とは？ … 56

(1) 「業務委託事業者」／56

(2) 「特定業務委託事業者」／56

目　次　**III**

(3)　発注者に適用されるフリーランス法の規定／57

3　実務対応のポイント ……………………………………………… 57

(1)　広く零細事業者にフリーランス法対応をとる場合／57

(2)　フリーランス法の適用対象のみに対応を限定する場合／60

(3)　申告書等のひな型／62

深掘りコラム 2　法人の特定受託事業者該当性 …………………… 65

(1)　自然人 1 名が「代表社員」である合同会社／65

(2)　自然人 1 名が「代表社員」である合同会社で，その同居の配偶者が存在する場合／65

(3)　株式会社 1 社が「代表社員」である合同会社で，当該株式会社の唯一の株主・取締役である自然人が合同会社の職務執行者とされている場合／67

(4)　株式会社 1 社が「代表社員」である合同会社で，当該株式会社の従業員 1 名が合同会社の職務執行者とされている場合／70

(5)　一般社団法人 1 法人が「代表社員」である合同会社で，当該一社の唯一の代表理事が合同会社の職務執行者とされている場合／71

(6)　自然人 1 名と法人 1 社がいずれも「代表社員」である合同会社の場合／72

(7)　自然人 1 名が「代表社員」である一方，法人 1 社も（代表権のない）社員である合同会社の場合／73

(8)　自然人 1 名が唯一の取締役である株式会社で，会計参与が選任されている場合／74

深掘りコラム 3　任意組合のフリーランス法上の位置づけ …… 75

(1)　任意組合の法的性質／76

(2)　「事業者」該当性／76

(3)　「特定受託事業者」該当性／77

(4)　「業務委託事業者」「特定業務委託事業者」該当性／78

IV

深掘りコラム4 権利能力なき社団のフリーランス法上の
位置づけ ……………………………………… 79

　(1)　「権利能力なき社団」とは？／79

　(2)　「特定受託事業者」該当性／80

　(3)　「業務委託事業者」「特定業務委託事業者」該当性／81

　(4)　士業への示唆／83

深掘りコラム5 士業のフリーランス法上の位置づけ ………… 83

　(1)　弁護士が1名しかいない法律事務所／83

　(2)　ボス弁1名の法律事務所にイソ弁が所属している場合／85

　(3)　複数の弁護士が「経費共同」している法律事務所にイソ弁と事務員が所
属している場合①／87

　(4)　複数の弁護士が「経費共同」している法律事務所にイソ弁と事務員が所
属している場合②／89

　(5)　複数のパートナー弁護士が任意組合を組成している場合／91

　(6)　高度に組織化された大規模法律事務所の場合／93

　(7)　高度に組織化された大規模法律事務所が，スタッフは別会社に雇用させ
ている場合／96

深掘りコラム6 仲介事業者に対するフリーランス法その他の
法制度の適用関係 …………………………… 97

　(1)　多様な類型／97

　(2)　再委託型／98

　(3)　媒介型／98

　(4)　プラットフォーム型／99

　(5)　再委託型，媒介型，プラットフォーム型の区別／101

　(6)　まとめ／104

深掘りコラム7 フリーランス法の国際的適用関係 ………… 105

目　次　V

(1) 政府見解／105

(2) 労働法規の国際的適用範囲／106

(3) 独禁法・下請法の国際的適用範囲／109

(4) フリーランス法の国際的適用範囲／110

第3章　募集段階の対応

1　そもそも，フリーランスを使うべきか？ ……………………… 117

(1) 「偽装フリーランス」の問題／117

(2) 判断基準／118

(3) 「労働者」性チェックリスト／120

(4) リスク回避のための実務対応／127

2　募集事項の的確表示 ………………………………………………… 131

(1) 的確表示義務が生じる場合／131

(2) 的確表示を求められる募集情報／135

(3) 許されない表示の具体例／137

(4) リスク回避のための実務対応／138

深掘りコラム 8　「労働者」概念は不要？ ……………………………… 141

(1) オールオアナッシングな「労働者」概念／141

(2) オールオアナッシングな取扱いの問題／142

(3) 「労働者概念の相対性」／144

(4) 行政と司法の適切な役割分担／145

(5) 統一的労働者概念は，司法の場では不要／147

深掘りコラム 9　「労働者」性の推定 …………………………………… 149

VI

第4章　発注段階の対応

1　契約条件明示義務 ……………………………………………… 155

(1)　明示すべき事項／155

(2)　下請法との相違点／156

(3)　実務対応の方向性／161

(4)　施行日と業務委託日との関係／162

2　全取引に記載必須の事項の留意点 …………………………… 163

(1)　発注者・フリーランスの名称等／163

(2)　業務委託をした日（＝合意日）／164

(3)　フリーランスの給付・役務の内容／164

(4)　給付受領・役務提供の日・期間／166

(5)　報酬額・報酬の算定方法／169

(6)　報酬支払期日／172

3　特定の取引・契約条件に記載必須の事項の留意点 ……… 173

(1)　給付受領・役務提供の場所／174

(2)　検収完了期日／174

(3)　現金以外の報酬支払方法／175

(4)　知的財産権／175

(5)　未定事項の取扱い／178

(6)　基本契約による場合／178

(7)　再委託30日ルールによる場合／178

4　任意記載事項ごとの留意点 …………………………………… 179

(1)　任意解約条項／179

(2)　即時解除条項／183

（3） 違約金・費用負担，天引／184

（4） 競業避止義務／184

（5） フリーランス該当性に関する表明保証条項，報告条項／185

（6） 準拠法／187

（7） 紛争解決条項／188

深掘りコラム10 フリーランスの任意解約権・損害賠償請求権の制限 …………………………… 190

（1） 任意規定性／190

（2） 約款規制／194

（3） 消費者契約法の類推適用／196

（4） 民法628条の類推適用／197

（5） 結論／198

深掘りコラム11 競業避止義務の有効性 ……………………… 199

（1） 職業選択の自由との関係／199

（2） 独禁法／202

（3） 検討／203

5 契約条件明示の方法 ……………………………………… 203

（1） 許容される方法／203

（2） 書面交付請求／205

6 契約条件明示のタイミング ……………………………… 206

7 発注段階における禁止行為 ……………………………… 207

（1） 継続的業務委託とは？／208

（2） 買いたたき／210

（3） 実務対応／213

VIII

8　報酬支払期日のルール ………………………………………… 213

(1)　原則：60日ルール／213

(2)　例外：再委託30日ルール／217

(3)　「60日」「30日」の意味／222

(4)　報酬支払義務の私法上の効力／223

(5)　実務対応／223

深掘りコラム12　再委託30日ルールの妥当性 ……………………… 224

深掘りコラム13　再委託30日ルールと60日ルールの関係に関する私見 …………………………………………………………… 226

深掘りコラム14　海外在住のフリーランスとの取引における留意点 …………………………………………………………… 227

(1)　コミュニケーションの方法や言語／228

(2)　報酬支払／229

(3)　PE リスク／230

第5章　発注後の対応①－業務進行中

1　「労働者」とみなされないための対応 ……………………… 233

2　業務進行中における禁止行為 ………………………………… 234

(1)　購入・利用強制／234

(2)　不当な経済上の利益の提供要請／235

(3)　実務対応／237

目　次　IX

第6章　発注後の対応②－納品・報酬支払

1　納品の留意点 ………………………………………………… 241

(1) 受領拒否／241

(2) 返品／243

(3) 不当な給付内容の変更，不当なやり直し／245

(4) 実務対応／248

2　報酬支払の留意点 …………………………………………… 249

(1) 報酬支払遅延／249

(2) 報酬減額／250

深掘りコラム15　フリーランスとインボイスをめぐる問題 … 252

(1) インボイス制度とは／252

(2) インボイス登録の要請・強要／253

(3) 値下げ／253

(4) 発注の取消し・取引の停止／254

(5) 実務対応／255

第7章　発注後の対応③－妊娠出産育児介護配慮義務

1　概要 …………………………………………………………… 259

2　「継続的業務委託」とは？ …………………………………… 259

(1) 始期の考え方／260

(2) 終期の考え方／261

(3) 契約の更新の場合の継続の考え方／266

x

3 妊娠，出産，育児，介護とは？ ………………………………… 271

4 フリーランスの申出 …………………………………………………… 271

5 行うべき配慮の内容 ………………………………………………… 272

　(1) 配慮の申出の内容等の把握／273

　(2) 配慮の内容又は取り得る選択肢の検討／273

　(3) 配慮の内容の伝達及び実施／274

　(4) 配慮の不実施の場合の伝達・理由の説明／274

　(5) 配慮申出しやすい環境整備／274

　(6) 配慮の具体例／275

6 許されない行為 ……………………………………………………… 276

第8章　発注後の対応④－ハラスメント対策

1 概要 ……………………………………………………………………… 281

2 対象となるフリーランス …………………………………………… 282

3 フリーランスに対するハラスメントとは？ ………………… 282

　(1) セクハラ／282

　(2) パワハラ／283

　(3) マタハラ／284

　(4) まとめ／286

4 とるべき措置の内容と体制構築の実際 ……………………… 287

　(1) 方針等の明確化・周知・啓発－就業規則等社内規程の作成改訂，研修の実施／288

目　次　**XI**

(2)　相談に適切に対応するための必要な体制の整備－相談窓口の設置，研修の実施／290

(3)　ハラスメントが発生した場合の事後の迅速かつ適切な対応－相談の受理，調査，措置／291

(4)　その他の措置／292

第9章　契約解消に関する対応

1　発注者からの契約解消がそもそも許されるか？ ………… 297

(1)　禁止行為規制（法5条）／297

(2)　「労働者」性がある場合／297

2　30日前予告義務 ……………………………………………… 298

(1)　概要／298

(2)　「継続的業務委託」とは？／299

(3)　「不更新」「解除」の意味／299

(4)　予告の方法／300

(5)　30日前予告義務がある場合，ない場合／301

(6)　30日前予告義務に違反するとどうなるか？／308

3　契約終了理由の開示 ………………………………………… 308

(1)　概要／308

(2)　フリーランスの請求のタイミング／308

(3)　理由開示の方法／309

(4)　理由開示が不要な場合／309

深掘りコラム16　契約満了日後の理由開示請求 ………………… 310

4 フリーランスからの契約解消申出への対応 ················· 311

　⑴　トラブルの実情／311

　⑵　民法の解釈／314

　⑶　労働法規の適用・類推適用／315

　⑷　禁止行為（法5条）該当性／318

　⑸　消費者契約法の類推適用／319

　⑹　約款規制／321

　⑺　今後の展望／322

　⑻　実務対応／324

第10章　紛争対応

1 フリーランスとの紛争の特徴 ································· 327

2 行政指導，勧告，命令 ··· 327

　⑴　行政的エンフォースメントの仕組み／327

　⑵　リーニエンシー／330

　⑶　実務対応／330

3 少額訴訟 ··· 331

4 督促手続 ··· 332

5 民事調停 ··· 333

6 フリーランス・トラブル110番の和解あっせん手続 ······· 334

7 都道府県労働局のあっせん ····································· 335

目　次　XIII

8　下請かけこみ寺の調停手続 …………………………………………… 336

9　団体交渉 ……………………………………………………………………… 336

凡　例

法令

略称	正式名称
フリーランス法 又は　法	特定受託事業者に係る取引の適正化等に関する法律（令和5年法律25号）
令	特定受託事業者に係る取引の適正化等に関する法律施行令（令和6年政令200号）
公取則	公正取引委員会関係特定受託事業者に係る取引の適正化等に関する法律施行規則（令和6年公正取引委員会規則3号）
厚労則	厚生労働省関係特定受託事業者に係る取引の適正化等に関する法律施行規則（令和6年厚生労働省令94号）
指針	特定業務委託事業者が募集情報の的確な表示，育児介護等に対する配慮及び業務委託に関して行われる言動に起因する問題に関して講ずべき措置等に関して適切に対処するための指針（令和6年厚生労働省告示212号）
解釈ガイドライン	公正取引委員会・厚生労働省「特定受託事業者に係る取引の適正化等に関する法律の考え方」（令和6年5月31日）
執行ガイドライン	公正取引委員会「特定受託事業者に係る取引の適正化等に関する法律と独占禁止法及び下請法との適用関係等の考え方」（令和6年5月31日）
下位法令パブコメ回答	「特定受託事業者に係る取引の適正化等に関する法律施行令（案）」等に対する意見の概要及びそれに対する考え方（令和6年5月31日）
フリーランスガイドライン	内閣官房・公正取引委員会・中小企業庁・厚生労働省「フリーランスとして安心して働ける環境を整備するためのガイドライン」（令和3年3月26日，令和6年10月18日改定）
Q&A	特定受託事業者に係る取引の適正化等に関する法律（フリーランス・事業者間取引適正化等法）Q&A（令和6年9月19日時点）https://www.jftc.go.jp/file/flqa.pdf　［2024年10月20日閲覧］
独禁法	私的独占の禁止及び公正取引の確保に関する法律（昭和22年法律54号）
下請法	下請代金支払遅延等防止法（昭和31年法律120号）
労基法	労働基準法（昭和22年法律49号）
労契法	労働契約法（平成19年法律128号）

凡　例　**XV**

文献

略称	正式名称
渡辺ほか	渡辺正道ほか「特定受託事業者に係る取引の適正化等に関する法律の概要」ジュリ1589号46頁
岡田ほか	岡田博己ほか「特定受託事業者に係る取引の適正化等に関する法律」公正取引873号31頁
松井ほか	松井佑介ほか「特定受託事業者に係る取引の適正化等に関する法律の概要」NBL1246号35頁
鎌田＝長谷川	鎌田耕一＝長谷川聡『フリーランスの働き方と法』（日本法令，2023年）
下請講習会テキスト	公正取引委員会・中小企業庁「下請取引適正化推進講習会テキスト」（令和5年11月） https://www.jftc.go.jp/houdou/panfu_files/shitauketext.pdf［2024年8月11日閲覧］
長澤	長澤哲也『優越的地位濫用規制と下請法の解説と分析〔第4版〕』（商事法務，2021年）
鎌田明	鎌田明『下請法の実務〔第4版〕』（公正取引協会，2017年）
内田ほか	内田清人ほか『下請法の法律相談』（青林書院，2022年）
厚労省労働基準局上	厚生労働省労働基準局『令和3年版労働基準法上』（労務行政，2022年）
厚労省労働基準局下	厚生労働省労働基準局『令和3年版労働基準法下』（労務行政，2022年）

第 1 章

フリーランス法とは？

～本章のポイント～

　本章では，フリーランス法の内容を概観している。

　フリーランス法は，個人や一人会社で業務委託を受ける事業者たるフリーランスを「特定受託事業者」と位置付けたうえ，フリーランスに業務委託する発注者に対し下請法と同様の規制を課すほか，限定的に労働者類似の保護を与え，これらの違反に広く行政の指導を可能とする法律である。

　フリーランスは，個人で業務を遂行して生計を立てる弱い存在でありながら，必ずしも労働者ではないあいまいな存在であり，フリーランス法は，このようなフリーランスを保護する側面もある。しかし，それだけでなく，フリーランス法は，フリーランスに業務を委託する発注者にとってもリスクを軽減するために資するものといえる。

　フリーランス法の規制は，大きく分けて，①下請法と同様の規制と，②労働者類似の保護の2つの部分に分けられる。

　①として，契約条件明示（法3条），報酬支払期日のルール（法4条），禁止行為の規制（法5条）の3つがある。これらは，概ね下請法と同様の内容であり，下請法対応ができている企業は，多少微修正してフリーランスへ横展開すれば足りる。

　②として，フリーランス募集情報の的確表示義務（法12条），フリーランスの妊娠出産育児介護への配慮義務（法13条），フリーランスへのハラスメント対策義務（法14条），契約解消の30日前予告義務（法16条）の4つがある。

　フリーランス法のほかにも，フリーランスとの取引には，労働法，下請法，独禁法，民法など他の法制度の適用もありうる。

1 フリーランス法とは？

　フリーランス法は，2023年5月12日に公布された新たな法律である。

　同法は，個人や一人会社で業務委託を受ける事業者たるフリーランスを「特定受託事業者」と位置付けたうえ，フリーランスに業務委託する発注者に対し下請法と同様の規制を課すほか，限定的に労働者類似の保護を与え，これらの違反に広く行政の指導を可能とするものである。

　フリーランス法は，2024年11月1日に施行された（法附則1項，特定受託事業者に係る取引の適正化等に関する法律の施行期日を定める政令（令和6年政令199号））。

2 フリーランス法成立の背景と経緯

　フリーランスは，個人で業務を遂行して生計を立てる弱い存在でありながら，必ずしも労働者ではないあいまいな存在であり，その保護のあり方が長年政府で議論されてきた（**図表1－1**）。古くは2005年の厚労省「今後の労働契約法制の在り方に関する研究会」報告書で議論があったが，複数の省庁がこぞって議論を本格化させたのはここ数年であり，2021年3月26日，内閣官房・公取委・中企庁・厚労省の4省庁が合同でフリーランスガイドラインを制定し，一定の結実を見た。

　しかし，フリーランスガイドラインは既存の法律の適用関係を明らかにしたものにすぎず，既存の法制度では解決できない問題に対処するためには，新しく法律を作る必要があった。

　おりしも，筆者の所属する第二東京弁護士会は，厚労省の委託事業として，フリーランスに対し弁護士による無料相談を行う「フリーランス・トラブル110番」を運営している[1]。2020年11月の運営開始以来3年半ほどで既に相談件

【図表 1 − 1】 これまでの政府の議論

日時	主体	ガイドライン・報告書等
2005/9/15	厚労省	今後の労働契約法制の在り方に関する研究会報告書
2010/4/28	厚労省	個人請負型就業者に関する研究会報告書
2015	厚労省	今後の在宅就業施策の在り方に関する検討会報告書　平成27年度
2017/3	経産省	「雇用関係によらない働き方」に関する研究会報告書
2018/1	厚労省	副業・兼業の促進に関するガイドライン（のち，2020/9に改訂）
2018/2	厚労省	自営型テレワークの適正な実施のためのガイドライン
2018/2/15	公取委	人材と競争政策に関する検討会報告書
2018/3/30	厚労省	「雇用類似の働き方に関する検討会」報告書
2019/6/28	厚労省	雇用類似の働き方に係る論点整理等に関する検討会中間整理
2019/9/20	厚労省	「働き方の多様化を踏まえた社会保険の対応に関する懇談会」における議論のとりまとめ
2020/6/25	内閣官房	全世代型社会保障検討会議第 2 次中間報告
2020/12/25	厚労省	雇用類似の働き方に係る論点整理等に関する検討会　これまで（令和元年 6 月中間整理以降）の議論のご意見について
2021/3/26	4 省庁 *	フリーランスとして安心して働ける環境を整備するためのガイドライン（フリーランスガイドライン）（のち，2024/10/18に改訂）
2022/9/13	内閣官房	フリーランスに係る取引適正化のための法制度の方向性
2022/12/16	内閣官房	全世代型社会保障構築会議報告書
2023/5/12	（法律）	フリーランス新法（特定受託事業者に係る取引の適正化等に関する法律）公布
2023/10/27	厚労省	個人事業者等に対する安全衛生対策のあり方に関する検討会報告書
2024/1/19	公取委	特定受託事業者に係る取引の適正化に関する検討会報告書
2024/5/22	厚労省	特定受託事業者の就業環境の整備に関する検討会報告書
2024/5/31	公取・厚労	フリーランス法の政省令・指針・ガイドライン

* 内閣官房・公取委・中企庁・厚労省
（出所）　筆者作成

数が累計2万件を超えており[2]，今なお月数百件〜千件超もの相談を受け付けている。筆者も同事業に相談弁護士として参加し，数百件に上る相談を受けてきたが，これまで潜在していたフリーランス・トラブルが爆発的に顕在化している現状をまざまざと思い知らされる。

こうした筆者の相談対応経験から見ると，フリーランス法は，当該事業により可視化されたフリーランスの実情をも踏まえ，フリーランスを保護するためだけではなく，フリーランスに業務を委託する発注者にとってもリスクを軽減するために資するものといえる。

3　フリーランス法の項目

(1)　全体像

フリーランス法の内容を表にまとめると，**図表1−2**のとおりである。

【図表1−2】フリーランス新法の内容

項目	ポイント
フリーランスの定義	➤フリーランス＝「業務委託の相手方である事業者で，従業員を使用しない者」 ➤法人でも1人会社は入る
契約条件明示義務	発注者（フリーランス含）がフリーランスに業務委託したときは直ちに，以下を明示する義務あり ➤業務内容，報酬額・支払期日，受託委託者の名称，業務委託日，給付提供場所，給付の期日等

1　https://freelance110.mhlw.go.jp/
2　毎日新聞「＜¥サバイバル＞「やめさせてもらえない」 フリーランス相談開設3年半で2万超」（令和6年7月2日）https://mainichi.jp/articles/20240627/k00/00m/020/061000c ［2024年7月7日閲覧］

60日・30日以内の報酬支払	➤発注者はフリーランスに対し，給付受領日・役務提供日から60日以内に報酬支払義務あり ➤再委託で一定の情報を明示したときは，元委託支払期日から30日以内に報酬支払義務あり
報酬減額，買いたたき等の禁止	①～⑦の行為は禁止 ①　フリーランスの帰責事由なく給付の受領を拒否すること ②　フリーランスの帰責理由なく報酬を減額すること ③　フリーランスの帰責理由なく返品を行うこと ④　著しく低い報酬の額を不当に定めること ⑤　正当な理由なく自己の指定する物の購入・役務の利用を強制すること ⑥　自己のために金銭，役務その他の経済上の利益を提供させ，フリーランスの利益を不当に害すること ⑦　フリーランスの帰責理由なく給付の内容を変更させ，又はやり直させ，フリーランスの利益を不当に害すること
募集情報の的確表示義務	事業者は，フリーランスの募集情報を提供する場合，情報を正確・最新の内容に保ち，虚偽の表示・誤解を生じさせる表示をしない義務あり
妊娠出産育児介護配慮義務	➤発注者は，6か月以上の「継続的業務委託」の場合，フリーランスの申出に応じ，妊娠出産育児介護との両立の観点から，就業条件の交渉，内容等につき必要な配慮をする義務あり ➤「継続的業務委託」でなくても努力義務あり
ハラスメント対策義務	発注者は，フリーランスのハラスメントに適切に対応するための体制整備等を講じる義務あり
契約解消の30日前予告義務	➤事業者は，6か月以上の「継続的業務委託」の解除・不更新の30日前までに予告する義務あり ➤契約満了日前に請求があればフリーランスに契約解除等の理由を開示する義務あり
違反への制裁	➤行政上の措置として助言，指導，勧告，公表，命令，罰則等の履行確保措置あり ➤フリーランスは，公取委・中企庁又は都道府県労働局・厚労省に違反事実を申告可能

（出所）　筆者作成

フリーランス法の規制は，大きく，①下請法と同様の規制と②労働者類似の保護の2つの部分に分けられる。

①として，契約条件明示義務（法3条），60日・30日以内の報酬支払（法4条），報酬減額，買いたたき等の禁止の規制（法5条）の3つがある。これらは，概ね下請法と同様の内容であり，下請法対応ができている企業なら，多少微修正してフリーランスへ横展開すれば足りる。

②として，フリーランス募集情報の的確表示義務（法12条），フリーランスの妊娠出産育児介護への配慮義務（法13条），フリーランスへのハラスメント対策義務（法14条），契約解消の30日前予告義務（法16条）の4つがある。

(2) フリーランスの定義

フリーランス法は，その適用対象となるフリーランスを「特定受託事業者」という語で定義している。「特定受託事業者」とは，要するに，個人であるか法人であるかを問わず，業務委託の相手方である事業者で，従業員を使用しない者のことをいう（法2条1項）。

上記定義からすると，後述するように，フリーランス法は世の中で「フリーランス」と呼ばれる働き方すべてに適用されるわけではない。とはいえ，「特定受託事業者」とフリーランスを厳密に区別することは困難であるし，その実益にも乏しいことから，本書では，特に厳密さを要する場合を除いては，「特定受託事業者」と「フリーランス」を区別せず用いることがある。

フリーランス法が適用されるフリーランスや発注者の範囲は，**第2章**で詳しく解説する。

(3) 契約条件明示義務

発注者は，フリーランスに業務委託をした場合には直ちに，一定の契約条件を書面や電磁的方法で明示する義務を負う（法3条）。下請法3条とほぼ同じ

規制である。この義務に限っては，発注者がフリーランスであっても適用がある（フリーランスも契約条件明示を義務付けられる）点が特徴的である。

　契約条件明示義務については，**第4章1〜6**で詳しく解説する。

⑷　60日・30日以内の報酬支払

　発注者がフリーランスに業務委託をした場合には，給付受領日・役務提供日から起算して60日以内に報酬を支払う義務がある（法4条1・2項）。これは下請法2条の2とほぼ同じ規制である。

　ただし，下請法にはない規制として，元委託者→受託者（再委託者）→フリーランス（再受託者）というようにフリーランスに再委託する場合には別の規制がある。再委託であることや元委託支払期日などの一定の情報をフリーランスに明示したときは，元委託支払期日から起算して30日以内にフリーランスに対し報酬を支払う義務がある（法4条3・4項）。さらに，元委託者から前払金を受けた受託者（再委託者）は，フリーランス（再受託者）に対しても必要な費用を前払金として支払うよう適切な配慮も求められる（同条6項）。

　60日・30日以内の報酬支払については，**第4章8**で詳しく解説し，支払段階での必要な対応も**第6章2**⑴で触れる。

⑸　報酬減額，買いたたき等の禁止

　発注者がフリーランスに対し「継続的業務委託」をする場合，以下の行為が禁止される（法5条）。下請法4条とほぼ同じ規制である。

---

　① 　フリーランスの帰責事由のない給付受領拒否（役務提供以外）（法5条1項1号）
　② 　フリーランスの帰責事由のない報酬減額（同条1項2号）
　③ 　フリーランスの帰責事由のない返品（役務提供以外）（1項3号）

④ 通常支払われる対価に比し著しく低い報酬の額を不当に定めること（買いたたき。同条1項4号）
⑤ 正当な理由なき物・役務の強制（同条1項5号）
⑥ フリーランスに経済上の利益を提供させ，その利益を不当に害すること（同条2項1号）
⑦ フリーランスの帰責事由なく給付内容を変更し又はやり直させ，その利益を不当に害すること（同条2項2号）

　禁止行為の規制は，1か月以上継続する業務委託に限り適用がある（令1条）。

　禁止行為の規制は，発注時から契約終了時まで，フリーランスの取引のすべての段階で問題になる。実務対応のフロー順に解説する本書の性質上，禁止行為の規制の解説がバラバラになってしまうため，上記7つの類型のどれを本書のどの箇所で解説しているか，以下に一覧で示すことにする。

① 給付受領拒否（法5条1項1号）：**第6章1(1)，第9章1(1)**
② 報酬減額（同条1項2号）：**第6章2(2)**
③ 返品（同条1項3号）：**第6章1(2)**
④ 買いたたき（同条1項4号）：**第4章7(2)**
⑤ 正当な理由なき物・役務の強制（同条1項5号）：**第5章2(1)**
⑥ 経済上の利益の提供強制（同条2項1号）：**第5章2(2)**
⑦ 給付内容変更，やり直し（同条2項2号）：**第6章1(3)，第9章1(1)**

(6) 募集情報の的確表示義務

　フリーランスに業務委託をする発注者は，広告等でフリーランスの募集情報を提供するときは，虚偽の表示又は誤解を生じさせる表示をしてはならず，かつ，正確かつ最新の内容に保つ義務がある（法12条）。職業安定法5条の4と

ほぼ同様の規制である。

募集情報の的確表示については，主に**第3章2**で詳しく解説する。

(7) 妊娠出産育児介護配慮義務

フリーランスに業務委託をする発注者は，フリーランスから申出があれば，その妊娠出産育児介護と両立して業務に従事できるよう，「育児介護等の状況に応じた必要な配慮」が求められる（法13条）。「継続的業務委託」の場合には義務であるが，そうでない場合（単発や短期の業務委託等）にも努力義務とされている（同条2項）。

ここでいう「継続的業務委託」とは，6か月以上継続する業務委託をいう（令3条）。

妊娠出産育児介護配慮義務については，**第7章**で詳しく解説する。

(8) ハラスメント対策義務

フリーランスに業務委託をする発注者は，フリーランスに対するセクハラ・パワハラ・マタハラについて，フリーランスの相談に応じ適切に対応する体制整備等の必要な措置を講じる義務がある（法14条1項）。フリーランスがハラスメントに関する相談を行ったこと等を理由に不利益な取扱いをすることは禁止される（同条2項）。従業員や他の役員が1人でもいる限り，いかに零細企業であってもこの義務を課されることになる点に留意が必要である。

ハラスメント対策については，**第8章**で詳しく解説する。

(9) 契約解消の30日前予告義務

フリーランスとの「継続的業務委託」を解除したり不更新したりしようとする場合は，原則として少なくとも30日前までに予告をする義務がある（法16条

第1章　フリーランス法とは？　　11

1項）。発注者は，予告日から契約が満了する日までの間にフリーランスから請求があった場合は，遅滞なく契約解除・不更新の理由を開示する義務を負う（法16条2項）。

　ここでいう「継続的業務委託」とは，6か月以上継続する業務委託をいう（令3条）。

　契約解消の30日前予告義務については，**第9章2～3**で詳しく解説する。

⑽　違反への制裁

　フリーランス法違反がある場合，フリーランスは行政機関に申告を行うことができ（法6，17条），行政機関は，助言指導等（法22条），勧告（法8条，18条1項）を経て，勧告に従う旨の命令（法9条，19条1項）を下し，この命令に違反したとき等に50万円以下の罰金に処する刑事罰を科すことができる（法24条）。同法に定められた制裁自体は，極めて謙抑的なものといえる。

　違反への制裁については，**第10章2**で詳しく解説する。

4　フリーランス法のリスク

　フリーランス法に対応しない場合，どのようなリスクがあるのだろうか。

⑴　行政上の指導・勧告・命令，刑事罰

　フリーランス法に違反すると，同法に定める助言指導（法22条），勧告（法8条，18条1項），勧告に従う旨の命令（法9条，19条1項）を受けたり，50万円以下の罰金の刑事罰を科される可能性がある（法24条）（**第10章2**）。刑事罰には，両罰規定と呼ばれる規定があり，行為者たる自然人（例えば現場責任者，人事担当役員等）のみならず，法人自体も刑事責任を負いうる（法25条）。

また，フリーランス法そのものに違反しなくても，取引相手のフリーランスが「労働者」として扱われてしまうと，いわゆる「偽装フリーランス」（第3章1）として，労働基準監督署その他の当局から行政指導，是正勧告等を受ける可能性があり，悪質なケースは公表されてしまう。刑事上の責任は罰金刑が主であるが（労基法118条以下等），両罰規定と呼ばれる規定がある犯罪では，法人自体も刑事責任を負いうることはフリーランス法と同じである。

(2)　民事上の責任，紛争リスク

より重要なのは，民事上の責任を負い，紛争となるリスクである。

フリーランス法自体に私法上の効力があるかどうかには争いがあるが（**深掘りコラム1**），いずれにしろ，フリーランス法に違反している場合には，そのことを直接的又は間接的理由として，フリーランスから何らかの請求を受ける可能性がある。筆者も日々フリーランスの無料相談に対応している「フリーランス・トラブル110番」では，年数千件超もの相談を受け付けている旨は前述したが，同窓口では，フリーランス法違反があると認められる場合，その他の法令に違反すると考えられる場合には，その旨アドバイスし，少額訴訟，フリーランス・トラブル110番の和解あっせん手続など，弁護士や司法書士その他の専門家に頼らずに独力で利用可能な紛争解決手続の利用方法を積極的に教示するのが通常である（これらへの対処方法は**第10章**を参照）。したがって，フリーランスがこれら紛争解決手続を用いる例は劇的に増えており，紛争リスクは高まっている。

さらに，フリーランス法そのものに違反しなくても，取引相手のフリーランスが「労働者」として扱われてしまうと，いわゆる「偽装フリーランス」（第3章1）として，最低賃金（2024年10月1日現在，東京では時給1163円）を下回る場合の差額賃金の負担，割増賃金の負担のほか，個人が労働災害に遭った場合の安全配慮義務違反に基づく損害賠償義務を負う可能性がある。特に，死亡や重篤な障害の事例では，数千万円から1億円を超える損害賠償が認められ

第1章　フリーランス法とは？　　**13**

ることもある。「労働者」であれば社会保険への加入が義務付けられるため，「偽装フリーランス」であれば社会保険料未納の問題が生じることになるが，未納の社会保険料は労働行政当局が強制的に財産を差し押さえてでも徴収しかねないものであり，このリスクを無視することは妥当でない。

5　フリーランス法前後で何が変わるのか？

　フリーランス法の前後で，何が変わるのであろうか。

　実は，フリーランス法施行前の時点でも，フリーランスへの業務委託に対し何の規制もないというわけではなかった。むしろ，以下に述べるとおり数々の法分野が重層的に適用される。

　しかしその割に，いずれの法分野も，フリーランスの問題を実効的に解決するツールとして十全に機能してきたとはいいがたい。

(1)　労働法

　まず，労働法と呼ばれる法分野がある。労基法，労契法，労働安全衛生法，労災保険法，雇用保険法など，「労働者」と呼ばれる働き手に適用がある。

　しかし，フリーランスは，個人で業務を遂行して生計を立てる弱い存在でありながら，契約形式上は雇用ではなく業務委託とされることが多く，したがって「労働者」としての保護を受けていない場合が多い。その中には，実態は「労働者」であるのに「労働者」として扱ってもらえないフリーランスも存在する。このようなフリーランスは「偽装フリーランス」とも呼ばれる（第3章1）。

　偽装フリーランスの問題は，労働法の法執行を強化することで解決するのが本筋である。しかし，ユニオン出版ネットワーク副執行委員長の杉村和美氏（当時）は，フリーランス法を審議する参議院内閣委員会において，労働基準

監督署が，「業務委託契約書」が存在するだけで労働者ではないとして門前払いしたり，源泉徴収，確定申告，労働保険への不加入，副業の禁止の有無など形式的なポイントをあげつらって労働者性を否定するなどの実態を証言している[3]。この実態は，フリーランス・トラブル110番の相談現場における筆者の実感と大差ない。労働法を管掌する当局が偽装フリーランスを実効的に救済しているというには程遠い現状がある。

　他方，一人の個人として自らの労働力のみに依存して生計を立てているフリーランスであっても，実態として「労働者」とはいえない場合には，労働法の保護を受けることはできない。それでも，収入を極めて少数の顧客に依存していたり，業務遂行につき様々な拘束を受けていたり，そもそも収入金額が低く定められたりするなど，弱く不利な立場に立たされることが少なくない。

(2)　独禁法・下請法

　弱小な事業者を保護する法制として，独禁法と，その特別法たる下請法とがある。

　独禁法は，優越的な地位を利用して不当に行う一定の行為をいわゆる「優越的地位の濫用」と位置づけ，「不公正な取引方法」として禁止している（同法2条9項5号，19条）。この規制は，広くフリーランスとの取引にも適用の余地があるが，公取委が優越的地位の濫用につながるおそれがあるとして「注意」した件数は，令和5年度で67件にとどまり，それ以前もおおむね年50件前後にとどまっている[4]。何百万人も存在するとされるフリーランスを実効的に救済することはほとんど期待できない。

　これに対し，下請法は，その適用対象となる事業者の範囲を資本金の額という客観的基準で明確に区切って，独禁法に比してより迅速に下請事業者の保護

3　第211回国会参議院内閣委員会第11号2023年4月25日会議録189番
4　公正取引委員会「令和5年度における独占禁止法違反事件の処理状況について」（令和6年5月28日）https://www.jftc.go.jp/houdou/pressrelease/2024/may/240528_kanki.html

第1章　フリーランス法とは？　　**15**

を図っている[5]。下請法の適用範囲に含まれる限り，フリーランスであっても
その保護を受けることはできるが，以下の理由で保護を受けられるフリーラン
スは思いのほか少ない。

　第1に，下請法上の「親事業者」は資本金1,000万円超であることを要する
が（同法2条7項），フリーランスに業務委託する発注者も零細事業者である
など，資本金要件を満たさない場合が多い。

　第2に，下請法は文字通り「下請」，すなわち親事業者が「業として行う」
業務を下請事業者に委託する場合にしか適用がない（同法2条2～4項）。発
注者が自らの事業とは異なる業務をフリーランスに委託する場合（例えば，弁
護士法人がそのウェブページ制作をフリーランスに委託する場合）には適用で
きない。

(3)　消費者法

　消費者を保護することを目的とする消費者法と呼ばれる法分野もある。消費
者契約法，特定商取引法などがその代表例である。

　しかし，消費者契約法は「事業として又は事業のために」契約する個人を保
護せず（同法2条1項），特定商取引法も「営業のために若しくは営業として」
契約する場合を適用除外とする例があるなど（通信販売につき，同法26条1項
1号），事業者に適用することは困難である。フリーランスが事業として反復
継続して売上を上げるのが通例であるなら，消費者法を援用して保護する余地
は小さい。

　実務上フリーランスが消費者法を援用しうるのは，フリーランスが業務提供
誘引販売取引（特定商取引法51条）を行った場合などに限られるのではないか
と思われる。

5　長澤11頁

(4) 民法

このように見てくると，**図表1-3**で点線を付した近辺は，いずれの法分野も適用がないか，適用があるとしても実効性に乏しく，いわば諸法制の間のエアポケットになっている現状をよくご理解いただけると思う。

【図表1-3】 フリーランス新法施行前の諸法制の適用範囲

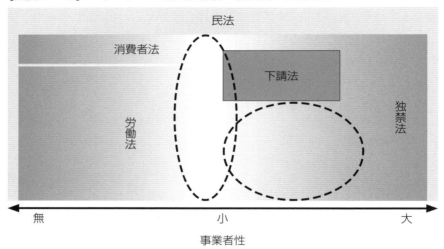

（出所）　筆者作成

かかるエアポケットに落ちてしまうフリーランスの問題の解決は，フリーランス法施行前は，民事一般法である民法によるほかなかった。筆者のフリーランス・トラブル110番における実務経験上，民法に沿ってフリーランスの相談を検討する例が最も多い。しかし，民法によってもフリーランスの問題の全てを実効的に解決するには限界がある。

第1に，民法の規定の多くは「任意規定」と呼ばれ，当事者がこれと異なる合意をすれば当該合意が優先する。したがって，発注者が不利な契約条件を記載した契約書にフリーランスが署名しているケースでは，いかに不合理な契約条件であっても無効と判断するにはハードルがある場合が多い。

第1章　フリーランス法とは？　　**17**

　第2に，民法の規定を実現するためには，行政当局や警察の介入を期待することはできず，もっぱら訴訟やADRなどの私法的手続によるほかない。一般にフリーランス・トラブルは，例えば報酬の未払のケースだと数万円〜数十万円程度の金額である場合が多く，弁護士や司法書士を起用すると費用倒れになるケースが多い。もちろん，少額訴訟，支払督促，フリーランス・トラブル110番の和解あっせん手続など，フリーランスが弁護士等を選任せずに独力で行える手続は存在するし，フリーランス・トラブル110番でもこれらの手続を教示することが多いため，発注者側から見ると紛争リスクは高まっている（**第10章**）。しかし，手続をフリーランス独力で行う負担は小さくはなく，結局泣き寝入りする例も珍しいことではない。

(5)　フリーランス法施行後

　フリーランス法が施行された後は，これまで(1)〜(4)で詳述した諸法制にフリーランス法が加わることになる。フリーランス法施行後の諸法制の適用関係は，**図表1−4**のようになろう。施行前にエアポケットとなっていた個所の「一部」を埋める形で，フリーランス法が機能することが想定される。

　ただし，フリーランス法によって埋められるエアポケットは，あくまで「一部」である。従業員を1人でも雇っているフリーランス，役員が複数人いる法人フリーランス，消費者を顧客とするフリーランス，（業務委託を受けずに）作成した物品や成果物の販売を生業とするフリーランスなどには，フリーランス法は適用されないので（**第2章**），世の中でフリーランスと呼ばれる人々すべてに保護が及ぶわけではない（**図表1−4**の点線部分）。

　フリーランス法は，政府見解によれば「労働者」性（厳密には，労基法上の「労働者」性）がある場合には適用がない（Q&A5）[6]。他方，労働組合法上の労働者性があっても，フリーランス法の適用は妨げられない。

6　第211回国会参議院内閣委員会第12号2023年4月27日会議録8番

【図表 1 − 4】 フリーランス新法施行後の諸法制の適用範囲

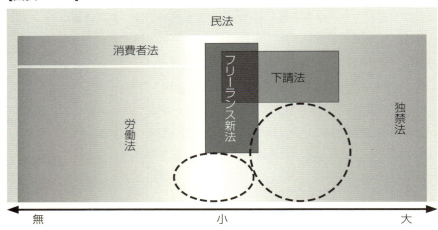

(出所) 筆者作成

　フリーランス法と下請法のいずれも適用し得る場合，原則としてフリーランス法を優先して適用し，同法8条で勧告の対象となった行為について，別途下請法7条で勧告することはないが，フリーランス法・下請法いずれにも違反している行為と，下請法のみに違反する行為を行っている事業者については，これらの行為の全体について下請法を適用することが適当と公取委が考えるときには，下請法7条に基づき勧告することがあるというのが公取委の見解である（執行ガイドライン3）。しかし，下請法の方がより取引当事者間の格差が大きい取引を対象とし，それに応じた厳しい法執行が準備されていることからすれば，フリーランス法と下請法が重畳する場面では，下請法が適用されると考えるべきではなかろうか[7]。

　フリーランス法と独禁法とがいずれも適用される場合も考えられるが，この場合には原則としてフリーランス法を優先して適用し，同法8条の勧告の対象となった行為について，重ねて独禁法上の排除措置命令（20条）と課徴金納付

7　滝澤紗矢子「フリーランス法の意義と特徴」ジュリ1589号53，58頁

命令（20条の6）は適用しない（執行ガイドライン2）。フリーランス法が成立した以上，それとは別に行政当局が独禁法を適用する可能性は低いであろう。

フリーランス法の適用がある場合であっても，民法や消費者法の適用関係には何らの影響を及ぼさないであろう。

6　フリーランス法対応のポイントと重要度

図表1－5は，フリーランス法の項目ごとに，企業への影響度を示したものである。

【図表1－5】フリーランス法の影響度

項目		影響度	
		大企業	中小企業
下請法と同様の規制	契約条件明示義務	○	◎
	60日・30日以内の報酬支払	○	◎
	報酬減額，買いたたき等の禁止	○	◎
労働者類似の保護	契約解消の30日前予告義務	○	◎
	ハラスメント対策義務	○	◎
	妊娠出産育児介護配慮義務	○	◎
	募集情報の的確表示義務	○	◎

（注）　「◎」は「大きく影響がある」，「○」は「影響がある」の意。
（出所）　筆者作成

すでに下請法対策やハラスメント防止対策等をとっている大企業にあっては，そうした対策の範囲をフリーランスに拡張することで対応できるものも多いため，負担が大きいとはいえない。

他方，資本金が1千万円に満たず下請法の適用がなかったなどの理由から，そうした対策をしてこなかった中小企業にとっては，新法対応のための社内制度をゼロから作り上げる必要があり，負担が大きいといえる。

20

| 深掘りコラム 1 | フリーランス法の私法的効力 |

(1) 私法上の効力の実務上の重要性

　フリーランス法は，**第10章 2** で詳述するように，行政上のエンフォースメントの仕組みを主として持っている。

　しかし，何百万人に上るフリーランスのすべてのトラブルに対し，公取委・中企庁・厚労省が実効的に対応するには，現在のマンパワーでは著しく不十分である。2024年10月 9 日時点で，中企庁の定員は201名（経済産業省定員規則（平成13年経産省令 4 号） 1 条），公取委の定員は927名（行政機関職員定員令（昭和44年政令121号） 1 条 2 項）に過ぎない。フリーランスの実効的な救済を図るには，特に公取委・中企庁における極めて大規模な人員増が必要と考えられるが，そう簡単ではない。

　そうすると，民事訴訟やフリーランス・トラブル110番等を介した私法上の解決がより重要である。フリーランス法違反があった場合，同法を直接の根拠として何らかの請求をなしうるか，そこまではいえなくても，契約を無効としたり，損害賠償請求をなし得たりするかなど，何らかの私法上の効力があるかは，実務的には重要な問題である。

　以下では，フリーランス法の元になった各種法律の私法上の効力を概観した上，フリーランス法そのものの私法上の効力を論じる。

(2) 独禁法の私法上の効力

　独禁法上，優越的地位の濫用を含む「不公正な取引方法」を用いてはならず（同法19条），これに対する民事上の救済として，以下のものがあるとされている。

① 被侵害者による差止請求（独禁法24条）：利益の侵害やそのおそれのほか，「著しい損害」やそのおそれが要件となる。

② 被害者による同法25条に基づく損害賠償請求：無過失責任であるが（同法25条2項），排除措置命令（又は課徴金納付命令）が確定した後に限り裁判上主張できる（同法26条）。

③ 被害者による不法行為に基づく損害賠償請求（民法709条）

④ 契約の無効化

このうち，①②は実務上のハードルが高いと考えられるので，以下では，③④に絞って述べる。

① 不法行為に基づく損害賠償請求

独禁法違反によって自己の法的利益を害された者は，民法上の不法行為に該当する限り，排除措置命令等の有無にかかわらず，別途損害賠償を請求することができる（最二小判平成元年12月8日民集43巻11号1259頁）。そして，優越的地位の濫用を含む不公正な取引方法があった場合には，原則として不法行為における違法行為があったとみて差し支えない[8]。

優越的地位の濫用が損害賠償請求訴訟で主張されることは少なくない。しかし，優越的地位の濫用に該当することの立証自体が必ずしも容易でないこともあり，損害賠償請求が認容された例は少数に留まっている。

例えば，札幌高判平成31年3月7日 LLI/DBL07420180は，コンビニエンスストアのフランチャイザー等が米卸売業者に対し米を返品する旨の合意が優越的地位の濫用にあたり，公序良俗に反し無効としたうえで，返品行為の不法行為該当性を認め，損害賠償請求を一部認容した。

8　村上政博ほか編『条解独占禁止法〔第2版〕』（弘文堂，2022年）754頁〔中野雄介＝鈴木悠子〕

② 契約の無効化

優越的地位の濫用にあたる契約が無効となるかについてのリーディングケースが，岐阜商工信用組合事件・最二小判昭和52年6月20日民集31巻4号449頁である。同判例は，貸付の実質金利を17.18%とする取引条件による貸付が優越的地位の濫用にあたるとしつつも，「独禁法一九条に違反した契約の私法上の効力については，その契約が公序良俗に反するとされるような場合は格別として，…同条が強行法規であるからとの理由で直ちに無効であると解すべきではない」と判示して，独禁法違反の契約が直ちに無効となるわけではなく，無効となるのは公序良俗に反する場合に限られることを示した。

とはいえ，独禁法違反が認定されれば，契約が公序良俗に反し無効と判断される例のほうが多い。

東京地判令和3年9月9日ウェストロー2021WLJPCA09098016は，値引き等に係る合意が独禁法2条9項5号ハの減額に該当するとし，かつ，濫用の程度が重大であるとして，公序良俗に反し無効と判示した。

前掲札幌高判平成31年3月7日判決は，米の返品合意が優越的地位の濫用に該当することを認めたうえ，公序良俗に反するものとして，その効力を否定している。

大阪地判平成22年5月25日判時2092号106頁は，店舗工事請負代金の減額合意が，注文主の優越的地位・請負人の従属的地位を利用して不当に利益を取得したものであるとして，「独占禁止法二条九項五号に違反しているか否かはさておき，私法上においては」「公序良俗に反し，無効である」と判示した。

大阪地判平成元年6月5日判時1331号97頁は，建設工事仮設機材の製造委託契約における競業製品取扱禁止条項と，これに違反した場合に違反製品の販売定価に販売数を乗じた額の10倍の損害賠償の予定を定めた条項が，優越的地位の濫用にあたり，かつ公序良俗に反し無効と判示した。

東京地判昭和56年9月30日下民集32巻9～12号888頁は，従業員約100名，年商約120億円の卸業者と，資産や特別の技能を有しない個人との間の雑誌類の販売委託契約において，20年もの拘束期間が定められていたことから，優越的

地位の濫用にあたり，かつ公序良俗に反し無効と判示した。

名古屋地判昭和49年5月29日下民集25巻5〜8号518頁は，資本金2,000万円・年間売上高7億8,000万円の中堅企業と零細の個人事業主の間の機械部品の継続的取引契約において，他の業者からの仕入れを禁じ，これに違反した場合違約金50万円を課する旨の約定は，優越的地位の濫用にあたり，かつ公序良俗に反し無効と判示した。

浦和地判平成6年4月28日判タ875号137頁は，「フランチャイズ基本契約などの継続的契約の解約一時金などの条項の公序良俗違反を判断するに当っては，当該条項の趣旨，目的，内容，それが当事者双方に与える利益不利益，それが締結されるに至った経緯，契約両当事者の経済的力関係等のほか，契約の該条項は契約の一方当事者が自己の取引上の優越的地位を利用して，正常な商慣習に照らして不当に相手方に不利益となる取引条件を設定したものとみられるものでないかどうか（私的独占の禁止及び公正取引の確保に関する法律二条九項等参照。）など，証拠にあらわれた諸般の事情を総合的に考慮してその有効無効の範囲，程度などを決するべき」と判示し，結論として解約一時金の定めが公序良俗に反し無効と判断した。

(3) 下請法の私法上の効力

① 不法行為に基づく損害賠償請求

独禁法とは異なり，下請法に違反したとの一事をもって不法行為があったと認められるわけではない。

東京地判昭和63年7月6日判時1309号109頁は，新単価を遡及適用する合意があった事案で，これが下請法4条1項3号，5号に違反した場合であっても，不当性が強く，合意の効力が否定されるなどの特段の事情のない限り，当該条項違反を理由に不法行為による損害賠償義務は生じないと判示したうえで，当該合意は同項3号に違反するとしつつ，遡及適用の期間，単価引き下げの幅等からすれば不当性の強い事情はうかがえないとして，不法行為に基づく請求を

認めなかった。

下請法違反の行為が不法行為を構成すると判断した数少ない裁判例として，東京地判平成21年3月25日ウェストロー2009WLJPCA03258018がある。この裁判例は，親事業者からの今後の受注を期待する下請事業者に対し，適正な見積もりのための十分な情報を与えないまま概算の見積もりを提出させたうえ，その後工数が増加しても増額を認めず，下請事業者としても開発準備に経費をかけており納期が近づいていたのでやむなく親事業者の意向に沿った見積もりを提出したこと，実際の業務内容は注文書の記載と大きく異なるもので，代金は通常の対価に比して4分の1に満たなかったことから，買いたたき（下請法4条1項5号）に該当するのみならず，不法行為をも構成すると判示し，通常の対価額と実際の支払額の差額分の損害賠償請求を認めた。ただし，この裁判例には親事業者側が本人訴訟であるという特殊性があった。

② 契約の無効化

下請法に違反したとの一事をもって契約が無効となるものではなく，違反の不当性が強い場合に限り公序良俗に反し無効とするのが，裁判例の大勢である[9]。

東京地判令和4年12月23日ウェストロー2022WLJPCA12238008は，婦人服製造販売会社Xと納入先会社との間に第三会社を介在させ，これに伴いXへの代金を減額したことにつき，下請法4条1項3号に違反すると明示的に認めたにもかかわらず，不当性が強いとはいえないとして，合意が公序良俗に反し無効とまではいえないと判示した。

前掲札幌高判平成31年3月7日は，下請法に違反することによって直ちに私法上の効力が否定されるわけではないと判示した（ただし，独禁法違反により合意は無効）。

9　以下の諸裁判例のほか，傍論で同趣旨を述べるものとして，大津地彦根支決平成7年9月11日判時1611号112頁がある。

札幌地判平成31年3月14日金判1567号36頁は，販促協力金の支払合意が公序良俗に反し無効とされるためには，暴利行為ないし優越的地位の濫用に該当することが必要であり，買いたたき（下請法4条1項5号）や不当な経済上の利益の提供要請（同条2項3号）といった下請法違反があったとの一事では足りず，「支払合意の負担の程度，経済合理性の有無，支払合意に至る経緯等を考慮して」，これら条項の趣旨に照らして不当性の強い場合でなければならないと判示した（結論：合意は有効）。

名古屋地判平成29年4月18日金商1519号37頁は，下請法4条1項2号の支払期日経過後の不払を禁止する規定は，親事業者が下請事業者に対し相殺の意思表示を行うことを禁ずる規定ではないとして，親事業者の下請事業者に対する相殺の抗弁の効力を認めた。

東京地判平成22年5月12日判タ1363号127頁は，手形決済を早期の現金払いに変更した際に親事業者の短期の資金調達における金利を超えて下請代金を控除した行為を下請法4条1項3号に違反するとしながら，当該変更が下請事業者の支援目的であったこと，控除に合意があったこと，控除額計算にあたって最も有利な利率を選び，かつそれほど高くなかったことなどから，同号の趣旨に照らして不当性が強いとまではいえず，無効ではないと判示した。

前掲東京地判昭和63年7月6日は，新単価を遡及適用する合意があった事案で，これが下請法4条1項3号，5号に違反したというだけで無効になることはなく，不当性に強い場合に公序良俗に違反して無効とされる場合がありうるにとどまると判示したうえで，当該合意は同項3号に違反するとしつつ，遡及適用の期間，単価引き下げの幅等からすれば不当性の強い事情はうかがえず，公序良俗無効の主張を退けた。

下請法違反の不当性が強いとして契約を無効とした数少ない事例として，東京地判平成28年2月18日ウェストロー2016WLJPCA02188006がある。同事例は，いったん追加工事の代金額を合意により定めたにもかかわらず，その後それを減額する合意をしたことが，下請法4条1項3号の減額の禁止の規定に違反すると判示したうえで，注文主側が直前の説明を撤回し，減額を迫り，請負

人がやむを得ずこれに応じたという代金額の決定の経緯に合理性がないこと，減額後の代金額は実費の査定額すら下回っていることから，不当性が強く，公序良俗に反し無効とした。

(4) 労基法の私法上の効力

フリーランス法16条の30日前予告義務，契約解消の理由開示義務は，それぞれ労基法20条，22条に類似の規定がある。また，フリーランス法3条の契約条件明示義務は，下請法類似の規制であるばかりでなく，労基法15条の労働条件明示義務とも類似する。

これらの労基法の定めは，これに違反した労働契約はその部分が無効であり，無効となった部分は同法で補充される旨が明文で定められており（同法13条），私法上の効力があることは明白である。

(5) 労働法規上の「配慮義務」の私法上の効力

フリーランス法13条は，妊娠出産育児介護への「配慮義務」を定めるが，労働法規においても「配慮義務」を定めるものが散見される。例えば，障害者雇用促進法36条の2，同条の3は，事業主に対し，障害者の障害の特性に「配慮」した必要な措置を講じる義務を負わせている。これに関しては，その私法上の効力に関する裁判例が一定程度蓄積しているため，ここで取り上げる。

① 合意の無効化

障害者に対する配慮を行わなかった場合の効果に関する裁判例として，阪神バス（勤務配慮）事件・神戸地尼崎支決平成24年4月9日労判1054号38頁がある。この事件は，神経因性膀胱直腸障害のあるバス運転手が，当該障害に配慮した勤務シフトにより勤務する旨の配慮を受けていたが，その後労働協約によりかかる勤務配慮を廃止する合意がなされた事案において，身体障害者に対し

適切な配慮を行うことは厚労省の障害者雇用対策基本方針において求められていることから，障害者に対し必要な勤務配慮を合理的理由なく行わないことは，法の下の平等（憲法14条）の趣旨に反するものとして公序良俗ないし信義則に反する場合があるとし，これらに反するかどうかは，①勤務配慮を行う必要性および相当性と，②これを行うことによる使用者の負担の程度とを総合的に考慮して判断するとした。決定では，排便のコントロールのため上記配慮を受ける必要性があり，バスの運転という生命身体等の安全確保が強く求められることから必要性が強く，相当期間上記配慮を継続してきたこと等から相当性も一応認められる一方，使用者の事業規模，運転士数から，過度な負担となっていないことも一応認められるとして，公序良俗ないし信義則違反を認めた。

② 契約解消の無効化

　このほか，解雇権濫用法理の判断の過程で，障害者に対する合理的配慮に触れる裁判例も散見される。例えば，O公立大学法人（O大学・准教授）事件・京都地判平成28年3月29日労判1146号65頁は，アスペルガー症候群との診断を受けた准教授Xに対する適格性欠如を理由とする解雇の効力を判断する過程で，当時施行前であった障害者雇用促進法36条の3の理念や趣旨は妥当するとしたうえで，Xに対する指導や指摘が全くなされていなかったこと，Xの問題の背景にアスペルガー症候群が存在することを前提として解雇事由の判断を審査したり，必要な配慮につき最も的確な知識を有するXの主治医に問い合わせもせず，アスペルガー症候群の労働者に適するジョブコーチ等の支援を含め具体的方策を検討した形跡すらないなどから，解雇を無効と判断した。このほか，労働者の障害に配慮してもなお雇止めを有効とした藍澤證券事件・東京高判平成22年5月27日労判1011号20頁，整理解雇の手続の相当性の判断において，労働者の障害の特性を踏まえた説明を必要としたネオユニットほか事件・札幌高判令和3年4月28日労判1254号28頁がある。

　私傷病休職から復職可能かどうかの判断の過程で，障害者に対する合理的配慮に触れる裁判例として，日本電気事件・東京地判平成27年7月29日労判1124

号5頁がある。同裁判例は，アスペルガー症候群であるとの診断を受けた従業員が，休職期間満了日直前になっても，病識を欠き，上司から注意されても自分の考えに固執して全く指摘を受け入れない態度を示すなど，コミュニケーションが成立していない精神状態であったとして，復職可能ではなかったと判断した。判決は，障害者雇用促進法36条の3の合理的配慮義務の趣旨は考慮すべきとしつつも，障害のある労働者のあるがままの状態を，それがどのような状態であろうとも常に受け入れることまで要求されるものではないと述べている。

(6) その他の労働法規の私法上の効力

労働法規といっても，私法上の効力まではないとされる規定は存在する。例えば，高年齢者等の雇用の安定等に関する法律9条は，定年後65歳まで雇用を確保する措置を取る義務を事業主に課しているが，継続雇用されなかった労働者が同条を根拠に地位確認を求めることまではできないと解するのが一般である（NTT西日本（高齢者雇用・第1）事件・大阪高判平成21年11月27日労判1004号112頁等）。

他方で，同条違反が不法行為を構成するかについては，見解が分かれる[10]。同条が私法上の義務でない以上，同条違反のみによって直ちに不法行為や債務不履行を構成することはないとする裁判例（学校法人大谷学園事件・横浜地判平成22年10月28日労判1019号24頁のほか，傍論であるが，NTT西日本（高齢者雇用・第2）事件・大阪高判平成22年12月21日労経速2095号15頁），見解[11]がある。

このような見解に立つ場合でも，同条違反という以上に，不法行為の成立を

10　佐々木宗啓ほか編著『類型別労働関係訴訟の実務Ⅱ〔改訂版〕』（青林書院，2021年）516頁以下
11　白石哲編『労働関係訴訟の実務〔第2版〕』（商事法務，2018年）476頁

第1章　フリーランス法とは？　　29

主張立証する道はある。例えば，定年後も継続雇用されるという期待権侵害の不法行為が認められる余地がある（前掲 NTT 西日本（高齢者雇用・第2）事件，土田道夫『労働契約法〔第2版〕』（有斐閣，2016年）643頁）。

(7)　フリーランス法の私法上の効力

以上のようなフリーランス法の元になった各種法律の私法上の効力の議論を踏まえ，フリーランス法で私法上の効力が問題となりそうな，報酬支払期日の規制（法4条），禁止行為（法5条），30日前予告義務（法16条），妊娠出産育児介護への配慮義務（法13条）を検討する。

①　報酬支払期日の規制（法4条）

報酬支払期日の規制（法4条）は，下請法とほぼ同じ規制である。このことを重く見ると，(3)の下請法の私法上の効力・(2)の独禁法の私法上の効力と同様，フリーランス法4条に違反したとの一事で私法上の効力が生じるわけではなく，同条の規定の趣旨に照らして不当性が強い場合や，独禁法違反となる場合に限って，不法行為を構成し，あるいは契約が無効となるとの考え方になる（原則否定説）。

立案担当者も，報酬の支払期日の規制（4条2項）について，「行政機関による執行との関係で支払期日が定められたものとみなされるだけで，契約当事者間の合意内容を変更させる等，民事上の効果を生ずるものではない」と明示しており[12]，フリーランス法の私法上の効力を否定する趣旨と思われる。

一方で，支払期日までに報酬を支払わなければならないと定める法4条5項が，公法上の義務を定めるものに過ぎず，フリーランスに私法上の報酬支払請求権を直接発生するものではないとしつつも，「契約の補充的解釈又は修正的解釈」により，支払期日を契約で定めていない場合又は契約で定められた支払

12　渡辺ほか48頁，岡田ほか33頁，松井ほか39頁

期日が60日ルール・再委託30日ルールに違反する場合であっても，法４条１・３項に定める支払期日までに報酬を支払うことを合意したものと解釈して，事実上私法上の効力を認める見解がある（事実上肯定説）[13]。これは，特定業務委託事業者が公法上の義務を履行しないことによりかえってフリーランスより有利な地位を得ることは，同条の趣旨から見て「条理に反している」ことを理由としている。

　原則否定説は，これまでの下請法の解釈には整合的ではあるけれども，フリーランス法４条２・４項の文言が，ある特定の日を「報酬の支払期日と定められたものとみなす」とまで明示的に規定していることからすれば，日本語の読み方として，端的にこのとおりの私法上の効力が生じると考えるのが素直である。(1)で述べたとおり，フリーランス・トラブルには公取委・中企庁の介入があまり期待できない現実に鑑みるときは，条文の日本語としての意味に素直に私法上の効力を認める必要性は高いものという見方もあり得る。

　他方，事実上肯定説は，公法上の義務に過ぎないと言いながら「条理に反している」とまで述べて結論として私法上の効力を認める。しかし，このような迂遠な説明をすることなく，端的にフリーランス法に私法上の効力があると考えたほうが，よほど簡明で「条理」にかなうと思われる。

　このように見てくると，報酬支払期日の規制（法４条）には，従前の下請法の解釈にかかわらず，端的に私法上の効力を認め，フリーランスは同条２・４項に基づき，同項に定める報酬支払期日までの報酬支払と，同期日後の遅延損害金の支払を請求できると解釈すべきである。

②　禁止行為（法５条）

　禁止行為の規制（法５条）は，下請法とほぼ同じ規制である。このことを重く見ると，(3)の下請法の私法上の効力・(2)の独禁法の私法上の効力と同様，フリーランス法５条の規定に違反したとの一事で私法上の効力が生じるわけでは

13　鎌田＝長谷川123頁〔鎌田耕一〕

なく，同条の規定の趣旨に照らして不当性が強い場合や，独禁法違反となる場合に限って，不法行為を構成し，あるいは契約が無効となるとの考え方になる（原則否定説）。

他方で，(1)で述べたとおり，フリーランス・トラブルについては公取委・中企庁の介入があまり期待できず，私法上の効力を認める必要性が高いという見方があり得ること，①のとおり報酬支払期日の規制について事実上私法上の効力を認める見解があることからすれば，禁止行為の規制（法5条）にも，私法上の効力を認めるべきである。

仮に下請法と同様の解釈を取る場合でも，不当性が強い場合，独禁法に反する場合にはなお不法行為となったり契約が無効となることで私法上の効力が生じる余地がある。

③　30日前予告義務（法16条）

契約解除・不更新の30日前予告義務（法16条）も，(3)の下請法の私法上の効力と同様，これに違反したとの一事で私法上の効力が生じるわけではなく，この規定の趣旨に照らして不当性が強い場合に限って，不法行為を構成し，あるいは契約や解除・不更新が無効となるとの考え方を取ることもあり得る（原則否定説）。労働者類似の保護の一つである契約解除・不更新の30日前予告義務（法16条）は，下請法に由来する規制ではなく，下請法と同様に解釈する必然性はないとはいえ，フリーランス法という一つの法律の中で個々の条文ごとに私法上の効力の解釈が異なることは避けるべきだと考えれば，下請法に由来する部分（法3～5条）と統一的に解釈する観点から，原則否定説を採ることもまったく合理性がないではない。また，労働法規の中にも，(6)でみた高年法9条のように，公法上の義務を定めるものに過ぎず，直ちに私法上の効力を生じるものではないとされる場合もある。フリーランス法が文言上行政法的・刑事法的エンフォースメントの仕組みしか持たないこと（**第10章1参照**）をも考え合わせれば，私法上の効力を原則否定するとの考え方にもそれなりの合理性はある。

政府見解も,「解除等の効力は本法に基づいて判断されるものではありません。例えば契約の解除等の効力や解除に伴う損害賠償請求等については,民事上の争いとして司法による判断等により解決が図られるものです。」と述べており（Q&A107）,フリーランス法16条自体に私法的効力（契約解除・不更新の効力の否定,解除に伴う損害賠償請求等）を認めない立場をとるものと解される。

他方で,30日前予告義務（法16条）については,フリーランスは即時解除により次の契約先を探すまでの時間的余裕を失い直ちに生活が困窮する恐れがあること,解約を回避するため不利な条件を受け入れざるを得ないおそれがあること,行政はせいぜい予告を促すことにとどまることから,同条に違反して30日前の予告をせずに行った即時解除は無効であり,(4)のとおり私法上の効力を有する労基法20条に関する判例法理[14]を考慮して,30日の経過後に解約の効果が生じるものと解する見解もある[15]。

30日前予告義務（法16条）の規制は,下請法ではなく労働法規に由来するものであり,その私法上の効力も労働法規に寄せて考えて,肯定すべきである。すなわち,同条に違反して30日前の予告をせずに行った解除は,私法上無効であり,発注者が即時解除に固執する趣旨でない限り,30日経過後に解約の効果を生じると考える。

なお,私法上の効力を原則否定する場合でも,少なくとも不当性が強い場合には,なお不法行為となったり契約が無効となることで私法上の効力が生じるものと解すべきである。不法行為となる場合には,発注者に対する損害賠償請求が可能になることになる。契約が無効になる場合とは,例えば,発注者が契約のある条項に基づき即時解除を行うケースで,当該条項を無効たらしめることにより,解除の効力を否定することが考えられる。

14　細谷服装事件・最二小判昭和35年3月11日民集14巻3号403頁
15　鎌田＝長谷川175〜176頁〔鎌田耕一〕

④ 妊娠出産育児介護への配慮義務（法13条）

妊娠出産育児介護への配慮義務（法13条）についても，フリーランス法全体の解釈の整合性の観点から，(3)の下請法の私法的効力と同様，この規定の趣旨に照らして不当性が強い場合に限って，不法行為を構成し，あるいは契約が無効となるとの考え方を取ることがあり得る（原則否定説）。

労働者類似の保護の一つである妊娠出産育児介護への配慮義務（法13条）は，下請法に由来する規制ではなく，下請法と同様に解釈する必然性はないとはいえ，労働法規の中にも，(6)でみた高年法9条のように，公法上の義務を定めるものに過ぎず，直ちに私法上の効力を生じるものではないとされる場合もある。フリーランス法が文言上行政法的・刑事法的エンフォースメントの仕組みしか持たないことのほか，特に妊娠出産育児介護への配慮義務に限っては，都道府県労働局長等の助言指導（法17条，22条，23条）のみが許容されており，それ以上の勧告・命令・刑事罰の規制が意図的に外されていることまで考えると（**第10章1参照**），私法上の効力を原則否定するとの考え方には相当の合理性はある。

他方で，(5)でみた障害者雇用促進法上の「配慮」にまつわる諸裁判例を踏まえると，フリーランスに対し妊娠出産育児介護への必要な配慮を合理的理由なく行わない行為が，公序良俗ないし信義則に反するなどとして，合意が無効とされたり，不法行為を構成したりする余地は絶無ではないものと思われる（部分肯定説）。

妊娠出産育児介護への配慮義務（法13条）に何らかの私法上の効力が認められる可能性は，③で述べた30日前予告義務よりは低いとはいい得るが，私法上の効力を原則否定する場合でも，不当性が強い場合にはなお不法行為となったり契約が無効となることで私法上の効力が生じる余地はある。不法行為となる場合には，発注者に対する損害賠償請求が可能となることになる。契約が無効となる場合とは，例えば，発注者が妊娠出産育児介護への配慮を行わないままなされた解約合意，報酬減額合意の効力を否定することが考えられる。

第 2 章

フリーランス法が
適用される範囲は？

～本章のポイント～

　本章では，フリーランス法がどのような場合に適用されるかを解説する。

　フリーランス法は，その適用対象となるフリーランスを，「特定受託事業者」という語で定義している。「特定受託事業者」とは，要するに，個人であるか法人であるかを問わず，業務委託の相手方である事業者で，従業員を使用しない者のことをいう（法2条1項）。フリーランスに従業員（や他の役員）が一人でもいればフリーランス法の適用はないことになるが，従業員（や他の役員）の有無を把握することも，把握した情報の正確性を担保することも困難である。フリーランスの従業員（や他の従業員）の有無を把握する実務フローを用意することは望ましいものの，それに頼りすぎることなく，広く零細事業者との取引にフリーランス法を遵守できるようにするのが実務的だろう。

　フリーランスに対し業務委託をする発注者は，従業員（や他の役員）が一人でもいれば，フリーランス法上のすべての義務を負う。フリーランスに対し業務委託をする発注者に従業員（や他の役員）が一人もいない場合には，契約条件明示義務のみを負い，その他のフリーランス法上の義務は負わない。

　このほか，弁護士との契約にもフリーランス法の適用があるのか，仲介事業者がフリーランス法においてどのように取り扱われるか，海外在住のフリーランスとの取引にもフリーランス法が適用されるかなど，様々な問題がある。

第2章　フリーランス法が適用される範囲は？　　**37**

1　フリーランス＝「特定業務受託者」とは？

　フリーランス法は，その適用対象となるフリーランスを「特定受託事業者」という語で表現しており（法2条1項），その定義は以下のとおりである。

---

　①　「業務委託」の相手方である「事業者」の個人であって，「従業員」を使用しないもの（法2条1項1号）
　②　「業務委託」の相手方である「事業者」の法人であって，1名の代表者以外に「役員」がおらず，かつ，「従業員」を使用しないもの（同項2号）

　この定義からすると，世間でフリーランスと呼ばれる働き手のすべてが含まれるわけではない。例えば，消費者から業務委託を受けて収入を得るフリーランスや，不特定多数の者（消費者も企業も含む。）に対し物品や成果物を販売して収入を得るフリーランスは含まれない[1]。とはいえ，極めて広範な零細事業者が「特定受託事業者」に該当し得ることになる。以下では，注目すべきポイントをいくつか解説する。

(1)　「業務委託」

　「業務委託」とは，①製造委託，加工委託，情報成果物作成委託（法2条3項1号），②役務提供委託（法2条3項2号）のことをいい，より具体的には以下のとおり定義されている。

1　内閣官房新しい資本主義実現本部事務局・公正取引委員会・中小企業庁・厚生労働省「特定受託事業者に係る取引の適正化等に関する法律（フリーランス・事業者間取引適正化等法）【令和6年11月1日施行】説明資料」（令和6年6月版）4頁　https://www.mhlw.go.jp/content/001270862.pdf　［2024年7月7日閲覧］

① 「事業者」がその事業のために「他の事業者」に物品の製造（加工を含む。）又は情報成果物の作成を委託すること。
② 「事業者」がその事業のために「他の事業者」に役務の提供を委託すること（他の事業者をして自らに役務の提供をさせることを含む。）。

　個々の語の細かな意味は，解釈ガイドライン第1部1(2)を参照されたい。

　なお，下請法では，業務委託の類型として「製造委託」「修理委託」「情報成果物作成委託」「役務提供委託」の4つを定め（同法2条1～4項），それぞれにおいて親事業者と下請事業者の資本金要件を分けているが（同条7，8項），フリーランス法では，①と②のいずれに当たるかによって同法の規定の有無が変わるわけではなく，いずれかを区別する実益はそれほど大きくはない。

　上記②における「他の事業者をして自らに役務の提供をさせることを含む」ことの意味は，下請法の「役務業務委託」（同法2条4項）の定義からは除外されている「自家利用役務」，すなわち，受注事業者が発注事業者に対し直接役務を提供する類型の役務の委託も，フリーランス法上の「業務委託」には含まれることを明確にすることである（解釈ガイドライン第1部1(2)ウ(ア))[2]。

　このほか，「業務委託」の定義上，規制対象となる業種の制限はないから，あらゆる業種業態が広くフリーランス法の適用対象となる。

　フリーランス・トラブル110番の令和6年4月～令和6年9月の相談実績を見ると，運送関係，システム開発・ウェブ作成関係，建設業，デザイン・ライター・映像・カメラマンなどのクリエイター関係，舞台・演劇などの芸能関係，コンサルタント，講師業，スポーツ指導業といった業種が相談件数の上位を占めており，特にこれらの業態の発注者は，その規模にかかわりなくフリーランス法対応が急務といえる。

　ただし，「特定受託事業者」は「業務委託」の相手方であるため，業務委託以外の取引を生業とするフリーランス，例えば，業務委託によらずに物品や成

2　渡辺ほか47～48頁，岡田ほか32頁，松井ほか37頁

【図表2－1：フリーランス・トラブル110番の相談者属性（年齢，業種）】

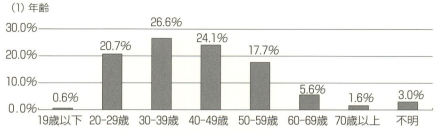

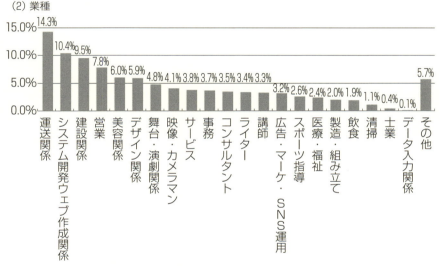

（※）「その他」に含まれる業種の例：通訳・翻訳，ポスティング，検査・点検員，編集，教育，林業，企業調査 など
N=5,647（令和6年4月～令和6年9月の相談において業種を回答した5,647件）

（出所） 厚労省令和6年9月時点統計資料2頁（https://www.mhlw.go.jp/content/001323087.pdf）

果物を作成し販売することを生業とするフリーランスは，「特定受託事業者」に含まれないことになる。

また，ここでいう「業務委託」は「事業者」が行うものに限られるため，消費者が業務委託する場合には含まれない。したがって，消費者から業務委託を受けて収入を得るフリーランスは「特定受託事業者」に含まれないことになる。

(2) 「事業者」

① 「事業者」の内実

「特定受託事業者」は，「事業者」である必要がある。逆に，「事業者」とは呼べないフリーランスは，「特定受託事業者」ではないことになる。

「事業者」の語の定義は，フリーランス法に置かれていないが，解釈ガイドラインは，「商業，工業，金融業その他の事業を行う者」と定義しており（同第1部1），独禁法と同じ定義（同法2条1項）を採用している。独禁法においては，「事業」とは，「なんらかの経済的利益の供給に対応し反対給付を反復継続して受ける経済活動」を意味し，その主体の法的性格は問わないと解されている[3]。例えば，営利性は必要ではないし，自然人であるか法人であるか，私法人であるか公法人であるかも問わない[4]。ただし，「事業者の利益のためにする行為を行う役員，従業員，代理人その他の者」は，事業者団体に対する規制についてのみ「事業者」とみなされる（同項後段）。

以下では，実務上問題となりやすい「労働者」，役員・執行役員，そして士業について，フリーランス法の適用の有無を検討している。なお，士業が「特定受託事業者」にあたるかという点に密接に関連する問題として，個人とも法人ともつかない存在である任意組合，「権利能力なき社団」の位置づけについては，**深掘りコラム3，4**で詳述した。

② 「労働者」

「事業者」とは呼べないフリーランスの典型例は，実態としては労基法上の「労働者」に当たるフリーランス，すなわち偽装フリーランスである。政府見解も，フリーランスが実態として労基法上の労働者に当たる場合には，フリーランス法の適用がないことを明らかにしている（Q&A5）[5]。

3　都営芝浦と畜場事件・最判平成元年12月14日民集43巻12号2078頁
4　金井貴嗣ほか『独占禁止法〔第6版〕』（弘文堂，2018年）21頁
5　第211回国会参議院内閣委員会第12号2023年4月27日会議録8番も参照

他方，「特定受託事業者」であるフリーランスであっても，労働組合法上の労働者性が否定されるものではない（Q&A 5）[6]。

本業では雇用契約で働いていても，副業・兼業として業務委託で働いているフリーランスは，本業との関係では「特定受託事業者」に当たらなくても，副業・兼業との関係ではなお「特定受託事業者」に該当し得る（Q&A14，下位法令パブコメ回答 1 - 2 - 5）。取引ごとに「特定受託事業者」に該当するかが変わり得ることになる。

③ 役員，執行役員等

法人の役員は，会社と委任関係にあるものとされている（会社法330条）。巷間執行役員と呼ばれる職位を持つ者の間にも，雇用契約を締結している者のほかに，委任契約である旨明示する者もある。いずれも委任関係であり，役務業務委託を受けるフリーランスと法形式上差がない。では，法人の役員と委任型の執行役員は，「特定受託事業者」に該当するか。

Q&A19は，「株式会社と取締役，会計参与，監査役，会計監査人や，いわゆる委任型の執行役員との間の契約関係は，当該株式会社の内部関係にすぎず，これらのものは当該株式会社にとっての「他の事業者」とはいえないため，本法上の「業務委託」には該当しません。」との見解を明確にしている（同旨，下位法令パブコメ回答 1 - 2 - 29）。

法人の役員は，会社法その他の設立準拠法令上，法人の「機関」として位置づけられており，法人とは別個の事業主体というよりは，むしろ法人そのものである。委任型の執行役員も，労働者ではないものの，役員に準じる立場として，法人そのものといえる存在であることに変わりはないものと考える。

フリーランス法における下請法類似の規制のおおもとと考えられる独禁法では，事業者の利益のためにする行為を行う役員，従業員，代理人その他の者は，事業者団体に対する規制の適用についてのみ，事業者と「みなす」と規定して

6　第211回国会参議院内閣委員会第11号2023年 4 月25日会議録199番も参照

いる（同法2条1項）。ここでいう「みなす」という語は，役員，従業員，代理人その他の者が，本来は「事業者」ではないことを暗黙の前提としているように読める。

　事業者の語を定義する他の法令として，消費者契約法がある。同法2条2項は，「事業者」を「法人その他の団体及び事業として又は事業のために契約の当事者となる場合における個人」と定義している。消費者庁は，個人が「事業として又は事業のために」契約を締結するかどうかが問題となる一場面として，「法人の経営者（代表取締役，取締役）や従業員等が，個人として，法人の負っている債務の保証人等となる保証契約等」を想定し，この場合には，「法人の経営者や従業員等は自らが事業主体となっているわけではないため，原則として本条における「消費者」に該当すると考えられる」としている[7]。

　このように見てくると，法人の役員や委任型の執行役員は，他法令の例を参照しても，法人とは独立別個の事業主体としての実質を有せず，むしろ法人そのものであるから，「業務委託」を受ける「他の事業者」にはあたらず，したがって「特定受託事業者」には該当しないという政府の解釈は，基本的には妥当なものである。

　他方で，役員や執行役員という肩書があれば一つの例外もなくフリーランス法の適用がないということもできない。特に執行役員の肩書は，役員と異なり，法令上何の定義もなく，何の手続によらずに付すことができるものであって，フリーランス法の適用を免れるためだけに「執行役員」の肩書の名刺を作るような脱法行為が出てこないとも限らない。形式上「執行役員」の肩書を有していても，法人そのものであるとの実質を有せず，むしろ法人とは別個独立の事業主体としての実質を有するのであれば，「特定受託事業者」たり得るように思われる。

　また，契約関係が「当該株式会社の内部関係にすぎ」ないという政府見解の理由づけが妥当する範囲は，文言ほど広くはない。例えば，法人の役員を退任

7　消費者庁消費者制度課『逐条解説消費者契約法〔第5版〕』（商事法務，2023年）17頁

した者が就任する「顧問」「社友」のほか，業務委託契約書を締結しながら実際には法人の付与する肩書（「編集長」「最高法務責任者（CLO）」「アソシエイト」など）を有し，同社の交付する名刺を保持する働き手など，法人の組織に組み込まれているとみる余地のあるフリーランスであれば，法人の内部関係に過ぎないようにも見える。しかし，これらの者が幅広くフリーランス法の適用から外されてしまうと，フリーランス法の規制は骨抜きになってしまう。契約関係が「当該株式会社の内部関係にすぎ」ないとして「他の事業者」にあたらないとされるのは，働き手が法人の経営方針を自ら決定し，あるいはその決定過程の根幹部分に枢要な存在として組み込まれているなど，法人そのものとまでいえる場合に限られると解すべきである。上記に挙げた「顧問」「社友」「編集長」「最高法務責任者（CLO）」「アソシエイト」などは，法人そのものとまではいえず，「他の事業者」にあたるものとして，「特定受託事業者」たり得ると考えるべきである。

　なお，法人の組織に組み込まれているフリーランスは，そもそも労基法上の「労働者」（いわゆる偽装フリーランス）なのではないかという別の問題もある。この点は，**第3章1**を参照されたい。

④　**士業**

　実務上懸念が多いのは，弁護士，税理士，社労士，司法書士，行政書士その他の士業に対する依頼にもフリーランス法の適用があるか，という問題である。

　下位法令パブコメ回答は，これら士業であっても，フリーランス法上の「特定受託事業者」に該当し得，同法の適用があり得ることを明確にしている（下位法令パブコメ回答1－2－23等）。Q&A4も，「企業から同社の訴訟の代理を受託する弁護士」も「特定受託事業者」に該当し得るとする。

　したがって，士業との契約であっても，依頼者側が契約条件明示義務（法3条）を負う場合がある。しかし，士業との取引にあっては，士業側から契約書文案を示されたりメール等で業務スコープや報酬等の必要な情報の提示を受けたりすることが多いと思われるので，依頼者としては，士業側の提供情報が明

示すべき事項（**第4章**参照）を網羅している限り，士業側作成の契約書にサインしたりこれら事項を依頼者が再度メール等で示せば，契約条件明示の義務は果たしたと考えてよいものと考える。

　士業の「特定受託事業者」該当性は，細かく考え出すと複雑であるため，**深掘りコラム5**で詳述する。

(3) 「従業員」の使用

① 「従業員」の内実

　フリーランスは，個人であれ法人であれ，「従業員」を1人でも使用していれば「特定受託事業者」ではない。そこで「従業員」とは何かが問題となるが，以下に述べるとおり，その意味はそれほど明確ではない。

　「従業員」は，短時間・短期間等の一時的に雇用される者は含まず，具体的には，週労働20時間以上かつ31日以上の雇用が見込まれる，労基法上の労働者を指す（解釈ガイドライン第1部1(1)）。フリーランスが派遣労働者を受け入れている場合には，派遣労働者も「従業員」に該当し得る（同，Q&A15）。「従業員」には同居の親族を含まない（解釈ガイドライン第1部1(1)，Q&A16，17）。

　フリーランスが元請として他のフリーランスに下請として業務をさせる例が，フリーランス・トラブル110番の相談現場ではたまに見うけられる。このように他のフリーランスを用いるケースでは，元請のフリーランスと下請の他のフリーランスとの間の契約が，実態として労働契約である（下請のフリーランスが「偽装フリーランス」である）のであれば，臨時短期の契約でない限り，元請のフリーランスは「従業員」を使用していると扱われ，「特定受託事業者」にあたらず，フリーランス法の保護を受けることができない。他方で，下請の他のフリーランスが真正なフリーランスなのであれば，元請のフリーランスは「従業員」を使用しているものとはいえず，なおフリーランス法の適用の余地がある（下位法令パブコメ回答1－2－9）。

第2章　フリーランス法が適用される範囲は？　　**45**

　2つ以上の業務を営むフリーランスが，ある1つの業務につき従業員を使用しているが他の業務では従業員を使用していないというケースでは，当該他の業務との関係では従業員を使用しないと扱われるかという問題もあるが，政府見解は，フリーランスが行う個別の業務委託単位ではなく，フリーランスの事業を単位として従業員を使用しているか否かを判断するため，この場合でも従業員を使用しているものと扱われるとしている（Q&A10）[8]。

②　「従業員」要件が要求される理由

　なぜ「従業員」の内実が以上のように解されるのかといえば，それは，フリーランス法が，「個人」であるフリーランスと，従業員を使用して「組織」として事業を行う発注者の間の，「個人」対「組織」の交渉力や情報収集力の格差に着目して規制を設けているからである。この趣旨は，立案担当者が複数回にわたって明らかにしているものであるし[9]，「個人」と「組織」の格差というキーワードは，政府がフリーランス法の国会審議で繰り返し強調してきたものである[10]。解釈ガイドラインも，特定受託事業者とは「組織としての実態を有しないもの」だと位置づけている（同第1部1）。逆に，フリーランス自身が「組織」であればそうした趣旨が妥当しないので，フリーランス法で保護する必要がない。そして，「組織」かどうかを明確に分けるため，1人でも「従業員」を使用しているかどうかで分けることとしたのである[11]。

　「組織」に対し「個人」が交渉力や情報収集力で格差があるから，「個人」側を保護する必要があるということは理解できないわけではないが，この格差の有無を，従業員を1人でも使用しているかどうかで截然と区別できるかと言わ

8　第211回国会衆議院内閣委員会第10号2023年4月5日会議録89番

9　渡辺ほか46頁，岡田ほか31頁，松井ほか35頁

10　第211回国会衆議院内閣委員会第10号2023年4月5日会議録5，19，31，33，89番，第211回国会参議院本会議第17号2023年4月21日会議録12番，第211回国会参議院内閣委員会第11号2023年4月25日会議録38，73，95，99，107，159，167番，第211回国会参議院内閣委員会第12号2023年4月27日会議録37，56，62番

11　渡辺ほか47頁，岡田ほか32頁，松井ほか37頁

れれば，それほど単純な話ではないであろう。限界事例において「特定受託事業者」に当たるかどうかを検討する際には，「個人」と「組織」の格差というキーワードを念頭におくことが必要となる。

(4) 法人であって，「代表者」の他に「役員」がいない

① 法人が特定業務受託者となる場合

法人であっても，特定受託事業者に該当する可能性がある。逆に，取引の相手方が株式会社，合同会社，一般社団法人などの法人であるというだけで，フリーランス法の適用対象とならないと即断することはできない。

そして，法人であっても，「代表者」1名のほかに「役員」がいないことが要件となっているため，逆に，「代表者」以外に「役員」が1人でもいれば，特定受託事業者に該当しないことになる。

しかし，以下に詳述するとおり，これを確定することにも困難が伴う。

② 「代表者」の内実

フリーランス法には，「代表者」の定義が存在しない。文言だけを見れば，「代表者」とは法人を代表する権限を有する者を指すように思われる。株式会社や一般社団法人等であれば，法人を代表しうるのは自然人しかいないが（会社法331条1項1号，349条，一般法人法65条1項1号，77条等），合同会社その他の持分会社は，法人であっても代表権を持つことができる（会社法598条参照）。そこで，「代表者」とは法人を含むのか，それとも自然人に限られるのかが問題となる。

下位法令パブコメ回答は，「本法上の「代表者」は自然人のみを指し，法人である代表者は含まない」ことを明確にしている（下位法令パブコメ回答1－2－2）。

フリーランス法では，法人フリーランスにおけるその「代表者」を「特定受託業務従事者」に含めて定義し（2条2項），法人フリーランスにおいて妊娠，

出産，育児，介護という事象が生じうると想定される者としての「代表者」（13条），ハラスメントの被害者となりうる者としての「特定受託業務従事者」と「代表者」（14条）など，自然人を対象とすることが前提とされている。

立案担当者も，「特定受託事業者」とは別に「特定受託業務従事者」という語を設け，個人フリーランスにおける個人と，法人フリーランスにおける唯一の「代表者」を意味するものとして定義したことについて，「『特定受託事業者』という属性を有する自然人であることを示す」ためにこの定義を設けた旨明言しており[12]，「代表者」が自然人であることを当然の前提にしている。

そもそも，フリーランス法は，(3)②で述べたとおり，「個人」であるフリーランスと，従業員を使用して「組織」として事業を行う発注者の間の，「個人」対「組織」の交渉力や情報収集力の格差に着目して規制を設けるものである。このことは，フリーランス法1条が，「働き方」の多様化に注目し，「個人」が業務に従事することを想定していることにも表れている。かかる趣旨からすれば，フリーランスは，生身の自然人が自らの労働力のみによって生計を立てるという意味での「個人」でなければならない。

したがって，フリーランス法上の「代表者」は，自然人のみを指し，法人である代表者は含まないとの政府見解は，当然の解釈である。

これを前提として，**深掘りコラム2**では，複雑になりやすい事例をいくつか想定して，法人が特定受託事業者に該当するか検討している。

③ 「役員」の内実

フリーランス法における「役員」は，「理事，取締役，執行役，業務を執行する社員，監事若しくは監査役又はこれらに準ずる者」と定義されている（2条1項2号）。

ある法人に「理事，取締役，執行役，業務を執行する社員，監事若しくは監査役」が存在するかどうかは，商業登記を見れば客観的に明らかになる。そこ

12　渡辺ほか46，47頁，岡田ほか31，32頁，松井ほか35，37頁

で，法人フリーランスと取引する際には，商業登記を確認したりそれを法人フリーランスに提出するよう求めたりする実務フローは容易に思いつく。もっとも，フリーランスとの取引1件1件で商業登記を確認することは，非現実的な場合も多いかもしれない。

　また，「役員」には取締役等「に準ずる者」を含むとされているため，この内実が不明確である。問題となりうるポイントを検討する。

　第1に，「準ずる者」には，正式には取締役に選任されていないのに事実上会社の業務を執行している者，たとえば，いわゆる事実上の取締役等が含まれる可能性がある。そうなると，商業登記を見ても明確に表れていない「役員」が存在しうることになる。こうした意味での役員の有無をどのように確認するのかという問題が生じうるが，これは(3)で述べた「従業員」の有無の確認と同等以上の困難さがある。むしろ，従業員の有無という形式的な問題ではなく，個人の事業へのかかわり方の実態を踏まえた実質的判断を迫られる点で，確認の困難さはさらに大きいといえる。

　第2に，株式会社の株主，合同会社の社員その他の法人の持分を保有する者が，取締役等に「準ずる者」にあたるかという問題がある。「理事，取締役，執行役，業務を執行する社員，監事若しくは監査役」というのは，いずれも法人の機関として法人を運営する立場である一方，株主，社員その他の持分権者は，法人を保有する者であって，必ずしも法人を運営する立場には立たない。とりわけ株式会社にあっては，会社の所有者たる株主と，会社を経営する取締役等とを分離する「所有と経営の分離」の仕組みがとられており，両者は（たまたま同一人が担うことがあったとしても）截然と区別される。したがって，株主，社員その他の持分権者は，取締役等に「準ずる者」にはあたらないと考えるべきである。

　第3に，合同会社その他の持分会社にあっては，法人であっても「業務を執行する社員」として「役員」となる余地がある（会社法598条参照）。また，株式会社であっても，会社法上「役員」として位置づけられる「会計参与」（会社法329条1項）は，法人にも就任資格がある（同法333条）。そこで，法人が「役

員」にあたり得るかという点も問題になりうる。

②で述べたとおり，フリーランス法がフリーランスに対し特に保護を与えているのは，フリーランスが，生身の自然人が自らの労働力のみによって生計を立てるという意味での「個人」であるからである。自然人である「代表者」1名以外に「役員」が存在する場合には，当該「役員」が自然人であろうと法人であろうと，もはや「代表者」の労働力のみによって事業が運営されているとはいえず，フリーランス法の趣旨が妥当しないと考えることができる。したがって，「役員」には，自然人のみならず法人も含まれると解することができる。

これを前提として，**深掘りコラム2**では，複雑になりやすい事例をいくつか想定して，法人が特定受託事業者に該当するか検討している。

(5) 「特定受託事業者」該当性の判断基準時

① 業務委託時か，問題行為時か

フリーランスが特定受託事業者にあたるか否かは，「従業員」や他の「役員」の有無で日々変わり得るが，どの時点で判断すればよいのか。

政府見解は，「従業員」の有無の判断の基準時について，取引の安定に配慮して，フリーランス及び発注者の双方にとって明確な時点を考える観点から，業務委託時及び問題行為時の双方で「従業員」を使用していない場合にのみ，「特定受託事業者」に当たるとしている[13]。これを表にすると，**図表2－2**のとおりである。

Q&A8及び下位法令パブコメ回答（1－2－10）も，発注時点で「特定受託事業者」に該当しない場合には，その後に「特定受託事業者」の要件を満たすようになったときであってもフリーランス法は適用されないことを明確にしており，**図表2－2**のA・Bのパターンの帰結を再確認している。

特に発注者の側に立てば，フリーランス法の適用がないと考えてフリーラン

13　第211回国会衆議院内閣委員会第10号2023年4月5日会議録17番

50

【図表2－2：「従業員」の有無の判断の基準時（政府見解）】

	業務委託時	問題行為時	特定受託事業者該当性
A	従業員あり	従業員あり	×
B	従業員あり	従業員なし	×
C	従業員なし	従業員あり	×
D	従業員なし	従業員なし	○

（出所）筆者作成

スに業務委託したにもかかわらず，事後的に同法が適用されるとされてしまえ
ば，取引の安全性を害するから，上記のように2時点で判断する必要性は理解
できないわけではない。下請法の解釈としても，発注時点で下請法の適用の有
無を確認すれば，その取引についてはその後に下請法の適用の有無が変動しな
いという考え方がある[14]。ひとり行政当局によるエンフォースメントのみを念
頭に置くだけであれば，この政府見解に沿って行動しておけば，行政からお咎
めを受けることはないのかもしれない。

　しかし，「従業員を使用しない」「他の役員…がなく」という同法の文言自体
から，上記のように2時点を基準とするとの解釈を導き出すことは困難である。
文言だけを読めば，フリーランス法の適用が問題となる時点でこれに該当する
かどうかを判断すると解釈するのが素直である。

　より実質的に考えても，特に**図表2－2**のBのパターンの場合には，不当な
帰結が生じやすいように思われる。例えば，業務委託時は「従業員」を使用し
ていたり他に「役員」がおり，したがって「特定受託事業者」ではなかったフ
リーランスが，問題行為時，例えば妊娠・出産・育児・介護という事象が発生
した時には「従業員」を使用せず，他に「役員」もいなくなっていた場合に，
当該フリーランスが妊娠・出産・育児・介護への配慮を求めても，発注者はこ

14　内田ほか81〜84頁〔池田毅〕。ただし，同見解も，より安全な考え方として，資本金の
　変更により下請法の適用要件が充足されなくなった場合でも下請法を適用し，他方資本金
　の変更により下請法の適用要件が充足された場合にはその時点から下請法を適用する，と
　いう対応が考えられると述べている。

れを全く無視することが許されることになる。同様のことが禁止行為の規制にも当てはまる。業務委託時は「従業員」か他の「役員」がおり，したがって「特定受託事業者」ではなかったフリーランスが，その後「従業員」か他の「役員」がいなくなっていた場合に，発注者が一方的に受領の拒否をしたり，報酬を減額したり，返品したり，やり直しを強要したりしても，フリーランス法に違反しないことになる。そして，業務委託時と問題行為時との時間的間隔が長ければ長いほど，これらの弊害は大きくなる。はるか昔に「従業員」や他の「役員」がいたことの一事をもって，その後どのような事情変更があろうと一律にフリーランス法の保護が受けられないことになるからである。

　以上のように考えると，民事事件・刑事事件が裁判所に係属してフリーランス法を解釈することになった際に，法律の解釈適用の最終的権限を有する裁判所が政府見解と同じ解釈をするかどうかは，不透明というほかない。

　私見としては，業務委託時に「従業員」や他の「役員」がいたかどうかにかかわらず，問題行為時に「従業員」や他の「役員」がいなければ「特定受託事業者」に当たり，フリーランス法の適用を受けることができると解釈しておいたほうが安全であると考える。これを表にすると，**図表2－3**のとおりである。Bのパターンのみ，政府見解と異なる。

【図表2－3：「従業員」の有無の判断の基準時（私見）】

	業務委託時	問題行為時	特定受託事業者該当性
A	従業員・他の役員あり	従業員・他の役員あり	×
B	従業員・他の役員あり	従業員・他の役員なし	○
C	従業員・他の役員なし	従業員・他の役員あり	×
D	従業員・他の役員なし	従業員・他の役員なし	○

（出所）筆者作成

　私見のように考えると，発注者は，業務委託時には想定していなかったフリーランス法の適用を事後的に受けるという不測の事態に直面しかねないと，抽象的には危惧されるかもしれない。しかし，以下のように具体的に考えていけば，

このような危惧は当たらない。

契約条件明示義務（法3条）は，業務委託時がまさに問題行為時であり，そもそも両者の離齬の問題が生じない。

60日・30日以内の報酬支払の規制（法4条）も，業務委託時に契約又はフリーランス法の定めによって報酬支払期日が定まる構造となっているのであり，やはり業務委託時と問題行為時の離齬の問題が生じない。

報酬減額，買いたたき等の禁止（法5条）は，受注者側がフリーランスであろうがなかろうが，いずれにしても（独禁法上，下請法上，また通常の商慣習上）許されない行為ばかりであり，かかる規制の適用を受けないことが正当な利益とはいいがたい。

募集情報の的確表示義務（法12条）は，広告等で多数のフリーランスを募集する際の規制であり，個々のフリーランスが「従業員」を使用しているかどうかは問題とならない。

妊娠出産育児介護配慮義務（法13条）にしても，受注者側がフリーランスであろうがなかろうが，人として当たり前の配慮を求めるものに過ぎず，かかる規制の適用を受けないことが正当な利益とはいいがたい。

ハラスメント対策義務（法14条）は，個々のフリーランスとの取引に対する規制というよりは，恒常的にある一定の体制を整備することを求めるものであり，個々のフリーランスが「従業員」を使用しているかどうかが問題になる局面は少ないものと思われる。

このように考えてくると，発注者を保護すべきものと考える余地があるのは，せいぜい，契約解消の30日前予告義務（法16条）が事後的に不意打ち的に適用されるケースに留まるものと考えられる。そして，これとて，**第9章2(5)**で詳述するとおり，フリーランス側に帰責事由がある場合には即時解除が認められるので，上記のようなケースでフリーランス法の適用を認めても，発注者に大きな不利益が生じるとまではいえないように思われる。

②　契約更新の場合

　下位法令パブコメ回答によれば，業務委託契約が更新される場合（自動更新される場合を含む。）には，改めて業務委託があったものと考えるため，（自動）更新時にフリーランスが「特定受託事業者」に該当すれば，更新後の業務委託にはフリーランス法の適用があることになる（同 1 - 2 -15）。Q&A33も同じ前提を記載している。

　実務上，フリーランスとの契約は，期間の定めのないものも散見されるが，期間の定めのある契約が更新されていくパターンも多い。このようなパターンの場合，政府見解を前提とすると，たとえ当初発注時点でフリーランスが「特定受託事業者」に該当しないことを確認していたとしても，その後全くフリーランス法の適用を免れるわけではなく，契約更新の際，もっというと，契約が自動更新され新たな契約書を作成しないような場合でも，更新時のステータスでフリーランス法の適用の有無が変化してしまうことになる。

　したがって，仮に①で述べた政府見解のように考えたとしても，結局，フリーランスが「従業員」を使用しているか否かなど，ステータスの変更の都度発注者が確認しなければならなくなる場合が多い。このため，発注者側から能動的にステータスを確認したり，フリーランスとの契約上は，ステータスの変更の都度報告させる義務をフリーランスに負わせておく必要がある（**第 4 章 4(5)**）。

(6)　「特定受託事業者」該当性の判断方法

　発注者は，フリーランスが「特定受託事業者」に該当するか（すなわち，「従業員」や他の「役員」の有無）をどのように判断すればよいのか。

　政府見解は，電子メールやSNSのメッセージ機能等での確認など，当事者に過度な負担とならず，かつ記録が残る方法で入手した情報で従業員の有無等を判断することが考えられるとする（Q&A 7，下位法令パブコメ回答 1 - 2 -16）。フリーランスの言い分のみによって「従業員」や他の「役員」の有無を判断することになる。「従業員」の有無について何か客観的な証明手段があ

るわけでもないし，これ以上の証明を求めることは取引上負担が大きすぎるので，実務上致し方ないであろう。

　しかしこれでは，フリーランスが事実と異なる説明をした場合（フリーランスが，従業員・他の役員が存在しないのに存在するかのように説明した場合，あるいは逆に，フリーランスが，従業員や他の役員がいるのにいないかのように説明した場合）にどうなるのか，という問題が生じる。政府見解は，従業員の有無というのは客観的な基準であり，フリーランスの回答内容にかかわらず，従業員を使用していなければ特定受託事業者に該当するとしている[15]。下位法令パブコメ回答も，「発注事業者が，受注事業者から「役員」や「従業員」の有無について事実と異なる回答を得たため，当該発注事業者が本法に違反することとなってしまった場合であっても，当該発注事業者の行為については是正する必要があるため，指導・助言（行政指導）は行うことがあります。」としている（同1−2−19）。Q&A13も全く同旨を記載する。

　そのうえで，「勧告（行政指導）や命令（行政処分）を直ちに行うものでは」ないとされ（下位法令パブコメ1−2−19。Q&A13も同旨），フリーランスが従業員の有無について虚偽を述べたことが明らかであると認められる場合には，勧告や命令の措置は行わない想定であり，従業員の有無等について虚偽を述べた場合に業務委託契約の解除が認められるかは，フリーランス法に特段の規定はなく，民法の規定や当事者間の契約内容によるとしている[16]。政府見解に基づく帰結は，**図表2−4**のとおりである。

　このように，「従業員」や他の「役員」の有無は，フリーランスの説明内容にかかわらず客観的実態で判断される以上，発注者としては，特に**図表2−4**のCのパターンのように，実態は従業員や他の役員がいないのにフリーランスが従業員や他の役員がいるかのように説明した結果，発注者はフリーランス法を遵守せず，結果として違法状態を発生させるリスクがぬぐえないことになる。もちろん政府見解は，このような場合には勧告命令等を「直ちに行うものでは」

15　第211回国会参議院内閣委員会第11号2023年4月25日会議録12番
16　第211回国会参議院内閣委員会第11号2023年4月25日会議録12番

第2章　フリーランス法が適用される範囲は？　　55

【図表2－4：「従業員」の有無の実態とフリーランスの説明による帰結（政府見解）】

	実態	フリーランスの説明	特定受託事業者該当性
A	従業員・他の役員あり	従業員・他の役員あり	×
B	従業員・他の役員あり	従業員・他の役員なし	×
C	従業員・他の役員なし	従業員・他の役員あり	○ ただし，勧告命令等はなし？
D	従業員・他の役員なし	従業員・他の役員なし	○

（出所）筆者作成

ないとするが，「直ちに」は行なわないとするのみであり，個々のケースで勧告命令等が行われないことを一律に保障するものでもない。さらに，フリーランス法に違反した場合のサンクションは，勧告命令等の行政上の措置だけでなく私法上のものもありうるのであって，後者については，政府見解が何を言おうが，最終的には裁判所の判断によることになる。

　もちろん，フリーランスとの間の契約書等において，フリーランスが従業員を使用している・していない事実等を表明保証させ，表明保証違反が発覚した場合に発注者が契約を解除することができる旨の条項を置くこともありうる（**第4章4(5)参照**）。ただ，これとて，解除前の行為についてリスクを全く除去することができるわけではない。また，もともとフリーランス個人の経験や能力，実績等を見込んでフリーランスと取引している以上，従業員の有無といったテクニカルな事情で契約関係自体を解除することまで必要なのか，疑問がないでもない。

　これらを踏まえると，フリーランスとの個々の取引において電子メール等で従業員の有無を確認するフローを設けることは実務上望ましいにしても，その申告内容を鵜呑みにすることなく，厳密には特定受託事業者にあたらない零細事業者一般にフリーランス法を遵守した対応をとる態勢を整えておくことのほうが，よほど実務的に簡明で，リスクが少ないといえる（**3(1)参照**）。

2 発注者＝「業務委託事業者」「特定業務委託事業者」とは？

　フリーランス法は，その適用対象となる発注者を，「業務委託事業者」と「特定業務委託事業者」という2種類の語で表現している（法2条5，6項）。

(1) 「業務委託事業者」

　「業務委託事業者」とは，特定受託事業者（フリーランス）に業務委託をする事業者と定義される（法2条5項）。フリーランスに対し業務委託をした者であれば，消費者でない限り，幅広くこれに該当するだろう。なお，「事業者」の定義は，1(2)を参照されたい。

　国や地方公共団体も，「事業」に関し業務委託をする場合には，「業務委託事業者」に該当する（Q&A28）。

(2) 「特定業務委託事業者」

　「特定業務委託事業者」とは，「業務委託事業者」のうち，以下のいずれかに該当するものをいう（法2条6項）。

---

　①　個人であって，「従業員」を使用するもの（2条6項1号）
　②　法人であって，2人以上の「役員」がおり，または「従業員」を使用するもの（同項2号）

　簡単にいえば，発注者のうち，自身はフリーランスではない者ということができる。「従業員」を1人でも使用していたり，役員が2人以上いたりすれば，その発注者は「特定業務委託事業者」である。

上記の定義中の「従業員」や「役員」の意義は、1(3)(4)を参照されたい。

個人とも法人ともつかない存在である任意組合、「権利能力なき社団」の位置づけについては、**深掘りコラム3, 4**で詳述した。

(3) 発注者に適用されるフリーランス法の規定

フリーランス法は、主として、発注者ではあるが自らはフリーランスではない事業者に適用されるが、契約条件明示義務に限っては、例外的に、発注者自身がフリーランスであっても課されることになる。わかりやすいように表に示せば、**図表2-5**のとおりとなる。

【図表2-5：フリーランス法が適用される発注者】

項目		フリーランスである発注者	フリーランスでない発注者
下請法と同様の規制	契約条件明示	適用あり	適用あり
	報酬支払期限	適用なし	適用あり
	禁止行為	適用なし	適用あり
労働者類似の保護	契約解除・不更新の事前予告	適用なし	適用あり
	ハラスメント対策	適用なし	適用あり
	妊娠・出産・育児・介護への配慮	適用なし	適用あり
	募集情報の的確表示	適用なし	適用あり

(出所) 筆者作成

3 実務対応のポイント

(1) 広く零細事業者にフリーランス法対応をとる場合

以上検討してきたように、発注者としては、目の前のフリーランスがフリーランス法上の「特定受託事業者」に該当するかどうかを確定することは困難であり、いったん確定しても、その後従業員や役員が加わったり、いったん加わっ

た従業員や役員が辞めてしまったりと、状態は容易に変化し得る。したがって、実務対応としては、個別の取引で相手方が「特定受託事業者」に該当するかどうかを逐一確認する手間を取るよりは、広く個人を含む零細事業者と取引する場合一般について、フリーランス法に対応できるようにしておくことが現実的と考える[17]。

厳密にはフリーランス法の適用対象とならない事業者も含めて広く零細事業者に対しフリーランス法対応をする場合のチェックポイントは、**図表2－6**のとおりである。①契約が業務委託契約かそれ以外の契約か、②取引相手が個人名義か、③（法人の場合）従業員や役員がいると特に調べずとも確信できるか、という3つのポイントを想定している。

【図表2－6：広く零細事業者にフリーランス法対応を行う場合のチェックポイント】

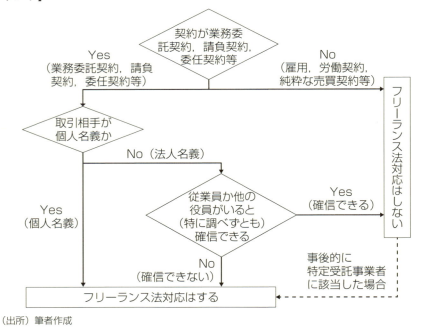

（出所）筆者作成

17　滝澤紗矢子「フリーランス法の意義と特徴」ジュリ1589号53, 55頁も同旨。

②取引相手が個人名義であれば，従業員の有無にかかわらず（従業員がいる旨申告があった場合でも），なおフリーランス法対応をしておくことを想定している。従業員がいる旨申告があっても，それが事実と合致しているかを確認しようがないし，申告させてもその後従業員の有無が変わりうるからである。

③従業員や役員がいると特に調べずとも確信できるかどうかが，もしかしたらわかりにくいかもしれない。例えば，以下のいずれかに該当する場合には，およそ特定受託事業者に該当する例はないと確信して，フリーランス対応をしないが，逆に，いずれにも当てはまらないのであれば，フリーランス対応をする，という実務フローが考えられる。

➤取引先が上場企業であること
➤取引先の担当者5名以上と実際に面談し，5名以上の名刺を受領した場合

上記のうち「5名」とある個所は，個々の発注者の実情に応じて数字を調整することができる。ミニマムにいえば「2名」でもよい。2名構成員がいれば，その法人には論理的には代表者以外に従業員か他の役員が存在する可能性が高いからである。とはいえ，2名の場合には，代表者以外の構成員が同居の親族であったり（したがって「従業員」にあたらない），業務委託形態で勤務していたり（偽装フリーランスにあたらない限り「従業員」にならない）する場合には，なお「特定受託事業者」になるし，その後代表者以外の構成員が退職した場合には容易に「特定受託事業者」に転化し得ることになる。これらのリスクをヘッジしたいのであれば，担当者数の数字を引き上げることになる。引き上げれば引き上げるほど，仮に代表者以外の構成員に「従業員」ではない者が混じっていたり，事後的に当該構成員が退職していたりしても，1人も「従業員」がいなくなる（ゆえに「特定受託事業者」に転化してしまう）リスクは少なくなるからである。そうかといって，数字を引き上げるほど面談や名刺取得・保管の負担が重くなってしまうから，実際の体制整備にあたっては，このような実務上の負担も考慮する必要がある。

取引の相手方が厳密には特定受託事業者の定義に該当せず，現実にはフリーランス法の適用がなかったとしても，同法に対応できるようにしておくことはまったく無駄にならない。フリーランス法は，トラブルの防止のために必要なことを制定したと評価できるので，フリーランス法の項目に対応していれば，当該取引の相手方とのトラブルを予防する効果を見込むことができるからである。

業務委託時点では特定受託事業者に該当しなかったが，事後的に特定受託事業者に該当することとなったことが明らかになった場合には，フリーランス法対応の対象に加えることが必要となる。

なお，広く零細事業者にフリーランス法対応をする場合であっても，個々のフリーランスから従業員や役員が存在する・しない旨の申告を電子メール等で受けるように実務フローを構築しておくこと自体は，無益ではないであろう。

(2) フリーランス法の適用対象のみに対応を限定する場合

他方で，フリーランス法の適用範囲となる特定受託事業者のみに同法対応を厳密に限局し，それにあたらないフリーランスないし零細事業者にはフリーランス法対応をしないようにしたいという場合のチェックポイントは，**図表2－7**のとおりである。①契約が業務委託契約かそれ以外の契約かでふるい分けをしたうえで，②従業員や役員が存在する旨の申告書等を，法人の場合には登記を添付させて提出させ，提出がなければフリーランス法対応の対象とし，③提出があれば，その内容が事実と異なることが判明しない限り，いったんフリーランス法対応はしないこととする。

しかし，申告書の内容が事実と異なり，フリーランスが業務委託時当初から特定受託事業者であることが事後的に判明した場合や，業務委託時点では特定受託事業者に該当しなかったが，事後的に特定受託事業者に該当することとなったことが明らかになった場合には，フリーランス法対応の対象に加えることが必要となる（業務委託後に特定受託事業者にあたるかが変化した場合の対

【図表2-7：フリーランス法上の「特定受託事業者」のみにフリーランス法対応を行う場合のチェックポイント】

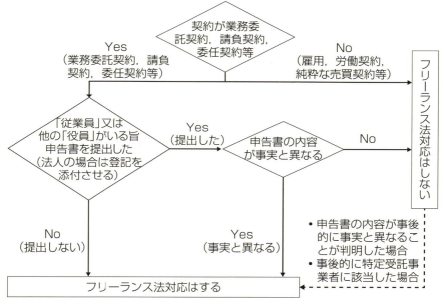

(出所) 筆者作成

応は、1(5)参照)。(1)の場合と比べると、この対応をする必要が生じる例が多くなることが想定される。

②申告書については、法人の場合には登記上役員の有無は明確になるので、これを添付させることが望ましいであろう。もちろん、発注者側で都度登記を確認できるのであればそれに代えてもよい。いずれにしても、それなりの手間になることが想定されるため、登記の提出や確認までは求めないとの対応もあり得るが、この場合には、フリーランスの申告が事実と異なるリスクは高まるので、このリスクをとるかどうかの判断になろう。

申告書という書面が必要ということではなく、1(6)に記載した政府見解が述べるように、従業員や役員が存在する・しない旨を電子メール等で申告させることでも差し支えない。

(3) 申告書等のひな型

　従業員や役員の有無をフリーランスに申告させる申告書のひな型，電子メール等で申告させる場合に当該申告を要請するメッセージひな型は，**図表2－8**，**2－9**のとおりである。

【図表2－8：申告書のひな型】

●株式会社　御中

申　告　書

　下記署名欄記載の者（以下「申告者」といいます。）は，貴社と業務委託契約を締結するにあたり，以下のとおり申告します。

　注：以下のチェック欄のうち該当するものにチェックをつけてください。

1　従業員の有無

　申告者は，従業員を使用して　□　います。　／　□　いません。

　注：従業員とは，週労働20時間以上かつ継続して31日以上の雇用が見込まれる
　　　者のみであり，これに該当しない者は従業員にあたりません。
　　　また，同居の親族も従業員に該当しません。
　　　他方で，派遣労働者を受け入れている場合には，週労働20時間以上かつ継
　　　続して31日以上の雇用が見込まれる者である限り含まれます。
　　　判断に迷う場合は，ご相談ください。

2　役員の有無

　申告者は，　□　個人事業主　／　□　法人　です。
　注：「法人」にチェックをつけた場合のみ，以下にもチェックをつけてください。

第2章　フリーランス法が適用される範囲は？　　**63**

申告者には，氏名：＿＿＿＿＿＿＿＿＿＿以外に，役員が　□　います。　／　□
いません。

注：氏名欄には，法人の代表者の方のお名前を記載してください。
　　役員とは，理事，取締役，執行役，業務を執行する社員，監事若しくは監
　　査役又はこれらに準ずる者を指します。判断に迷う場合は，ご相談ください。
　　申告者の履歴事項全部証明書を本申告書に添付してください。

以上の内容は，真実と相違ありません。以上の内容が真実と相違した場合には，
貴社との間の業務委託契約が解除されたとしても，異議がありません。

　　　　　　年　　　　月　　　　　日

　　　　　　　　　申告者

　　　　　　　　　氏名・名称＿＿＿＿＿＿＿＿＿＿＿＿＿

　　　　　　　　　住所＿＿＿＿＿＿＿＿＿＿＿＿＿＿＿＿

　　　　　　　　　（法人の場合）代表者氏名＿＿＿＿＿＿＿

　　　　　　　　　　　　　　　　　　　　　　　　　　　以上

【図表2－9：メッセージのひな型】

●様

この度は，当社とお取引を開始していただくことになりまして，誠にありがとう
ございます。
お取引の開始に際し，法令遵守の観点から，以下の事項を電子メール，ＬＩＮＥ
等にてご返信いただけますでしょうか？

1　貴殿が従業員を使用しているかどうか。

注：従業員とは，週労働20時間以上かつ継続して31日以上の雇用が見込まれる者を指し，これに該当しない者は従業員にあたりません。
　　また，同居の親族も従業員に該当しません。
　　他方で，派遣労働者を受け入れている場合には，週労働20時間以上かつ継続して31日以上の雇用が見込まれる者である限り含まれます。
　　判断に迷われる場合は，ご相談ください。

2　貴殿が個人事業主であるか，それとも法人であるか。法人である場合には，代表者のお名前と，その代表者以外に役員がいらっしゃるか否か。

注：役員とは，理事，取締役，執行役，業務を執行する社員，監事若しくは監査役又はこれらに準ずる者を指します。判断に迷われる場合は，ご相談ください。

貴殿が法人である場合，履歴事項全部証明書を添付してお送りいただけましたら幸甚です。

なお，上記の事項をご返信いただくのは，フリーランス法の適用の有無を確認し，法令遵守を確保するためのものです。ご返信いただいた内容が真実と相違した場合には，貴殿との間の業務委託契約を解除させていただく場合もございますので，その点をご理解いただけましたら幸いです。

ご不明な点がございましたら，●までお気軽にお問い合わせください。

●

深掘りコラム2　法人の特定受託事業者該当性

本コラムでは，様々な形態の法人を想定して，特定受託事業者に該当するか検討する。

(1) 自然人1名が「代表社員」である合同会社

【図表2－10】

（出所）筆者作成

ある自然人Aが，自ら100％の持分を保有する合同会社Bであれば，Aが唯一の代表社員（業務を執行する社員）となる（会社法599条）。

この場合には，Aが「代表者」である。他に「役員」も「従業員」もいなければ，B社は特定受託事業者に該当することになる。

(2) 自然人1名が「代表社員」である合同会社で，その同居の配偶者が存在する場合

【図表2-11】

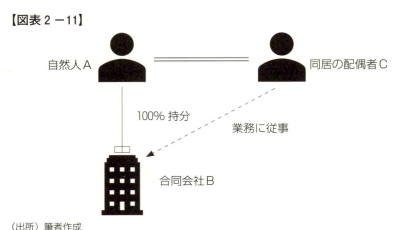

（出所）筆者作成

　ある自然人Aが自ら100％の持分を保有する合同会社Bにおいて，Aの同居の配偶者CがB社の業務に従事している場合はどうか。AがB社の唯一の代表社員（業務を執行する社員）として「代表者」となるから（会社法599条），あとは，同居の配偶者Cが「従業員」や「役員」となるかが問題となる。

　1(3)①で述べたとおり，同居の親族は「従業員」にあたらないと解されているから，Cは「従業員」ではなく，したがってB社は特定受託事業者に該当するとも思われる。

　しかし，同居の配偶者Cの事業に対する関与の度合い，主体性等の事情は様々である。Aが自らB社として行っている事業をCが手伝っているということもあるかもしれないし，逆に，Aは代表社員として名義を貸しているだけであり，実際にはB社の事業はCのものであり，Cが主宰している場合もありうるだろう。このような事情によっては，Cが事実上の役員であって，「業務を執行する社員…に準ずる者」として「役員」に該当するとされ，特定受託事業者に該当しない可能性もある。

　同居の配偶者Cが登記上取締役や監査役とされている場合には，Aの他に「役員」がいるから，B社は特定受託事業者ではないことになる。Q&A18も，同居親族が役員である場合には，「他の役員」にあたるとする。Cが実際にはB

社の業務に従事せず，登記上の肩書が名目上のものにすぎない場合であっても，同様に解すべきである。登記の記載を超えて実質的に業務に従事しているかを確認することは非現実的であるし，フリーランス法の適用関係が不明確になるからである。

(3) 株式会社1社が「代表社員」である合同会社で，当該株式会社の唯一の株主・取締役である自然人が合同会社の職務執行者とされている場合

【図表2－12】

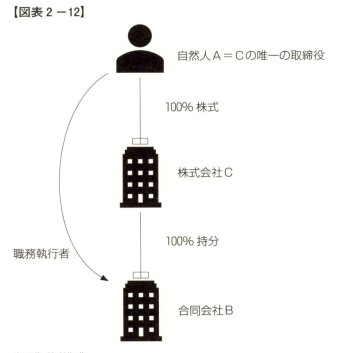

(出所) 筆者作成

　合同会社Bは，株式会社Cが100％の持分を保有しており，C社の唯一の株主かつ取締役が自然人Aである事例を想定する。B社は特定受託事業者たり得

るか。

　この場合，C社がB社の唯一の代表社員（業務を執行する社員）となる（会社法599条）。ただしこの場合は，代表社員が法人であるため，業務を執行する社員の職務を行うべき自然人（職務執行者）を選任しなければならない（同法598条）。そこで，親会社Cの唯一の株主・取締役である自然人Aが合同会社の職務執行者として選任されていることとしよう。

　この場合に，合同会社Bの「代表者」とはいったい誰なのか，そもそも「代表者」が存在すると考えてよいのかが問題となる。合同会社の代表権を有するのは株式会社であるが，1⑷②でみたとおり，フリーランス法上の「代表者」とは自然人のみを指すものと解釈すれば，C社が「代表者」にあたるとすることはできない。

　では，職務執行者となった親会社の唯一の株主・取締役Aが「代表者」というべきか。職務執行者は代表権を有する法人たる社員の業務をあくまで代行する存在に過ぎず，「代表者」にはあたらないと考えることができる（甲説）。甲説によるならば，B社は，「代表者」が一名も存在しないことになるから，フリーランス法2条1項2号の要件を満たさず，特定受託事業者に該当しないことになる。しかし，C社にもB社にもA以外に従業員や役員がおらず，両社の事業をいずれもA1人のみで運営しているようなケースでは，ただ単に法人を1つ（C社）挟んだだけでフリーランス法の適用を受けられないことになり，妥当な帰結なのか疑問が生じうる。

　逆に，職務執行者こそが実際には合同会社の代表者としての権限を行使するのであるから，職務執行者が「代表者」にあたると考えることもできる（乙説）。しかし，乙説によっても疑問が生じる場合がある。例えば，C社においては従業員を多く使用しており，B社の業務もC社に業務委託とする形で事実上C社（の従業員）が担っているが，B社本体では従業員が存在しないようなケースを想定すると，確かにB社には「代表者」（職務執行者）たるAしかおらず，他に従業員も役員も存在しないけれども，実際にはB社の事業はC社の「組織」によって担われているのであって，生身の自然人が自らの労働力のみによって

【図表2－13】

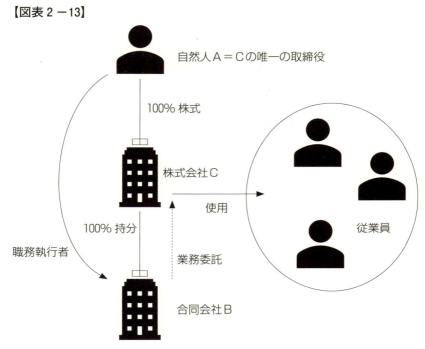

(出所) 筆者作成

生計を立てるという意味でのフリーランスを保護するフリーランス法の趣旨（1(3)②）が妥当する場面ではないように思われる。

そうだとすると，職務執行者自身が，かつ，職務執行者のみで，合同会社の業務を行う場合に限って，職務執行者を「代表者」と認め，特定受託事業者と認める考え方（丙説）もありうる。ただ，こう考えてしまうと，合同会社や職務執行者の業務実態等によって特定受託事業者に該当するか否かが変わってきてしまい，1(3)で述べた「従業員」の有無の確認の困難さと全く同じ問題が生じかねない。むしろ，従業員の有無という形式的な問題ではなく，実態として「組織」が事業を担っているのかという実質的判断を迫られる点で，確認の困難さはさらに大きいといえる。

いずれかの説を1つ選ぶのだとすれば，甲説が相対的に弊害が少ないだろう。

フリーランスがいくつも法人を持っているケースが通常というわけではない一方，複数の法人の資本関係上，1人の「代表者」以外に「役員」がいないけれども実態として「組織」が業務を担っている法人が生じる場合に，フリーランス法の適用から排除することができるからである。とはいえ，甲説でも救われるべきが救われないケースが絶無ではないし，こうしたことを個々の事例で検討すること自体煩雑なので，やはり，厳密には特定受託事業者にあたらない零細事業者一般にフリーランス法を遵守した対応をとる態勢を整えておくことが実務対応としては望ましいといえる（3(1)参照）。

(4) 株式会社1社が「代表社員」である合同会社で，当該株式会社の従業員1名が合同会社の職務執行者とされている場合

【図表2－14】

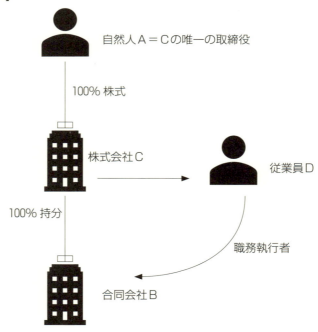

（出所）筆者作成

(3)と同じく，合同会社Bは，株式会社Cが100％の持分を保有しており，C社の唯一の株主かつ取締役が自然人Aである事例を想定する。しかしこちらでは，Aではなく，C社の従業員であるDが合同会社Bの職務執行者として選任されていることとしよう。

(3)と同じく甲・乙・丙説に従って考えてみると，甲説による場合には，職務執行者は「代表者」にあたらず，B社には「代表者」が存在しないこととなるから，B社は特定受託事業者にあたらない。

他方乙説による場合には，Dが「代表者」にあたり，他にB社に「従業員」がいない限り，B社は特定受託事業者に該当することになる。ただ，Dは自らフリーランスとしてB社の業務に従事しているわけではなく，C社の「組織」に組み込まれた存在として業務に従事しているのであり，(3)の場合よりいっそう，フリーランス法で保護すべき必要性に乏しい。

丙説によれば，DのみがB社の業務に従事しており，他のC社従業員の関与がない場合には，Dは「代表者」であり，B社は特定受託事業者にあたるという余地があることになるが，乙説と同じく，そもそもD自身が自らフリーランスとして業務に従事しているわけではなく，あくまでC社の「組織」に組み込まれた存在に過ぎないことを考えると，フリーランス法を適用する意味に乏しいように思われる。

(5) 一般社団法人１法人が「代表社員」である合同会社で，当該一社の唯一の代表理事が合同会社の職務執行者とされている場合

(3)とほぼ同様の事例ではあるが，今度は，合同会社Bの100％持分を保有するのは一般社団法人Cであり，C法人の唯一の代表理事がB社の職務執行者を兼務する事例を想定する。このような事例は，いわゆる「GKTKスキーム」をとってストラクチャードファイナンスを行う場合によく生じる形態である。

この場合も，(3)と同様に考えることができるであろう。

【図表2−15】

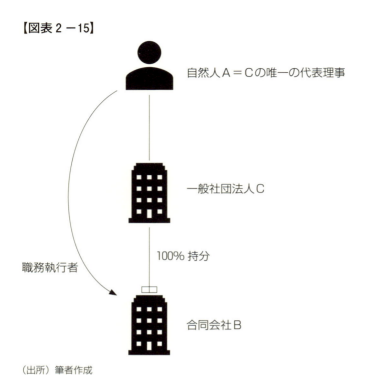

(出所) 筆者作成

(6) 自然人1名と法人1社がいずれも「代表社員」である合同会社の場合

　合同会社Bは、株式会社Cが51％の持分を、自然人Aが49％の持分を、いずれも保有しており、AとC社のいずれもが、B社の代表社員である事例を想定する。B社は特定受託事業者にあたり得るか。

　この場合、合同会社Bの「代表者」とはいったい誰なのか、「一の代表者」のみが存在すると考えてもよいかが問題となる。B社の代表者としてAとC社の2名がいるため、「一の代表者」というフリーランス法の要件を満たさず、B社は特定受託事業者にあたらないと考えることもできる。他方で、法人は同法にいう「代表者」や「役員」にあたらないのだとすれば、自然人たる代表者

【図表2－16】

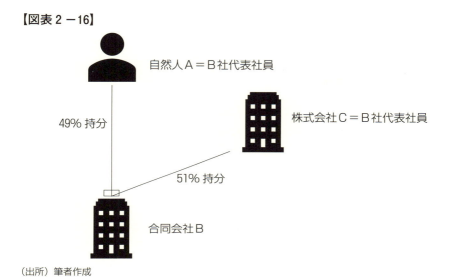

(出所) 筆者作成

はA1名のみであり,「一の代表者」のみが存在すると考えることもできる。

いずれにしても,1(4)③で述べたとおり,「役員」には法人を含むと解するならば,A以外にC社という「業務を執行する社員」が存在する以上,他に「役員」がいないという要件を満たさず,B社は特定受託事業者にあたらないことになろう。

(7) 自然人1名が「代表社員」である一方,法人1社も（代表権のない）社員である合同会社の場合

合同会社Bは,株式会社Cが51％の持分を,自然人Aが49％の持分を,いずれも保有していることは(6)と同様であるが,AのみがB社の代表社員であり,C社は代表権・業務執行権のない社員にとどまる事例ではどうか。

この場合,B社の「一の代表者」がAであり,かつ,C社に業務執行権がない以上他に「役員」がないということになり,B社は特定受託事業者にあたり得ることになる。

【図表2-17】

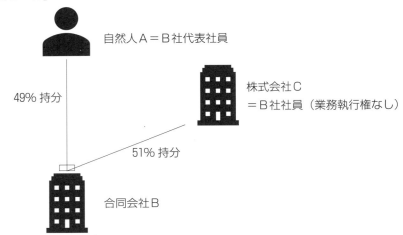

(出所) 筆者作成

(8) 自然人1名が唯一の取締役である株式会社で，会計参与が選任されている場合

【図表2-18】

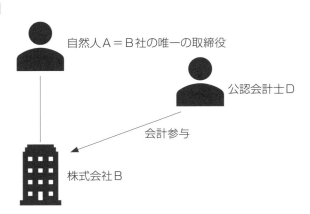

(出所) 筆者作成

　ある自然人Aが，株式会社Bの唯一の取締役であるが，このほかB社には公

認会計士Dが会計参与として選任されている事例を想定する。なお，B社には従業員は存在しないものとする。B社は特定受託事業者にあたるか。

この場合には，Aが「代表者」である。他に「役員」がいなければ，B社は特定受託事業者に該当することになる。

あとは，会計参与として自然人である公認会計士Dが選任されているから，会計参与が「役員」に該当するかが問題となる。

会社法上は，会計参与は「役員」に含まれるが（会社法329条1項），フリーランス法上の「役員」の定義には会計参与は明示的には含まれていない。あえて除外したのだと考えれば，会計参与はフリーランス法上の「役員」には含まれないと解することもできる。他方で，会計参与は，取締役と共同して計算書類等を作成する会社法上の機関であるから（同法374条），同じく計算書類等を作成することとなる「取締役」に「準ずる者」として，「役員」にあたると解することもできる。

会計参与を選任しているフリーランスが多く存在するとは思われないので，この問題が顕在化することはあまりないであろうが，仮に答えを出すとすれば，会計参与は「役員」に含まれると解しておいた方が，実務上の混乱は少ないであろう。なぜなら，会計参与は商業登記上記載されており（会社法911条3項16号），これを見た発注者は「役員」として認識するのが通常だろうからである。

以上のことは，会計参与として監査法人その他の法人が選任されていた場合でも同様であり，監査法人が会計参与に選任されていれば，他に「役員」がいるものとして特定受託事業者にはあたらないと解される。1(4)③でみたように，「役員」は自然人に限られず法人も含まれると考えるからである。

深掘りコラム3　任意組合のフリーランス法上の位置づけ

本コラムでは，任意組合（民法667条〜）がフリーランス法上どのように位置づけられるか検討する。

(1) 任意組合の法的性質

まず，任意組合とはどのような法律的性質を有するかを押さえておく必要がある。会社などの社団は，その法律効果は社団自体に帰属するのに対し，任意組合においては，法律効果は各組合員に帰属する[18]。任意組合においては，資産は各組合員の所有であり，ただ団体的拘束を受ける（合有）に過ぎず，負債も各組合員の負債である[19]。

これを前提とすると，任意組合がフリーランスに対し業務委託を行う場合，又は，発注者から任意組合が業務委託を受ける場合いずれにおいても，業務委託に係る契約関係やそれに基づき発生する各種権利義務は，各組合員に帰属することになる。

同時に，「従業員」の使用の要件との関係では，任意組合が従業員を使用している場合には，当該使用に係る契約関係やそれに基づき発生する各種権利義務は，各組合員に帰属することになる。

ただし，任意組合の形式をとっていても，いわゆる「権利能力なき社団」の実質を備えるに至っている団体は，別様の議論が必要である。後述の**深掘りコラム 4** を参照されたい。

(2) 「事業者」該当性

任意組合は，各当事者が出資をして共同の「事業」を営む契約であるし（民法667条1項），現実に世の中に存在する任意組合を見ても，法律事務所のような士業の共同事務所や，建設工事請負における共同企業体（ジョイントベンチャー），投資組合，映画製作委員会などが思い当たるが[20]，いずれも「事業者」と呼ぶべき実質を備えている。

---

18 我妻榮『債権各論中巻二』（岩波書店，1962年）754〜755頁
19 同上
20 中田裕康『契約法〔新版〕』561頁（有斐閣，2021年）

とはいえ，上記(1)からすると，任意組合自体が「事業者」と取り扱われるのではなく，任意組合の個々の組合員が「事業者」と取り扱われるものと思われる。

(3) 「特定受託事業者」該当性

任意組合が業務委託を受ける場合を想定すると，任意組合やその組合員は「特定受託事業者」（法2条1項）に該当するか。「特定受託事業者」には個人（自然人）と法人との2つしか観念されておらず，任意組合自体がいずれにあたるのか，それともいずれにもあたらないのかも含めて問題となる。

上記(1)の整理からすると，任意組合自体が「特定受託事業者」と取り扱われるのではなく，任意組合の個々の組合員が「特定受託事業者」に該当するかが問われることになると思われる。

そして，上記(1)のとおり，発注者から任意組合が業務委託を受ける場合，当該業務委託に係る契約関係やそれに基づき発生する各種権利義務は，各組合員に帰属することになるから，各組合員が業務委託を受けたことになるものと思われる。

さらに，任意組合が従業員を使用している場合には，当該使用に係る契約関係やそれに基づき発生する各種権利義務は各組合員に帰属するから，各組合員が「従業員」を使用しているものとして，特定受託事業者にあたらないものと考えられる。政府見解も，任意組合たる事務所が雇用主となってアシスタントスタッフを雇用している場合には，各組合員が「従業員を使用」しているものとして各組合員への業務委託はフリーランス法の適用対象とならない旨明示する（Q&A12）。

他方で，従業員を使用していない任意組合（例えば，2人以上の弁護士が組合形態で営む法律事務所が，事務員を一人も雇用していない場合）はどうか。当該組合の個々の組合員が自然人である場合，同組合員が独自に「従業員」を使用していない限り，特定受託事業者に該当すると解するのがフリーランス法

の文言をそのまま適用した帰結と思われる。しかし，そもそも任意組合は，複数の自然人が共同して事業を営むもので（民法667条1項），互いの労働力を互いに利用し合って「組織」性を帯びているから，その組合員も含め，フリーランス法で保護すべき客体とは本来いえないように思う。

(4) 「業務委託事業者」「特定業務委託事業者」該当性

(3)とは逆に，任意組合がフリーランスに対し業務委託をする場合を想定すると，任意組合やその組合員は「業務委託事業者」「特定業務委託事業者」（法2条5，6項）に該当するか。

上記(1)の整理からすると，任意組合自体が「業務委託事業者」と取り扱われるのではなく，任意組合の個々の組合員が「業務委託事業者」「特定業務委託事業者」に該当するかが問われることになる。

そして，上記(1)のとおり，任意組合がフリーランスに対し業務委託を行う場合，当該業務委託に係る契約関係やそれに基づき発生する各種権利義務は，各組合員に帰属することになるから，各組合員が「業務委託事業者」に該当するものと思われる。

あとは，各組合員が「特定業務委託事業者」に該当するかという問題が残るが，これは，(3)と同様である。すなわち，任意組合において従業員を使用している場合には，各組合員が「従業員」を使用しているものとして，「特定業務委託事業者」にあたるものと考えられる。

他方で，従業員を使用していない任意組合の問題も(3)と同様である。当該組合の個々の組合員が自然人である場合，同組合員が独自に「従業員」を使用していない限り，「特定業務委託事業者」にあたらず，したがって，契約条件明示義務以外のフリーランス法上の義務を負わないと解するのが，同法の文言をそのまま適用した帰結とも思われる。しかし，そもそも任意組合は「組織」性を帯びており，その組合員も含め，フリーランス法で各種義務を負わせるべきではないだろうか。

第 2 章　フリーランス法が適用される範囲は？　　**79**

深掘りコラム 4	権利能力なき社団のフリーランス法上の位置づけ

　本コラムでは，いわゆる権利能力なき社団がフリーランス法上どのように位置づけられるか検討する。

(1)　「権利能力なき社団」とは？

　「権利能力なき社団」とは，団体であって，その実体が社団（社会関係において，団体が全一体として現われ，その構成分子たる個人が全く重要性を失っているもの）であるにもかかわらず法人格を持たないものをいう[21]。

　権利能力なき社団といえるためには，団体としての組織を備え，多数決の原則が行われ，構成員の変更にもかかわらず団体そのものが存続し，その組織によって代表の方法，総会の運営，財産の管理その他団体としての主要な点が確定していなければならない（最判昭和39年10月15日民集18巻 8 号1671頁）。

　権利能力のない社団の資産は，構成員の「総有」に属する（最判昭和32年11月14日民集11巻12号1943頁，前掲最判昭和39年10月15日）。権利能力なき社団の代表者が社団の名においてした取引上の債務も，その社団の構成員全員に，一個の義務として「総有」的に帰属する（最判昭和48年10月 9 日民集27巻 9 号1129頁）。

　近時の最高裁判例は，「実体的には権利能力のない社団の構成員全員に総有的に帰属する不動産については，実質的には当該社団が有しているとみるのが事の実態に即している」などとして，権利能力なき社団自体に，当該社団の構成員全員に総有的に帰属する不動産の所有権移転登記手続訴訟の原告適格を認めている（最判平成26年 2 月27日民集68巻 2 号192頁）。

21　我妻榮『新訂民法総則』（岩波書店，1965年）128，132頁

(2) 「特定受託事業者」該当性

　権利能力なき社団が業務委託を受ける場合を想定すると，権利能力なき社団は「特定受託事業者」（法2条1項）に該当するか。「特定受託事業者」には個人（自然人）と法人との2つしか観念されておらず，権利能力なき社団自体がいずれにあたるのか，それともいずれにもあたらないのかも含めて問題となる。

　上記(1)のとおり，権利能力なき社団自体には法人格がなく，資産も取引上の債務も構成員の「総有」に属するという形式を重視すると，権利能力なき社団自体が「特定受託事業者」と取り扱われるのではなく，権利能力なき社団の個々の構成員が「特定受託事業者」に該当するかを問う考え方があり得る（甲説）。

　甲説によれば，発注者から権利能力なき社団が業務委託を受ける場合，当該業務委託に係る契約関係やそれに基づき発生する各種権利義務は，各構成員に「総有」的に帰属することになるから，各構成員が業務委託を受けたことになるものと思われる。

　さらに，権利能力なき社団が従業員を使用している場合には，当該使用に係る契約関係やそれに基づき発生する各種権利義務は各構成員に「総有」的に帰属するから，各構成員が「従業員」を使用しているものとして，特定受託事業者にあたらないものと考えられる。

　他方，上記(1)のとおり，権利能力なき社団においては，資産も取引上の債務も構成員の「総有」に属し，構成分子たる構成員が全く重要性を失っており，財産はむしろ社団自体が有しているとみるのが事の実態に即しているとまでいえる。そうすると，権利能力なき社団の個々の構成員ではなく，端的に社団自体が「特定受託事業者」と取り扱われるか否かを問題としたほうがよいとの考え方もありうる（乙説）。

　乙説を前提とすると，権利能力なき社団を「法人」（法2条1項2号）に準じて考えるのが一つの考え方である（乙1説）。乙1説に従えば，権利能力なき社団に従業員や2名以上の役員が存在すれば「特定受託事業者」にあたらないことになる。従業員がおらず，代表者たる個人が1名しかいないのであれば，

「特定受託事業者」に該当することになるだろうが，このような団体はそもそも権利能力なき社団の要件自体を満たさないかもしれない。

　もう一つの考え方は，権利能力なき社団は「法人」そのものではなく，さりとて「個人」でもないから，結局「特定受託事業者」のいずれの定義にもあたらないという考え方である（乙2説）。乙2説に従う場合，権利能力なき社団に従業員や2名以上の役員がいるかどうかは結論を左右しないことになる。

　政府見解は，権利能力なき社団たる事務所が雇用主となってアシスタントスタッフを雇用している場合には，「当該社団そのものが当該アシスタントスタッフを雇用しているものと考えられる」ため，権利能力なき社団の構成員たる個人事業主が「従業員を使用」しているとはいえないとの考え方を示している（Q&A12）。これは，乙1説に立つ趣旨と思われる。

(3)　「業務委託事業者」「特定業務委託事業者」該当性

　(2)とは逆に，権利能力なき社団がフリーランスに対し業務委託をする場合を想定すると，権利能力なき社団は「業務委託事業者」「特定業務委託事業者」（法2条5，6項）に該当するか。

　上記(2)の甲説のように考えると，権利能力なき社団自体が「業務委託事業者」と取り扱われるのではなく，権利能力なき社団の個々の構成員が「業務委託事業者」「特定業務委託事業者」に該当するかが問われることになる。

　甲説によれば，権利能力なき社団がフリーランスに対し業務委託を行う場合，当該業務委託に係る契約関係やそれに基づき発生する各種権利義務は，各構成員に「総有」的に帰属することになるから，各構成員が「業務委託事業者」に該当するものと思われる。

　あとは，各構成員が「特定業務委託事業者」に該当するかという問題が残るが，これは，(2)と同様である。すなわち，権利能力なき社団において従業員を使用している場合には，各構成員が「従業員」を使用しているものとして，「特定業務委託事業者」にあたるものと考えられる。

他方，上記(2)の乙説のように考えると，権利能力なき社団の個々の構成員ではなく，端的に社団自体が「特定受託事業者」と取り扱われるか否かを問題とすることになる。

まず，「業務委託事業者」とは，特定受託事業者に業務委託をする事業者をいうとされ（法2条5項），文言上，個人でも法人でもない存在であっても含みうる定義となっている。権利能力なき社団がフリーランスに対し業務委託しているのであれば，当該社団自体が「業務委託事業者」に該当するというのは文言上無理が少ない。

しかし，「特定業務委託事業者」は，個人か法人のいずれかに該当することが定義上前提とされている（法2条6項）。それでも，乙1説のように権利能力なき社団を「法人」（法2条6項2号）に準じて考えるのであれば，権利能力なき社団に従業員や2名以上の役員が存在すれば「特定業務委託事業者」に該当することになる。逆に，従業員がおらず，代表者たる個人が1名しかいないのであれば，「特定業務委託事業者」に該当しないことになるだろうが，このような団体はそもそも権利能力なき社団の要件自体を満たさないかもしれない。

他方，上記(2)の乙2説のように考えると，権利能力なき社団は「法人」そのものではなく，さりとて「個人」でもないから，結局「特定業務委託事業者」にあたらないことになる。従業員や2名以上の役員の存否は関係がない。

【図表2−19】

	権利能力なき社団に	
	従業員・他の役員なし	従業員・他の役員あり
甲説	×	○
乙1説	×	○
乙2説	×	×

○：特定業務委託事業者に該当する
×：特定業務委託事業者に該当しない

（出所）筆者作成

第2章　フリーランス法が適用される範囲は？　　**83**

　しかし，権利能力なき社団とは，団体としての組織を備え，多数決の原則が行われ，構成員の変更にもかかわらず団体そのものが存続し，その組織によって代表の方法，総会の運営，財産の管理その他団体としての主要な点が確定しているというような団体である。このような団体が，従業員をいくら雇用していても，役員が複数人いようとも，一律に「特定業務委託事業者」にあたらないとの解釈は，直観に反する。解釈論としては，甲説か乙1説をとるべきだと考える。政府見解も，上記のとおり乙1説に立っている（Q&A12）。

(4)　士業への示唆

　本コラムで論じたことの実益は，**深掘りコラム5**の士業の位置づけを議論する際に大きい。というのも，弁護士事務所の中には高度に組織化されたものがあり，これが権利能力なき社団とされる可能性があるからである。

深掘りコラム5 ｜ 士業のフリーランス法上の位置づけ

　弁護士などの士業が，フリーランス法上どのように取り扱われるか。より具体的には，弁護士などの士業は「特定受託事業者」,「特定業務委託事業者」として取り扱われるか。

　以下では，筆者になじみの深い弁護士を例にとり，弁護士の様々な運営形態を列挙し，それぞれ検討する。

(1)　弁護士が1名しかいない法律事務所

　弁護士が1名しか所属していない法律事務所は，比較的わかりやすい。

　まず，弁護士Aがクライアントから業務委託を受ける場合を想定すると，弁護士Aが従業員（事務員等）を使用しているなら「特定受託事業者」にあたら

【図表2－20】

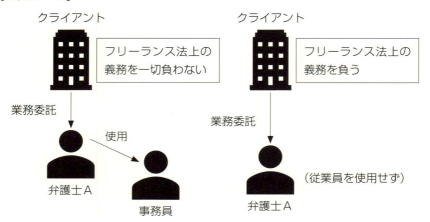

(出所) 筆者作成

ず，弁護士Aに業務委託をするクライアントは，フリーランス法上の義務を負うことはない。他方，弁護士Aが従業員（事務員等）を使用していなければ，「特定受託事業者」にあたるため，かかる弁護士Aに業務委託をするクライアントは，フリーランス法上の義務を負うことになる。

【図表2－21】

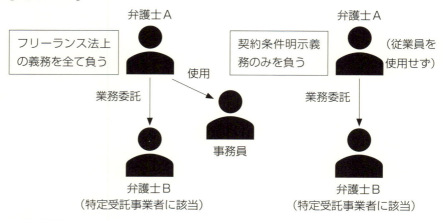

(出所) 筆者作成

他方，弁護士Aが他者に業務委託する場合，例えば，別の法律事務所の弁護士B（特定受託事業者にあたると想定する）に業務を下請させるような場合を想定すると，弁護士Aが自身の法律事務所で従業員（事務員等）を使用しているなら「特定業務委託事業者」にあたり，弁護士Bに対して，フリーランス法上の全ての義務を負う。他方，弁護士Aが従業員（事務員等）を使用していなければ，「業務委託事業者」にあたるのみであるため，弁護士Bに対しては，契約条件明示義務（法3条）のみを負うことになる。

(2) ボス弁1名の法律事務所にイソ弁が所属している場合

代表弁護士（ボス弁）Aの経営する「A法律事務所」に，勤務弁護士（イソ弁）Bが所属している場合を想定しよう。ボス弁Aは，事務員を雇用して常時使用しているものと仮定する。

【図表2－22】

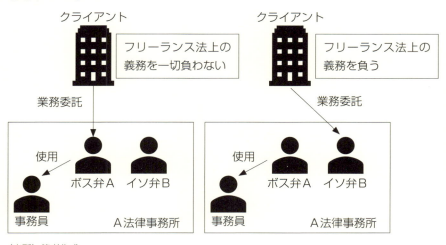

(出所) 筆者作成

まず，ボス弁Aがクライアントから業務委託を受ける場合を想定すると，ボ

ス弁Aは事務員を使用しているから、「特定受託事業者」にあたらない。ボス弁Aに業務委託するクライアントは、Aに対し何らフリーランス法上の義務を負うことはない。

では、イソ弁BがB個人名義でクライアントから業務委託を受ける場合はどうであろうか。イソ弁Bはおそらく自ら従業員を使用していないから、特定受託事業者にあたると想定する。そうすると、クライアントは、フリーランス法上の義務を負うことになる。

【図表2－23】

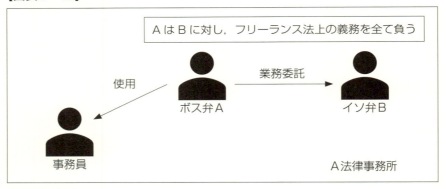

（出所）筆者作成

他方、ボス弁Aは、イソ弁Bと業務委託形態で契約している場合には、Aが事務員を使用している以上、「特定業務委託事業者」に該当する。したがって、イソ弁Bが偽装フリーランスでない限り、AはBに対してフリーランス法上の義務のすべてを負う。

なお、以上の帰結は、「A法律事務所」にイソ弁が何人いようと変わらない。

(3) 複数の弁護士が「経費共同」している法律事務所にイソ弁と事務員が所属している場合①

　弁護士A，B，Cが「A・B・C法律事務所」を経営しているが，ABC3名は「経費共同」，すなわち経費を分担しているにすぎず，任意組合（パートナーシップ）形態まではとっていない場合を想定する。

　同法律事務所には，イソ弁Dと事務員が1名所属している。イソ弁Dは，弁護士Aと「業務委託契約」を締結しており，事務員は弁護士Aが雇用契約を締結している。しかし，BもCも，イソ弁Dと当該事務員に稼働してもらっており，Dと事務員に対する給与はAのみならずBもCも分担し，B・CがAに対し支払を行っているものと仮定する。

【図表2-24】

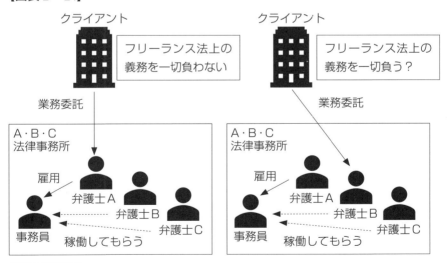

（出所）筆者作成

　まず，弁護士Aがクライアントから業務委託を受ける場合を想定すると，弁護士Aは自らの名義で事務員を雇用しているから，従業員を使用しているもの

として，「特定受託事業者」にあたらない。弁護士Aに業務委託するクライアントは，Aに対し何らフリーランス法上の義務を負うことはない。

では，弁護士Bが個人名義でクライアントから業務委託を受ける場合はどうであろうか。弁護士Bは，事務員と雇用契約関係に立っているわけではないが，事実上事務員に稼働してもらっており，その給与も分担しているのであるから，実質は「従業員を使用している」者として，「特定受託事業者」にあたらないという考え方もあり得る。こう考えれば，弁護士Bに業務委託するクライアントは，Bに対し何らフリーランス法上の義務を負うことはないことになる。

しかし，政府見解は，上記のような実質を見るのではなく，「従業員」と雇用契約を締結する名義が誰かという形式に着目するようである。下位法令パブコメ回答1－2－26は，「個人が「従業員を使用」しているかは形式的に判断します」としていたところ，Q&A11は，個人事業主X・Yが共同で運営している事務所において，個人事業主Yが単独でアシスタントスタッフを雇用している場合，事実上当該アシスタントスタッフが個人事業主Xの仕事を手伝っているにすぎないのなら，Xは「従業員を使用」しているとはいえないとの解釈を明示した。このような政府見解を前提とすると，**図表2－24**のケースでは，弁護士Bに業務委託するクライアントは，Bに対してフリーランス法上の義務を負うことになる。

他方，弁護士Aは，イソ弁Dとの関係では，「特定業務委託事業者」として，イソ弁Dが偽装フリーランスでない限り，AはDに対してフリーランス法上の義務のすべてを負う。

では，弁護士BとCは，イソ弁Dに対してフリーランス法上の義務を負うか。BとCは，Dとの間の業務委託契約の契約主体ではないが，Aと同様にDに稼働してもらっており，Dへの給与も分担しているのであるから，実質はDに業務委託している者として，「業務委託事業者」に該当し，Dに対しフリーランス法上のすべての義務を負うとされる可能性がある。

他方，上記のとおり契約名義という形式に着目する政府見解を前提とすると，Dと「業務委託契約」を締結しているのはAである以上，実態はどうあれ，B

第2章 フリーランス法が適用される範囲は？ 89

【図表2－25】

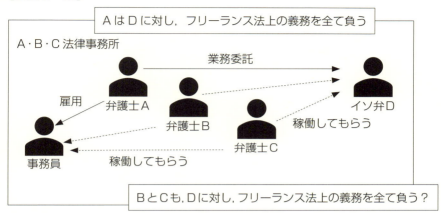

(出所) 筆者作成

とCはDとの関係で「業務委託事業者」にすらあたらず，Dに対し何らフリーランス法上の義務を負わないと考えるのが素直と思われる。

(4) 複数の弁護士が「経費共同」している法律事務所にイソ弁と事務員が所属している場合②

　(3)と同じように，弁護士A，B，Cが「A・B・C法律事務所」を経営しているが，ABC3名は「経費共同」，すなわち経費を分担しているにすぎず，任意組合（パートナーシップ）形態まではとっていない場合を想定する。

　同法律事務所にはイソ弁Dと事務員が1名所属しており，イソ弁Dは，弁護士Aと「業務委託契約」を締結しており，事務員は弁護士Aが雇用契約を締結していることも，(3)と同じである。しかし今度は，BもCも，当該事務員に稼働してもらうことは一切なく，事務員に対する給与はAのみが負担し，BとCは負担していないものと仮定する。他方で，BとCは，自ら依頼を受けた案件をイソ弁Dに処理させたり，共同して処理したりすることはあるが，報酬分配は，Aを介さずにB・CとDの間で決しているものと仮定する。

【図表2−26】

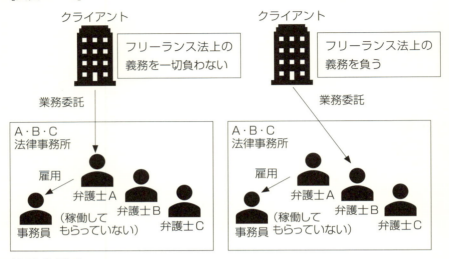

（出所）筆者作成

　まず，弁護士Aがクライアントから業務委託を受ける場合を想定すると，弁護士Aは自らの名義で事務員を雇用しているから，従業員を使用しているものとして，「特定受託事業者」にあたらない。弁護士Aに業務委託するクライアントは，Aに対し何らフリーランス法上の義務を負うことはない。

　では，弁護士Bが個人名義でクライアントから業務委託を受ける場合はどうであろうか。弁護士Bは，事務員と雇用契約関係に立っておらず，事務員に稼働してもらわず，その給与も分担していないのであるから，「従業員を使用している」者にあたらず，「特定受託事業者」にあたる可能性が高い。この場合には，弁護士Bに業務委託するクライアントは，Bに対しフリーランス法上の義務を負うことになる。

【図表2-27】

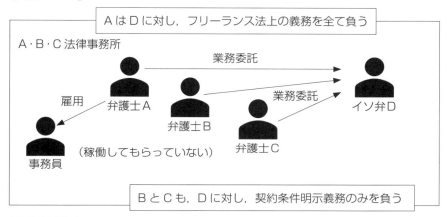

(出所) 筆者作成

　他方，弁護士Aは，イソ弁Dとの関係では，「特定業務委託事業者」として，イソ弁Dが偽装フリーランスでない限り，AはDに対してフリーランス法上の義務のすべてを負う。

　では，弁護士BとCは，イソ弁Dに対してフリーランス法上の義務を負うか。BとCは，事務員を使用してはいないものの，Dに対しては自ら依頼を受けた案件を処理させ，あるいは共同して処理しているのであるから，Dに業務委託をしているものとして，「業務委託事業者」に該当し，Dに対し契約条件明示義務は負うものと考えられる。

(5) 複数のパートナー弁護士が任意組合を組成している場合

　X総合法律事務所は，所属弁護士数40名を数える中堅事務所である。所属弁護士のうち，代表パートナーA，パートナーBを含む30名の弁護士が「パートナーシップ契約」を締結して任意組合を組成しており，Aが唯一の業務執行組合員である。アソシエイトCを含む残りの10名の所属弁護士はみなアソシエイトである。アソシエイトは，任意組合と「業務委託契約」を締結している。ま

た，X総合法律事務所は，任意組合自体が雇用主となって10名の事務員を雇用している。

【図表2－28】

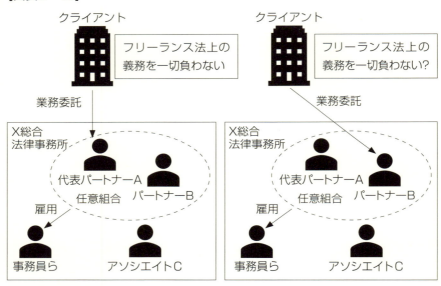

(出所) 筆者作成

　まず，パートナーAとBがクライアントから業務委託を受ける場合を想定する。**深掘りコラム3**で述べたように，任意組合の場合には，事務員との雇用関係も組合員それぞれに帰属するから，AもBも従業員を使用しているものとして，「特定受託事業者」にあたらない。したがって，代表パートナーAに業務委託しようが，代表権のないパートナーBに対し業務委託しようが，クライアントは，AにもBにも何らフリーランス法上の義務を負うことはない。

【図表2−29】

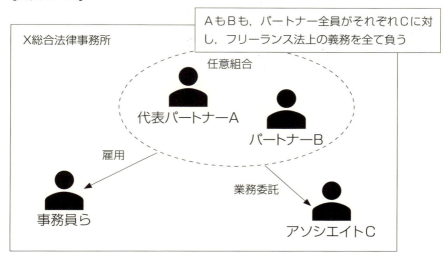

（出所）筆者作成

　他方、アソシエイトCとの関係はどうなるか。**深掘りコラム3**で述べたように、任意組合の場合には、アソシエイトCとの業務委託関係も組合員それぞれに帰属するから、AもBも、また他のパートナー全員が「特定業務委託事業者」として、アソシエイトCが偽装フリーランスでない限り、Cに対しフリーランス法上の義務の全てを負う。

(6) 高度に組織化された大規模法律事務所の場合

　Y＆Z法律事務所は、所属弁護士数500名を超える大手法律事務所である。所属弁護士のうち、代表パートナーA、パートナーBを含む100名の弁護士が「パートナーシップ契約」を締結しているばかりでなく、団体としての組織を備え、多数決の原則が行なわれ、構成員の変更にもかかわらず団体そのものが存続し、その組織によって代表の方法、総会の運営、財産の管理その他団体としての主要な点が確定している。A、Bを含め5名のパートナーが業務執行組

合員であるが，このうちAが「代表パートナー」である。Cを含む残りの400名超の所属弁護士は，カウンセル，シニアアソシエイト，ジュニアアソシエイト，顧問など様々な職位を持っているが，Cはシニアアソシエイトである。パートナー以外の所属弁護士は，「Y＆Z総合法律事務所代表者業務執行組合員代表パートナーA」と「業務委託契約」を締結している。また，Y＆Z法律事務所は，「Y＆Z法律事務所」名義で，500名超のスタッフを雇用している。

【図表2－30】

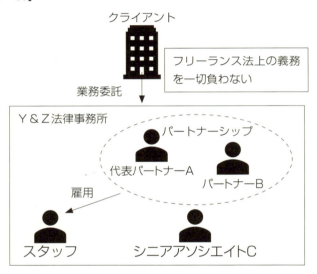

（出所）筆者作成

　まず，代表パートナーAがクライアントから「Y＆Z法律事務所パートナーA」名義で業務委託を受ける場合を想定する。Y＆Z法律事務所ほど高度に組織化されていると，**深掘りコラム4**で述べた「権利能力なき社団」に該当する可能性が生じる。権利能力なき社団の場合には，Y＆Z法律事務所がスタッフを雇用している以上，**深掘りコラム4(2)**で述べた甲説，乙1説，乙2説いずれにおいても「特定受託事業者」にあたる余地はなく，クライアントは，AにもY＆Z法律事務所にも何らフリーランス法上の義務を負うことはない。

【図表 2 −31】

> Y&Z 法律事務所が，Cに対し，フリーランス法上の義務を全て負う？
> 契約条件明示義務しか負わない？

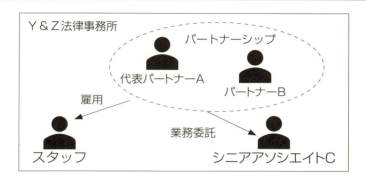

(出所) 筆者作成

　他方，シニアアソシエイトCとの関係は大問題である。Y＆Z法律事務所が権利能力なき社団と評価できるとすると，Y＆Z法律事務所がスタッフを雇用している以上，**深掘りコラム 3 (3)**で述べた甲説，乙1説，乙2説のいずれにたつかによって，Y＆Z法律事務所が「特定業務委託事業者」に該当し得るか変わることになる。甲説か乙1説に立てば，アソシエイトCが偽装フリーランスでない限り，Y＆Z法律事務所かそのパートナーがCに対しフリーランス法上の義務のすべてを負うことになるが，乙2説に立つと，Y＆Z法律事務所は「特定業務委託事業者」に該当し得ず，せいぜい契約条件明示義務しか負わないことになりかねない。

　Y＆Z法律事務所のように高度に組織化された大規模法律事務所が，アソシエイト等の勤務弁護士に対しフリーランス法の義務をほとんど負わないという結論は直観に反する。甲説か乙1説に立つべきか。

(7) 高度に組織化された大規模法律事務所が、スタッフは別会社に雇用させている場合

　上記(6)のY&Z法律事務所に再び登場してもらう。Y&Z法律事務所では500名超のスタッフが働いているが、(6)とは異なり、これらスタッフは別会社である「Y&Z株式会社」に形式上雇用されていると仮定する。このほかの条件は(6)と同じである。

【図表2-32】

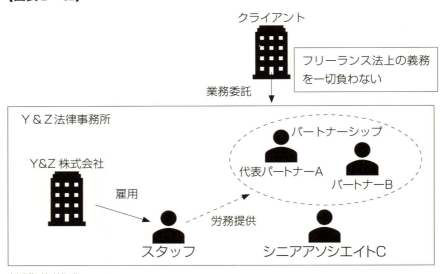

(出所) 筆者作成

　検討の前提として、スタッフの法的地位を明らかにしておく必要がある。スタッフの雇用主はY&Z株式会社ではあるが、実際にはY&Z法律事務所の指揮命令を受けて労務を提供している。これは、スタッフがY&Z株式会社からY&Z法律事務所に「出向」していると捉えるか、さもなくばY&Z株式会社がY&Z法律事務所に対しスタッフを「労働者派遣」していると捉えることが考えられる。

第2章　フリーランス法が適用される範囲は？　　**97**

　これを前提にすると，Y&Z法律事務所は，スタッフの「出向先」として自ら雇用主たる地位に立つか，さもなくば「派遣先」としてスタッフに指揮命令をしていることになり，いずれにしてもY&Z法律事務所が「従業員を使用」しているものといえる（派遣労働者の「従業員」該当性は，1(3)参照）。したがって，上記(6)と同様に考えることになろう。

深掘りコラム6	仲介事業者に対するフリーランス法その他の法制度の適用関係[22]

(1)　多様な類型

　フリーランスと発注者との間に，それらをつなぐプラットフォーム等の仲介事業者が介在する場合，仲介事業者に対しフリーランス法が適用されるか。これを考える前提として，まず，当該三者間の法的関係を検討する必要がある。

　厚労省の「『雇用類似の働き方に関する検討会』報告書」（平成30年3月30日）（以下「雇用類似検討会報告書」という。）は，いわゆる「クラウドソーシング」[23]の契約方法を，①仲介事業者が発注者から業務委託を受け，その業務をワーカーに再発注する「再委託タイプ」，②仲介事業者が発注者とワーカーの間の契約を仲介する「仲介タイプ」，③フリーランスと発注者の二者の直接注文，の3類型に分けている[24]。本書では，基本的にかかる整理にならいつつ，一部修正して，①再委託型，②媒介型，③プラットフォーム型の3類型に分けている[25]。

22　詳細は，第二東京弁護士会労働問題検討委員会『フリーランスハンドブック』372〜415頁（労働開発研究会，2021年）も参照。

23　インターネットを介して注文者と受注者が直接仕事の受発注を行うことができるサービスをいう（雇用類似検討会報告書34頁）。https://www.mhlw.go.jp/file/04-Houdouhappyou-11911500-Koyoukankyoukintoukyoku-Zaitakuroudouka/0000201101.pdf

24　雇用類似検討会報告書35頁

(2) 再委託型

再委託型では，発注者は，まず仲介事業者に対し発注をし，当該仲介事業者は，それをフリーランスに再発注する。

【図表2－33】

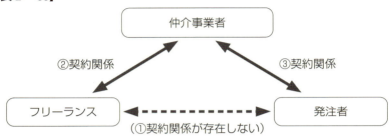

この場合，発注者と仲介事業者の間（**図表2－33の③**）と，仲介事業者とフリーランスの間（**図表2－33の②**）には，それぞれ契約関係が存在するが，フリーランスと発注者との間（**図表2－33の①**）には直接的な契約関係が存在しないと整理されることが多いと思われる。

このうち，②の仲介事業者とフリーランスの間の契約関係に，フリーランス法の適用の可否を考えることになる。

(3) 媒介型

媒介型では，仲介事業者と発注者の間に直接（発注）契約が締結されるが，仲介事業者は，当該契約の締結を，「媒介」（商法上は，「仲立（ち）」という語

25　より精緻に，①情報提供型，②場所貸し型（以上2つが，本書の整理にいうプラットフォーム型に該当），③取引仲介（媒介）型（本書の整理にいう媒介型に該当），④販売業者型（本書の整理にいう再委託型に類似），の4類型に分ける見解もある（齋藤雅弘「通信販売仲介者（プラットフォーム運営業者）の法的規律に係る日本法の現状と課題」消費者法研究4号109～110頁（2017年））。

も用いられる。）することになる[26]。「媒介」の意義は後述する。

【図表2-34】

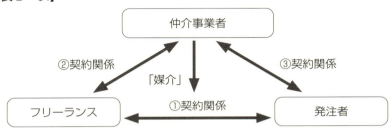

　この場合，フリーランスと発注者との間（**図表2-33の①**）に，受発注に関する契約関係が存在することになる。これについてフリーランス法の適用の可否を考えることになる。

　これとは別に，仲介事業者とフリーランスの間（上記図の②）にも，契約関係がある。これは，フリーランス法の適用はないものの，形式上媒介サービスの提供契約となるものと考えられるから，商法上又はその他の法律上の「媒介」を規制する法制や判例法理の適用を検討することが考えられる。

(4) プラットフォーム型

　プラットフォーム型では，フリーランスと発注者の間に直接（発注）契約が締結されるが，仲介事業者は，ただ単に，当該契約の締結が行われる場（プラットフォーム）を提供しているにすぎず，「媒介」（商法上は，「仲立（ち）」）に

26　雇用類似検討会報告書35頁における「仲介タイプ」よりも，少し狭い範囲を想定している。すなわち，「仲介タイプ」は，仲介事業者が「あっせん」を行うことのほか，インターネットを介して直接仕事の受発注を行うことができるサービスの提供を行うことも想定している。本書においての「媒介型」は，ここでいう「あっせん」のみを想定しており，インターネットを介した受発注サービスは，後述の「プラットフォーム型」に含めて検討している。

該当するような行為は行っていない[27]。

【図表2－35】

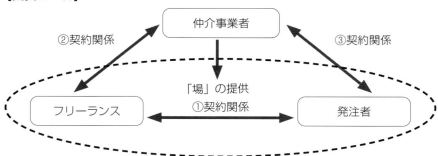

　この場合，フリーランスと発注者との間（**図表2－35の①**）に，受発注に関する契約関係が存在することになる[28]。これについてフリーランス法の適用の可否を考えることになる。

　これとは別に，仲介事業者とフリーランスの間（**図表2－35の②**）にも契約関係が存在する。これは，プラットフォームサービスの提供契約といえるが，フリーランス法の適用がないばかりでなく，現状のところ，プラットフォーム提供サービスに対する日本の法制は発展途上である。

27　雇用類似検討会報告書35頁における「直接注文」の類型に加え，「仲介タイプ」のうち，インターネットを介して直接仕事の受発注を行うことができるサービスの提供を行う場合を想定している。
28　契約関係の成立を，仲介事業者とフリーランス間（本文の図の②），仲介事業者と発注者間（本文の図の③）のみに認め，フリーランスと発注者の間（本文の図の①）に契約関係を独立して成立させないという考え方も，理論的には可能だとする見解もある（中田邦博「インターネット上のプラットフォーム取引とプラットフォーム事業者の責任」現代消費者法46号35・37頁（2020年））。例えば，Uberのような配車システムにおいて，運送契約は，配車アプリで配車注文をする者とUberとの間に成立するのであって，配車注文者とドライバーの間に成立しているわけではない，と考える余地もあるとの指摘がある（中田・前掲37頁）。

⑸　再委託型，媒介型，プラットフォーム型の区別

　仲介事業者が，再委託型，媒介型，プラットフォーム型のいずれに該当するのかの基準には，定説があるわけではないが，フリーランスと発注者との間の取引に対する仲介事業者の関与の度合いの大小により区別するというのが，現状の最大公約数的な考え方と思われる[29]。

①　再委託型と媒介型・プラットフォーム型の区別

　近時では，フリーランス法が仲介事業者に対し適用されるかという問題が注目され，政府は，同法の国会審議の中で，以下の見解を示している[30]。

① 　プラットフォーム事業者が自ら事業委託者となる場合（再委託型）には，プラットフォーム事業者自身がフリーランス法の適用対象となる。

② 　あっせん仲介型のプラットフォーム事業者は，契約形態上はフリーランス法の適用対象にならないとも思えるものの，取引実態から総合的に見て実質的にプラットフォーム事業者自身が事業委託者であると評価できる場合には，なおフリーランス法の規制対象となる。

③ 　上記の②における実質的な事業委託者の判断要素として，委託内容への関与の状況，金銭債権の内容や性格，債務不履行時の責任主体等を総合的に勘案する。

④ 　取引実態からしてもなおプラットフォーム事業者がフリーランス法の規制対象にならない場合は，事業委託者とフリーランスの間にフリーランス法が適用されるとしつつも，プラットフォーム事業者は同法に基づく調査等の対象となり得る。

---

[29]　後述の「電子商取引及び情報罪取引等に関する準則」のほか，菅野邑斗「シェアリングエコノミーにおけるプラットフォーマーの私法上の責任」TMIAssociates Newsletter Vol.30　8 頁（2017年）

[30]　第211回国会会議録衆議院内閣委員会第10号2023年 4 月 5 日47番，第211回国会会議録参議院内閣委員会第12号2023年 4 月27日19番

解釈ガイドラインも，「実質的に」フリーランスに業務委託をしているといえる事業者が業務委託事業者に該当するとし，これは，委託の内容（物品，情報成果物又は役務の内容，相手方事業者の選定，報酬の額の決定等）への関与の状況のほか，必要に応じて反対給付たる金銭債権の内容及び性格，債務不履行時の責任主体等を，契約及び取引実態から総合的に考慮して判断するとしている（同第1部3）。

② 媒介型とプラットフォーム型の区別（「媒介」の意義）

名古屋高判平成20年11月11日自保ジャーナル1840号160頁は，インターネットオークションサイトの運営者が仲立人（商法543条）にあたるかという論点について，「仲立人は，他人間の法律行為の媒介をすること，すなわち他人間の法律行為（本件では売買契約の締結）に尽力する者をいう」と定式化したうえで，当該サイト運営者は，「落札後の出品者，落札者間の上記交渉の過程には一切関与して」いないこと，「出品者は自らの意思で本件システムのインターネットオークションに出品し，入札者も自らの意思で入札をするのであり」，当該サイト運営者がその過程で両者に働きかけることはないこと，「落札者は，入札者の入札価格に基づき，入札期間終了時点の最高買取価格で入札した者に対し自動的に決定され，その者に，自動的に電子メールで通知が送られる」という過程は，「システムのプログラムに従い自動的に行われており」，当該サイト運営者が「落札に向けて何らかの尽力をしている」ともいえないことを理由に，仲立人該当性を否定した。上記の裁判所の判断は，単にシステム上自動的にマッチングが行われるだけでは，「媒介」といえるほどの「他人間の法律行為」の締結のための「尽力」とはいえないことを示しているといえる。

ジェイコム株式誤発注事件・東京地判平成21年12月4日判時2072号54頁は，証券取引所である被告に対し，その取引参加者である原告が，ジェイコム社の株式の「61万円1株」の売り注文をするつもりが誤って「1円61万株」の売り注文をし，その後それを取り消す注文をしたが取消しの効果が生じなかったという事案であった。原告は，被告に個別注文取消義務があったと主張する前提

として，取引参加者契約は媒介契約であると主張しましたが，裁判所は，入力された個別の注文を機械の反応で処理する「被告売買システムを前提とした場合，被告が媒介行為を行う余地はない」と判示し，原告の主張を退けた[31]。この裁判所の判断も，システム上の機械的処理では「媒介」にあたらないことを示している。

こうした裁判例をも踏まえると，特に媒介型とプラットフォーム型を区別する基準として，契約締結のための人的な関与（要するに，生身の人間が「汗をかく」こと）がそのサービスの主要な部分を占める場合には「媒介」と考え，他方，機械的なシステムの提供がそのサービスの主要な部分を占める場合には単なる「場」の提供者と考える，という定式化があり得る[32]。また，本書にいう媒介型にあたる「取引仲介型」を，「消費者間や消費者と事業者間における個別の取引の成立についてあっせんや紹介をする」ものとして，「事業者が構築したシステム（広い意味での市場・マーケット〔取引の場〕）を他人に有料で提供し，使用させているに止まり，そのシステムで行われる個別取引の成立には積極的にコミットメントする立場にない」もの（本書にいうプラットフォーム型）と区別する見解もある[33]。

経済産業省が電子商取引等に関し民法等の解釈を示した「電子商取引及び情報財取引等に関する準則」2022年4月版（以下「電子商取引準則」という。）Ⅰ－8（102頁以下）は，以下の場合には，プラットフォーム事業者も，単なる「仲介システムの提供」を超えて，ユーザー間取引に「実質的に関与する」ものとして，その役割に応じた法的責任を負うとしている（同102頁）。以下は，インターネットオークションやフリマサービスといった物品の売買を想定した

---

31 控訴審判決である東京高判平成25年7月24日判タ1394号93頁も同旨（上告棄却・上告不受理決定で確定）

32 増島雅和・田中浩之・宇賀神崇「『シェアリングエコノミー』の論点整理－欧州委員会報告書を題材として」ビジネスロージャーナル2016年10月号（2016年）62・67～68頁，藤原総一郎ほか「デジタルプラットフォームの法律問題　第7回　プラットフォーム事例研究①――マッチングプラットフォームとデータ共用型プラットフォーム」NBL1143号（2019年）81・84頁

33 齋藤・前掲注25）112頁

ものであるが，フリーランスを含む人材のマッチングサービスにも，同様の考え方が当てはまる余地がある。

ⅰ 「プラットフォーム事業者がユーザーの出品行為を積極的に手伝い，これに伴う出品手数料又は落札報酬を出品者から受領する場合」

　例えば，「インターネット・オークションやフリマサービスにおけるブランド品の出品等に関し，プラットフォーム事業者がユーザーから電話で申込みを受け，当該ブランド品をプラットフォーム事業者宛てに送付してもらい，プラットフォーム事業者がユーザー名で出品行為を代行し，出品に伴う手数料や落札に伴う報酬を受領する場合」には，「プラットフォーム事業者は出品代行者であり，単なる場の提供者ではない」。

ⅱ 「特定の売主を何らかの形で推奨する場合」

　「プラットフォーム事業者が，特定のユーザーを推奨したり，特定のユーザーの販売行為を促進したり，特定の出品物を推奨した場合」，例えば，「単に一定の料金を徴収してウェブサイト内で宣伝することを越えて，特定の売主の特集ページを設け，インタビューを掲載するなどして積極的に紹介し，その売主の出品物のうち，特定の出品物を「掘り出し物」とか「激安推奨品」等としてフィーチャーするような場合」には，「プラットフォーム事業者も責任を負う可能性がないとは限らない」。

(6) まとめ

　フリーランスを発注者とマッチングする仲介業者に対する法的規制を考えるに当たっては，当該マッチングサービスが上記の３類型のいずれに該当するかが重要なポイントになる。労基法上の労働者に該当する場合には，派遣法と職安法というマッチング規制が広く及ぶことになる一方で，労基法上の労働者性がない場合には，現行法上特にかかるマッチングサービスを規制する法制は存在せず，問題の解決は，フリーランス法のほか，独禁法や民商法に委ねられて

いる状況にある。

これらを踏まえて，フリーランスと発注者をマッチングする仲介事業者に対する法的規制を表にまとめると，**図表2－36**のようになる。

【図表2－36】

	労働者性あり	労働者性なし
再委託型	労基法その他の労働法規	フリーランス法 下請法 独禁法 民商法
媒介型	派遣法・職安法	商法上の仲立規制 独禁法 民商法
プラットフォーム型	派遣法・職安法	独禁法 民商法 （プラットフォーム適正化法）

再委託型の場合には，フリーランスとプラットフォームの間に直接の契約関係があり，これに対しフリーランス法等の適用を考えればよい。

媒介型とプラットフォーム型の場合には，仲介事業者自身が発注者となるわけではないので，(5)①で述べた政府見解のとおり，フリーランス法の直接の適用は受けず，同法に基づく調査等の対象になるにとどまる。

深掘りコラム7　フリーランス法の国際的適用関係

(1)　政府見解

2023年4月21日の参議院本会議における後藤茂之大臣の答弁によれば，国・地域をまたがるフリーランスへの業務委託については，その業務委託の全部又は一部が日本国内で行われていると判断されればフリーランス法が適用される

とし，たとえば，以下の場合が含まれるとしている[34]。

---

① 日本に居住するフリーランスが海外所在の発注事業者から業務委託を受ける場合（ケースA）
② 海外に居住するフリーランスが日本所在の発注事業者から業務委託を受ける場合について，委託契約が日本国内で行われたと判断される場合（ケースB）
③ 業務委託に基づきフリーランスが商品の製造やサービスの提供等の事業活動を日本国内で行っていると判断される場合（ケースC）

しかし，このような帰結になる理由や理論的背景は説明されていないし，「委託契約が日本国内で行われたと判断される場合」「業務委託に基づきフリーランスが商品の製造やサービスの提供等の事業活動を日本国内で行っていると判断される場合」とは具体的にどのような場合なのか，解釈の基準も見えない。

そこで以下では，フリーランス法の元になった各種法律の国際的適用範囲を概観したうえ，フリーランス法そのものの国際的適用範囲を，より深掘りして論じる。

(2) 労働法規の国際的適用範囲

労働法規の国際的適用範囲は，古くから議論されてきた論点であるが，詳細は，宇賀神崇ほか編『Q＆A越境ワークの法務・労務・税務ガイドブック』コラム1〜3を参照されたい。

① 準拠法アプローチと絶対的強行法規アプローチ

ある法規の国際的適用範囲を考えるに当たっては，国際私法の準拠法選択

---

34 第211回国会参議院本会議第17号2023年4月21日会議録15番

ルール（日本では法の適用に関する通則法）によって決する準拠法アプローチと，法廷地国が社会的・経済的政策目的の実現のために定めた一定の「絶対的強行法規」について，その地理的適用範囲を確定する絶対的強行法規アプローチとが考えられる。

　いずれのアプローチを用いるのかには，様々な帰結があり得る。労働法規の中でも，刑事法・行政法的効力を持たない純粋な私法の規定であれば，準拠法アプローチをとることが通常である。例えば，民法，労契法，労働契約承継法のほか，強行法的性格を有する判例法理も，これに含まれる。

　他方，絶対的強行法規アプローチの対象となる絶対的強行法規とは，法廷地においてはその内容が貫徹されるべきであるという法規であることから，これに該当するかどうかは，一般に，当該法規の趣旨・目的に示される強行性ないし公権力性で判断される[35]。山川隆一教授は，一歩進んで，以下の諸要素を考慮して，いずれのアプローチを採るか決するとの見解を提唱している[36]。

---

① 　規律の目的は私人間の利益調整か，あるいはそれを超えた国家の特定の政策（社会政策ないし経済政策）の実現か（いずれに重点が置かれるか）
② 　問題となっている法規の規律の対象が私人間の権利義務関係か，政府と事業主その他の私人との（規制）関係か
③ 　法の実現の方法として，裁判による権利の実現のみが予定されているか，刑罰や行政取締などのより権力的な関与や特別の行政手続が予定されているか
④ 　立法者が当該法規の地域的適用範囲を自ら限定したとみられる他の事情は存在するか
⑤ 　それぞれのアプローチによりもたらされる結果は当該法規の趣旨に照らして妥当なものか

35　櫻田嘉章＝道垣内正人編『注釈国際私法第1巻』（有斐閣，2011年）36頁〔横溝大〕。土田道夫編『企業法務と労働法』（商事法務，2019年）286頁〔土田道夫〕も，刑罰や行政監督等の国家的・公法的制裁の有無を重視して判断するとしている。
36　山川隆一『国際労働関係の法理』（信山社，1999年）173頁

労基法のような，刑事法・行政法的側面と共に民事法的側面をも有する混合的規定については，刑事法・行政法的側面のみならず民事法的側面も含めてすべて絶対的強行法規アプローチをとるべきとの見解[37]，刑事法・行政法的側面は絶対的強行法規アプローチをとりつつも，民事法的側面は準拠法アプローチを用いる見解[38]とが対立する。

ある一つの法律であっても，性質の異なる複数の規範からなることが多いことから，いずれにアプローチをとるかは，法律単位ではなく，個別の規範ごとに決すべきものと考えられる[39]。

② 準拠法アプローチの帰結

労働法規の国際的適用範囲を準拠法アプローチで考える場合には，当事者の準拠法選択があればそれにより（法適用通則法7条），当事者の選択がない場合には最密接関係地法が準拠法となる（同法8条）。

「労働契約」には特則がある。当事者の準拠法選択がない場合，「労務を提供すべき地の法」（労務提供地を特定できない場合には，労働者を雇い入れた事業者所在地の法。以下「労務提供地法」という。）が最密接関係地法と推定され，この推定が覆されない限り，労務提供地法が準拠法となる（同法12条3項）。当事者の準拠法選択がある場合であっても，最密接関連地法（労務提供地法）中の「強行規定」も重畳的に適用される（同法12条1〜2項）。

③ 絶対的強行法規アプローチの帰結

労働法規の国際的適用範囲を絶対的強行法規アプローチで考える場合には，

---

37 土田道夫『労働契約法〔第2版〕』（有斐閣，2016年）846-847頁，山川・前掲注36）180-182頁

38 水町勇一郎『詳解労働法〔第3版〕』（東京大学出版会，2023年）1387-1389頁，野川忍『労働法』（日本評論社，2018年）122-123頁，村上愛「法の適用に関する通則法12条と労働契約の準拠法」一橋法学7巻2号（2008年）319頁以下

39 西谷祐子「消費者契約及び労働契約の準拠法と絶対的強行法規の適用問題」国際私法年報9号（2007年）42頁

地理的適用範囲をどのように画するかで，更に見解が枝分かれする。

労基法の行政解釈は，古くから，日本国内に「事業」がある場合には，海外で労働者が作業に従事する場合であっても日本の労基法が適用されるとして，事業所在地を基準とする見解を示している（事業所在地説）[40]。多くの見解も事業所在地説をとるように見える[41]。

他方，労働者が労務を提供すべき地が日本国内にある場合に日本の労基法が適用されるとの前提に立つ見解（労務提供地説）もある[42]。

両説の折衷的な見解として，事業所在地か労務提供地のいずれかが日本国内にあれば労基法の適用を認めるかのような見解もある[43]。

(3) 独禁法・下請法の国際的適用範囲

独禁法の公法的側面の域外適用について，ブラウン管カルテル事件・最三小判平成29年12月12日民集71巻10号1958頁は，「国外で合意されたカルテルであっても，それが我が国の自由競争経済秩序を侵害する場合には，同法の排除措置命令及び課徴金納付命令に関する規定の適用を認めて」おり，「価格カルテル（不当な取引制限）が国外で合意されたものであっても，当該カルテルが我が国に所在する者を取引の相手方とする競争を制限するものであるなど，価格カルテルにより競争機能が損なわれることとなる市場に我が国が含まれる場合には，当該カルテルは，我が国の自由競争経済秩序を侵害する」ものとして，日本国外で行われた価格カルテル合意の当事者たるマレーシア法人への課徴金納付命令を認めた。

民事的適用場面では，東京地決平成19年8月28日判時1991号89頁は，当事者

40　昭和25年8月24日基発776号

41　菅野和夫＝山川隆一『労働法〔第13版〕』（弘文堂，2024年）201頁，山川・前掲注36）178-179頁

42　西谷祐子・前掲注39）45頁等。インターナショナル・エア・サービス事件・東京地決昭和40年4月26日労民集16巻2号308頁も参照。

43　土田編『企業法務と労働法』・前掲注35）286，313頁〔土田道夫〕

間に韓国法を準拠法とする合意が存在したにもかかわらず，「独占禁止法は強行法規である」ことを理由に日本の独禁法を適用し，同法24条に基づく差止請求につき自らの国際裁判管轄を認め，契約の更新拒絶が優越的地位の濫用等に該当するかどうかを審理判断した（結論は否定）。かかる裁判例を前提とすれば，独禁法上の優越的地位の濫用規制は，絶対的強行法規に属すると解すべきものと思われる。

独禁法上の優越的地位濫用規制は，優越的地位濫用の相手方が日本に所在するのであれば適用されるとする見解がある[44]。

下請法は，「下請事業者の利益を保護」することを直接の目的としていることから，親事業者の所在地にかかわらず，下請事業者が日本に所在する場合には下請法が適用されるが，下請事業者が外国に所在する場合には下請法は適用されないとする見解がある[45]。他方で，下請事業者が日本にいる場合に下請法が適用されることを肯定しつつ，下請事業者が海外にいる場合であっても，海外の下請先から搾取した発注者が不当に有利な立場に立つことを防ぐため，下請法は適用されるとする見解[46]，下請事業者が外国に所在する場合に下請法が適用されないということでよいのか明確ではないとする見解もある[47]。

(4) フリーランス法の国際的適用範囲

① フリーランス法の性格

フリーランス法は，「個人が事業者として受託した業務に安定的に従事することができる環境を整備するため」に，取引の適正化と就業環境の整備を図ることを直接の目的とし，これにより，「国民経済の健全な発展に寄与」することを究極の目的とする（1条）。個々のフリーランス・発注者間の利益調整に

44　長澤114頁
45　池田毅「下請法の実務に明るい弁護士による『ケーススタディ下請法』（第3回）下請法の適用範囲②」公正取引788号（2016年）54，59-60頁，長澤127頁
46　内田ほか61～68頁〔石井林太郎，菅野みずき〕
47　道垣内正人「国内法の国際的適用範囲」自由と正義61巻5号20，24頁

資する側面がないとはいえないが，全体としては経済・社会政策的な性格を持つ法律と位置付けることができる。

フリーランス法の規制内容を見ても，全体として，個々のフリーランス・発注者間の私法上の権利義務関係を定めたというよりは，業務委託事業者ないし特定業務委託事業者に対し公法上の義務を負わせることを企図した規定である。報酬の支払期日を定める4条，妊娠出産育児介護に対する配慮義務を定めた13条，解除・不更新の30日前予告義務を定める16条のように，個々のフリーランス・発注者間の私法上の権利義務関係を定めたものと読む方が文言上素直な規定も散見されるが，このような規定でさえ，立案担当者は，報酬の支払期日の規制（4条2項）に民事上の効果はないとしたり[48]，解除・不更新の30日前予告義務（16条）についても，解除等の効力はフリーランス法に基づいて判断するものではないとするなど（Q&A107），公法的な規制にとどめるのが立法者の意思と考えられる。

フリーランス法のエンフォースメントのあり方を見ても，指導助言（22条），勧告（8条），命令（9条），罰則（24条以下）といった行政法的，刑事法的手段のみが定められており，その規定上，私法上の効力を明記するものはない。

このように見てくると，フリーランス法全体が絶対的強行法規だと考える方が素直だということになる。

他方，**深掘りコラム1**で論じたとおり，フリーランス法に私法的効力を認める場合には，同法の民事法的側面に限っては，準拠法アプローチが用いられる余地があることになる。

② 絶対的強行法規アプローチ

絶対的強行法規アプローチに立つと，フリーランス法が適用される地域的適用範囲はどのように画されるか。

フリーランス法が下請法由来の規制を盛り込んでいることを重視して，独禁

---

48 渡辺ほか48頁，岡田ほか33頁，松井ほか39頁

法や下請法と同様に解釈することが考えられる。下請事業者が日本に所在する場合にのみ下請法の適用を考える見解を取る場合，同様に，フリーランス（特定受託事業者）が日本国内にいればフリーランス法が適用されるが，日本国外にいる場合にはフリーランス法は適用されない，という解釈があり得る。同法が「個人」として業務に従事するフリーランスの保護を意図していること（1条）からすれば，このような帰結は素直なものに映る。

このような帰結からストレートに説明し得るのは，(1)で紹介した政府見解でフリーランス法の適用があるものとされたケースのうち，ケースＡ（日本に居住するフリーランスが海外所在の発注事業者から業務委託を受ける場合），ケースＣ（業務委託に基づきフリーランスが商品の製造やサービスの提供等の事業活動を日本国内で行っていると判断される場合）である。いずれも，フリーランスが日本国内に所在しているからである。

他方で，(1)で紹介したケースＢ（海外に居住するフリーランスが日本所在の発注事業者から業務委託を受ける場合について，委託契約が日本国内で行われたと判断される場合）は，フリーランスは海外に所在しているため，上記の解釈から素直に根拠づけるのは困難である。「委託契約が日本国内で行われた」というポイントが重要ということなのかもしれないが，いかなる場合に「委託契約が日本国内で行われた」と判断できるのか不明である。契約締結時にフリーランスが日本国内に物理的に所在した場合はわかりやすいが，フリーランスが契約締結時に日本国外にいながら，日本に所在するサーバーを経由してメールベースで委託契約を締結した場合なども「委託契約が日本国内で行われた」と判断してしまうと，上記の帰結からは距離があるものといえる。

他方で，フリーランス法が労働法規由来の規制を盛り込んでいることを重視すると，労働法規と同様に，事業所在地や労務提供地を基準に考えることができる。

事業所在地を基準に考えるのであれば，フリーランスではなく，発注者の所在地がむしろ基準となる。この基準からすれば，(1)で紹介したケースＢ（海外に居住するフリーランスが日本所在の発注事業者から業務委託を受ける場合に

ついて，委託契約が日本国内で行われたと判断される場合）がフリーランス法の適用範囲に含まれることは容易に説明することができる。ただし，「委託契約が日本国内で行われた」という要素は不要である。委託契約の締結地が日本国内国外にかかわらず，発注者が日本国内にいれば十分だからである。他方で，ケースA・Cは，発注者が日本国内に所在しないか，所在地が不明であり，事業所在地基準で説明することは困難である。

労務提供地を基準に考えるのであれば，フリーランスの所在地を基準とすることになる。これは，下請法の解釈と同様の帰結になる。すなわち，ケースA・Cはフリーランス法が適用されることをストレートに説明しやすいが，ケースBにフリーランス法が適用される理由が説明しづらくなる。

発注者の事業所在地かフリーランスの労務提供地のいずれかが日本国内にあればよいと考えるのであれば，ケースA〜Cいずれにもフリーランス法が適用されることを容易に説明することができる。

(1)で紹介した政府見解のケースA〜Cが理論的に基礎づけられるかを表にまとめると，**図表2－37**のとおりである。

【図表2－37】

	ケースA	ケースB	ケースC
独禁法・下請法	○	△	○
事業所在地基準	×	○	×
労務提供地基準	○	△	○
事業所在地・労務提供地基準	○	○	○

（出所）筆者作成

結局のところ，政府見解のA〜Cのすべてを理論的に説明するためには，発注者かフリーランスのいずれかが日本国内に所在することがフリーランス法の適用の条件と考えることになろう。政府見解の「業務委託の全部または一部が日本国内で行われていると判断され」るとは，この意味で理解されることになる。

③　準拠法アプローチ

　フリーランス法の適用関係を準拠法アプローチで検討する余地は，上記①の整理からするとあまり存在しないように見えるが，仮に同アプローチをとる場合に問題となる論点をいくつか検討する。

　まず，法適用通則法12条の適用対象となる「労働契約」に，フリーランスと発注者との間の業務委託契約が含まれるか，という論点がありうる。「労働契約」が，労契法上の労働者性が認められる場合と同じ範囲を意味するのであればわかりやすいが，前者の方が後者より広い場合には，フリーランスが「労働者」でなくても，その業務委託契約が「労働契約」に該当する余地が生じることになる。もっとも，有力な見解は，「労働契約」にあたるかどうかは，交渉力格差に鑑みて労働者の保護を図るという同条の趣旨を前提にすれば，労働者が使用者の指揮命令に服するかどうかを主たる基準とすべきであり，具体的判断要素としていわゆる昭和60年報告（**第3章1(2)**参照）類似の要素を列挙しており[49]，実質的には**第3章1(2)**で述べる労働者性の判断と大差ないように思われる。

　また，最密接関連地法や労務提供地法をどのように確定するのかという問題もあり得る。フリーランスがある1か所にとどまり業務に従事しているならわかりやすいが，一定期間ごとに滞在場所を転々としながら業務に従事するいわゆる「デジタルノマド」[50]のような働き方をするフリーランスの場合には，労務提供地（労務を提供すべき地）の確定に困難が生じる場合もあり得る。確定が困難である場合には，法適用通則法12条のかっこ書きのとおり，フリーランスを「雇い入れた事業所の所在地」の法，すなわち発注者の所在地の法を最密接関連地法と推定することになるものと考える。

49　櫻田＝道垣内・前掲注35）276頁〔高杉直〕
50　デジタルノマドの税務上の問題点を論じたものとして，小山浩ほか「デジタルノマドの展望」税務弘報71巻11号（2023年）121頁がある。

第 3 章

募集段階の対応

～本章のポイント～

本章では，フリーランスを募集する段階で留意すべきポイントを解説する。

フリーランスを募集する前に，そもそもフリーランスを使うべきかを検討する必要がある。というのも，フリーランスが働き方の実態として「労働者」とみなされてしまうと，様々なリスクが生じるからである。例えば，フリーランスに対する残業代未払，安全配慮義務違反による莫大な損害賠償，解雇制限という民事上の責任のほか，労基署など行政当局からの行政指導，社会保険料未納を理由とする差押え等の行政上の責任，労基法違反を理由とする刑事上の責任を負う可能性がある。そのため，後述する「労働者」にあたるか否かの判断基準を踏まえた上で，フリーランス向きな（雇用以外の契約形式でもよい）場合と，従業員向きの（雇用形式によるべきであり，「偽装フリーランス」になりかねない）場合を見極め，本当にフリーランスを使うべきか慎重に検討すべきである。間違っても，社会保険料の節約等労働法規の適用を免れる目的で，働き方の実態を変えないまま雇用契約を業務委託契約に切り替えるようなことはあってはならない。

そのうえで，フリーランスを募集する際には的確表示義務が課される。虚偽の表示，誤解を生じさせる表示をしてはならず，正確かつ最新の内容を保たなければならない。実務では，求人内容と実際の契約書の内容が異なることで生じるトラブルが多いので，かかるトラブルを防止するため，フリーランスの募集を行う際には発注時にフリーランスに提示すべき契約書，発注書等の内容をあらかじめ固めておき，その内容をそのままコピーして募集することが一つの望ましい対応である。また，募集情報とは異なる契約条件でフリーランスと契約しようとする場合，どこがどのように異なるのか説明し，それでも本当にフリーランスが受注するのか選択の機会を与えることが，ベストプラクティスではあるだろう。

1　そもそも，フリーランスを使うべきか？

(1)　「偽装フリーランス」の問題

　フリーランスに業務委託形式で業務を発注したとしても，実態が「労働者」であれば，形式にかかわらず「労働者」として扱われてしまい，発注者に民事・行政・刑事上の責任を生じさせる。「偽装フリーランス」の問題である。

　民事上の責任としては，報酬が最低賃金（2024年10月1日現在，東京では時給1,163円）を下回る場合の差額の負担，割増賃金の負担のほか，個人が労働災害に遭った場合の安全配慮義務違反に基づく損害賠償義務がありうる。特に，死亡や重篤な障害の事例では数千万円から1億円を超える損害賠償が認められることもある。また，偽装フリーランスとの間の契約が解雇・雇止め規制により極めて困難となるリスクもある（**第9章1(2)**参照）。

　行政上も，労働基準監督署その他の当局から行政指導，是正勧告等を受ける可能性があり，悪質なケースは公表されてしまう。労働保険・社会保険の未払の問題が生じることにもなる。社会保険料は，労働行政当局が強制的に財産を差し押さえてでも徴収しかねないものであり，未払のリスクを無視することは妥当でない。

　刑事上の責任は罰金刑が主であるが（労基法118条以下等），両罰規定と呼ばれる規定がある犯罪では，行為者たる自然人（例えば現場責任者，人事担当役員等）のみならず法人自体も刑事責任を負いうる。罰金の金額そのものよりも，刑事被告人として罰せられることのレピュテーションリスクの方が甚大であろう。

　これらのリスクを防止するため，フリーランスに働いてもらう場合には「偽装フリーランス」と疑われないよう留意しなければならない。仮に，「偽装フリーランス」に該当しそうな業務を行わせたいのであれば，それをフリーランスに業務委託形式で発注することにはリスクがあるから，そもそもそのような

発注を行うべきでなく，雇用契約形態で従業員として雇うことを検討する必要がある。

一口に「労働者」といっても，労基法，最低賃金法，労働安全衛生法，労災保険法，労契法，労働組合法など，数多の労働関係法規がある。もっとも，それぞれの法律の「労働者」の定義が全くバラバラというわけではなく，大きく分けて，労基法上の「労働者性」と労働組合法上の「労働者性」の2つに分類するのがオーソドックスな考え方である（私見は必ずしもこれに与しないことは，**深掘りコラム8**参照）。後者の方が前者より広い。このうち労基法上の「労働者性」は，労働組合法以外の労働関係法規における「労働者性」の共通した定義として機能しており，実務上もっとも重要である。

そこで以下では，労基法上の「労働者」の判断基準に絞って，どのような場合にフリーランスが「労働者」（「偽装フリーランス」）とみなされてしまうか，詳しく解説する。

(2) 判断基準

労基法9条は，「労働者」の語を「事業…に使用される者で，賃金を支払われる者」と定義する。同条の文言から，「使用される」という要素と，「賃金を支払われる」という要素（使用されることに対する対価という要素）の2つが読み取れる。前者を「指揮監督下の労働」の問題，後者を「報酬の労務対償性」の問題という。これらの問題の判断枠組みとして，実務上よく参照されるのが昭和60年の労働省労働基準法研究会報告[1]であるため，以下に詳述する。

① 「指揮監督下の労働」

「指揮監督下の労働」といえるかどうかは，①仕事の依頼・業務従事の指示

---

1 労働省労働基準法研究会報告「労働基準法の『労働者』の判断基準について」（昭和60年12月19日）
 https://www.mhlw.go.jp/stf/shingi/2r9852000000xgbw-att/2r9852000000xgi8.pdf

等に対し諾否の自由（受けるか断るかを決められる自由）があるかどうか，②業務遂行上の指揮監督があるか（業務の内容及び遂行方法について具体的な指示や管理を受けているか），③勤務時間や勤務場所に拘束性があるか（指定され，管理されているか），という3つの判断要素が重要である。これらが肯定されるなら，「労働者性」が肯定される可能性が高まる一方で，否定されるなら，「労働者性」は否定される可能性が高まる。

このほか，②の補強的判断要素として，④労務提供の代替性があるか（本人に代わって他の者が労務提供したり，補助者を用いることが許容されているか）も考慮される。代替性があれば，「労働者性」を否定する方向の要素になる。

② 「報酬の労務対償性」

「報酬の労務対償性」は，報酬が時間給を基礎として計算されるなど労働の結果による較差が少ない，欠勤した場合には応分の報酬が控除され，いわゆる残業をした場合には通常の報酬とは別の手当が支給されるなど，報酬の性格が，使用者の指揮監督の下に一定時間労務を提供していることに対する対価と判断される場合，「労働者性」を肯定する方向の補強要素として働く。

③ 補強要素

上記の「指揮監督下の労働」と「報酬の労務対償性」のみで判断することが困難な場合がままあるため，他の補強要素も考慮することが多い。

重要な要素として，個人に顕著な事業者性があるかという点がある。例えば，業務に用いる極めて高額な設備を個人が用意している場合，報酬の額が著しく高額である場合，独自の商号使用が認められている場合，業務遂行上の損害に対する責任を負っている場合等には，顕著な使用者性があるとされ，「労働者性」を否定する方向の要素になりうる。

また，専属性の程度も考慮される。他社の業務に従事することが制度上制約され，又は時間的余裕がなく事実上困難である場合，報酬が固定給で生計を維

持しうる程度の額であるなど生活保障的な要素が強い場合には，専属性の程度が高く，「労働者性」を肯定する方向の要素となる。

このほか，採用選考過程が正規従業員と同一である，給与所得としての源泉徴収を行っている，労災保険・雇用保険の適用対象としている，服務規律を適用している，退職金や福利厚生を適用しているなど，会社が個人を労働者と認識していることを示す事情があれば，「労働者性」を肯定する方向の補強要素となる。

(3) 「労働者」性チェックリスト

労基法上の「労働者」性の判断基準は(2)のとおりであるが，これだけで個別のケースで労働者性の有無を判断することは，至難といってよい。様々な事情を総合的に考慮する必要があるとともに，各事情の重みづけが異なるからである。弁護士によって，さらには裁判官によっても，個別のケースで判断が異なることは少なくなく，結論の予測可能性が低い。重要な場面で判断に迷うようであれば，筆者を含め，人事労務案件の経験豊富な弁護士に相談することが重要である。

とはいえ，そうはいっても初期的にリスクを判断するため，以下のとおり，「労働者」性チェックリスト（**図表3－1**）を作成した。一般論として，以下の＋は労働者性を肯定する事情，－は労働者性を否定する事情であるため，＋が多く－が少ない方が労働者である（偽装フリーランスである）可能性は高まるし，逆に，＋が少なく－が多い方が労働者ではなく真正なフリーランスである可能性が高まるということはできるが，個別の事情により各チェック項目の重要性は異なるため，一概に－が多ければ安心できるというものではない。あくまでも参考程度にとどめ，確定診断が必要であれば弁護士に相談するべきであろう。

【図表3－1】「労働者」性チェックリスト

（＋：労働者性を肯定する事情，－：労働者性を否定する事情）

1．諾否の自由の有無
＋発注者からの仕事の依頼や業務指示を断ることが契約上できない
＋発注者からの仕事の依頼や業務指示を断ろうとしたら，不利益（強い叱責，報酬減額，契約解除，損害賠償請求等）を受けた
＋発注者からの仕事の依頼や業務指示を実際に断ったことはない
－発注者からの仕事の依頼や業務指示を断ったり，柔軟に協議して調整したことがある

2．業務遂行上の指揮監督の有無
＋業務内容や進め方について事細かに（「箸の上げ下ろしまで」）発注者の指示を受けている
＋毎日朝礼などのミーティング等で随時業務内容の指示を受けている
＋フリーランスの業務状況を常時監視している
＋フリーランスに発注する業務が，ビジネスの根幹をなしており，フリーランスの存在なくしてビジネス自体が成り立たない
＋フリーランスに肩書（「●課長」など）や会社の名刺を与えている
＋フリーランスに，社内規程（特に懲戒規程）を適用している
＋フリーランスに人事考課を行っている
＋フリーランスを，もともと発注していなかった業務にも従事させている

3．勤務場所・勤務時間の拘束性の有無
＋フリーランスの働く場所が，発注者により指定されている
＋フリーランスの始業時刻と終業時刻が，発注者により指定されている
＋フリーランスの出勤時刻・退勤時刻は，タイムカードやフリーランスの申告により，発注者が把握している
＋フリーランスの休暇の取得に制限がある

4．代替性の有無
－契約上，フリーランスの業務を他の補助者に任せることが認められている

5．報酬の「労務対償性」の有無
＋報酬が時給・日給・月給で計算される

＋欠勤した場合には報酬が控除される

＋残業した場合には別の手当が支払われる

6．顕著な事業者性の有無

－業務で用いる機器や設備で大掛かりなもの（車両など）は，フリーランスが自前で用意している

－フリーランスが得る報酬の額は，従業員として得ることのできる金額よりも著しく高額である

－フリーランスが独自の商号・屋号を用いている

－フリーランスが法人成りしている

－契約上，フリーランスの業務中に第三者に生じた損害に関する責任は，フリーランスが負うとされている

7．専属性の有無

＋契約上，他の業者と取引してはならないという規定がある

＋他の業者と取引することについて，発注者から文句を言われたことがある

＋発注者からの業務が忙しすぎて，他の業者と取引している暇がない

＋報酬に固定給部分があるか，事実上固定額が支払われている

8．その他の要素

＋採用の選考過程が正規従業員とほとんど同じである

＋報酬に給与所得として源泉徴収がされている

＋労災保険，雇用保険，健康保険，厚生年金に加入している

＋フリーランスなのに，職場の服務規律が適用されている

＋フリーランスなのに，退職金やその他の福利厚生を受けることができる

① 諾否の自由の有無

＋発注者からの仕事の依頼や業務指示を断ることが契約上できない

＋発注者からの仕事の依頼や業務指示を断ろうとしたら，不利益（強い叱責，報酬減額，契約解除，損害賠償請求等）を受けた

＋発注者からの仕事の依頼や業務指示を実際に断ったことはない

－発注者からの仕事の依頼や業務指示を断ったり，柔軟に協議して調整したこと

第3章　募集段階の対応　　**123**

> がある

　発注者からの仕事の依頼や業務指示を受け入れるか拒否するかの自由（諾否の自由）がフリーランスにないと，「労働者」といえる方向の事情になる。この事情の有無は，「労働者」性の判断においてかなりの重みづけを有する。

　もっとも，個人事業主の場合であっても，ある一定の仕事を受託した以上，その仕事の一部となる個々の具体的な作業の依頼を拒否することが制限される場合もある。そのため，契約内容や業務の性質等をも勘案して，諾否の自由がないことが，契約内容や業務の性質等によっては説明できないような拘束といえるかも検討する必要がある。

②　業務遂行上の指揮監督の有無

> ＋業務内容や進め方について事細かに（「箸の上げ下ろしまで」）発注者の指示を受けている
> ＋毎日朝礼などのミーティング等で随時業務内容の指示を受けている
> ＋フリーランスの業務状況を常時監視している
> ＋フリーランスに発注する業務が，発注者のビジネスの根幹をなしており，フリーランスの存在なくしてビジネス自体が成り立たない
> ＋フリーランスに肩書（「●課長」など）や会社の名刺を与えている
> ＋フリーランスに，社内規程（特に懲戒規程）を適用している
> ＋フリーランスに人事考課を行っている
> ＋フリーランスを，もともと発注していなかった業務にも従事させている

　業務の内容や進め方について事細かに発注者から指示されている場合には，「労働者」だといえる方向の事情になる。この事情の有無は，「労働者」性の判断においてかなりの重みづけを有する。もっとも，個人事業主の場合であっても，発注者から全く何の指示も受けないということはあり得ない。例えば，仕事や成果物の内容や，そうした仕事や成果物の満たすべき水準を発注者から指示を受けるというにとどまらず，フリーランスが実際に行う作業を，毎日の朝

礼などで随時指示しているか,「箸の上げ下ろしまで」事細かに指示を受けているかがポイントとなる。

このような事細かな指示がないような場合であっても,特に医師や弁護士のような高度専門職など,業務の性質上具体的な指示になじまない業種のケースでは,「事業組織への組み入れ」があれば,なお業務遂行上の指揮監督のもとにあると評価される場合がある。事業組織へ組み入れられているかどうかは,上記のその他の要素が判断材料となるだろう。

③ 勤務場所・勤務時間の拘束性の有無

＋フリーランスの働く場所が,発注者により指定されている
＋フリーランスの始業時刻と終業時刻が,発注者により指定されている
＋フリーランスの出勤時刻・退勤時刻は,タイムカードやフリーランスの申告により,発注者が把握している
＋フリーランスの休暇の取得に制限がある

勤務場所や勤務時間が発注者から指定されている場合,それらが管理されている場合には,「労働者」だといえる方向の事情になる。これも,「労働者」性の判断においてかなりの重みづけを有する。

もっとも,個人事業主の場合であっても,例えば他の従業員や客先との時間調整の関係で特定の時間に業務をすることを求める場合など,必ずしも「労働者」に対する勤務場所・時間管理とはいいきれない場合もある。

④ 代替性の有無

－契約上,フリーランスの業務を他の補助者に任せることが認められている

「労働者」というのは自らの労働力を提供する者であるから,自分以外の補助者を用いることができる場合には「労働者」の意味合いが薄れることになる。

契約書がある場合には，再委託ができる・できないと規定する例が多いので，そのような条項があるかどうかが一つのポイントとなる。

⑤ 報酬の「労務対償性」の有無

> ＋報酬が時給・日給・月給で計算される
> ＋欠勤した場合には報酬が控除される
> ＋残業した場合には別の手当が支払われる

「労働者」というのは，自らの労働力を提供した対価として報酬（賃金）を得る者である。逆にいうと，もらっている報酬が労働力の使用量（労働時間）に沿って算定されているなら，「労働者」である可能性が補強されることになる。

もっとも，一般にこの要素の重みづけはそれほど重くない。現実に，タイムチャージ制をとる弁護士や，いわゆる「人工（にんく）」単位で請求額を決める業種など，個人事業主であっても報酬を1時間当たりいくらで決める例はいくらでもある。そのため，報酬の「労務対償性」のあるなしが結論を決定的に左右することはほとんどないと考えてよい。

⑥ 顕著な事業者性の有無

> －業務で用いる機器や設備で大掛かりなもの（車両など）は，フリーランスが用意している
> －フリーランスが得る報酬の額は，従業員として得ることのできる金額よりも著しく高額である
> －フリーランスが独自の商号・屋号を用いている
> －フリーランスが法人成りしている
> －契約上，フリーランスの業務中に第三者に生じた損害に関する責任は，フリーランスが負うとされている

上記の事情がある場合には，「労働者」というよりは「事業者」であるとい

う色彩が濃くなるので，「労働者」には当たらない方向に働く。

　もっとも，これは補強要素であって，決定的な要素ではない。例えば，業務委託で配送業務に従事しているフリーランスは，「労働者」ではないという整理のもと，業務に使う車両のリース代やガソリン代はフリーランス負担とされ，報酬から天引きされる例が散見される。この事実自体は，業務に用いる設備をフリーランスが用意しているという外形を整えようとしている事情と見得るものの，他の要素も総合的に考えれば，実態は「労働者」である（上記天引は労基法24条の賃金の全額払の原則に反し違法である）場合もあり得る。

⑦　専属性の有無

+契約上，他の業者と取引してはならないという規定がある
+他の業者と取引することについて，発注者から文句を言われたことがある
+発注者からの業務が忙しすぎて，他の業者と取引している暇がない
+報酬に固定給部分があるか，事実上固定額が支払われている

　ある発注者以外との取引が契約上禁止されていたり，その余地がない実態がある場合には，当該ある発注者のみに経済的に従属しているといえ，「労働者」にあたる方向に働く。

　また，報酬が固定給である場合には，それは事業者の業務に対する対価というよりも，生活保障給的な色彩が出てくるので，その分「労働者」にあたる方向に働く事情になる。

⑧　その他の要素

+採用の選考過程が正規従業員とほとんど同じである
+報酬に給与所得として源泉徴収がされている
+労災保険，雇用保険，健康保険，厚生年金に加入している
+フリーランスなのに，職場の服務規律が適用されている
+フリーランスなのに，退職金やその他の福利厚生を受けることができる

第3章　募集段階の対応　　**127**

　上記の事情があれば，発注者側がフリーランスを「労働者」と取扱っていることを示唆するので，「労働者」にあたる方向に働くことになる。

(4)　リスク回避のための実務対応

　以上を踏まえ，リスク回避のための実務対応のポイントを3点述べる。

①　働き方の実態を踏まえたフリーランスの利用

　第1に，「労働者」性の判断においては，契約の形式ではなく働き方の実態が重要である。したがって，働き方の実態からすれば「労働者」であるにもかかわらず，「労働者」であるとの認定を回避する目的で業務委託契約書等を作成することは，多くの場合無意味であり，むしろ有害ですらある。数々の民事・行政・刑事上の責任を生じさせかねないからである。ゆえに，ただ単に契約書等の書類を整えるだけではなく，働き方の実態に合わせた契約形式を選択することが重要である。

　図表3－2は，フリーランス向きな（雇用以外の契約形式でもよい）場合と，従業員向きの（雇用形式によるべきであり，「偽装フリーランス」になりかねない）場合のいずれと判断すべきか，ポイントをまとめたものである。この表を参考に，本当にフリーランスを用いるべきか，慎重に検討するべきである。

　まず，最も重要なのが，心構えである。フリーランスに発注するのであれば，それは外注先であり，自社の従業員とは必然的に違う働き方をする者であるという意識を持つべきである。他方で，フリーランスではあるものの，自社の従業員と同じように働いてもらうことを意図している場合には，労働者たる従業員と同様の勤務実態となることが目に見えており，結局偽装フリーランスとなるリスクが高いので，フリーランスとして業務委託の形式ではなく，雇用契約形式で従業員として雇ったほうがリスクは少ない。

　諾否の自由という点では，フリーランスに依頼する業務の範囲を明確に特定することができる場合，個々の案件で依頼を受けるかどうかをフリーランスの

意思を尊重して柔軟に相談可能な場合であれば，フリーランスの諾否の自由を確保できるため，フリーランスとして業務委託の形式をとることも可能であろう。他方で，フリーランスに依頼する業務の範囲を特定できない場合には，どのような業務をフリーランスに依頼しても，フリーランスとしては契約上当該業務を行う義務を負っているのか否かがあいまいになり，結局業務を断る余地が事実上なくなってしまう。また，個々の案件でフリーランスが依頼を断るようでは困ると考える場合にも，フリーランスの諾否の自由を確保できない。そのため，これらの場合には偽装フリーランスとなるリスクが高いので，フリーランスとして業務委託の形式ではなく，雇用契約形式で従業員として雇ったほうがリスクは少ない。

専属性という点では，フリーランスが依頼を受けた業務の納期さえ守ってくれるのであれば，別の業者から別の業務を請け負っても差し支えないという場合であれば，専属性が低まるため，フリーランスとして業務委託の形式をとることも可能であろう。他方で，いつもいつでも自社の業務を最優先に処理して

【図表 3 − 2 】

	フリーランス向き	従業員向き
心構え	従業員とは違う働き方で OK	他従業員と同じように働いてほしい
諾否の自由	依頼する業務が特定可能 個々の案件で受ける範囲を柔軟に相談可能	依頼する業務が特定できない 仕事をお願いして断るような人だと困る
専属性	納期を守ってくれるなら別の業務も OK	うちの業務が最優先じゃないと困る
指揮監督	経験豊かだから，大まかなリクエストで任せられる	細かく指示しないと不安
拘束性	勤務場所・勤務時間フリーで OK	毎日決まった時間にオフィスにいて働いてもらわないと困る
労務対償性	1 件いくら，タイムチャージ 見積書・請求書に基づき支払	「時給」「日給」，遅刻したら控除 毎月決まった日に自動的に振込
事業者性	設備はフリーランス持ちで OK	設備は全部会社が用意

（出所） 筆者作成

くれないと困るという場合には，結局別の業者から別の業務を請け負う余地がなくなってしまいかねず，専属性が高まるため，偽装フリーランスとなるリスクが高まる。

指揮監督という点では，フリーランスが経験豊かであるなどの理由で，大まかなリクエストさえすればあとは細かく指示せずとも業務を遂行してくれる場合には，業務遂行上の指揮監督性が弱まるため，フリーランスとして業務委託の形式をとることも可能であろう。他方で，フリーランスのスキルや経験が乏しい等の理由で，細かく指示しなければならない場合には，勢い業務遂行上具体的指揮命令を受けているものとして，偽装フリーランスとなるリスクが高まる。

拘束性という点では，フリーランスの勤務場所や勤務時間は基本的に拘束せず，フリーランスが自由に決定することを許容できる場合には，拘束性が弱まるため，フリーランスとして業務委託の形式をとることも可能であろう。他方で，毎日決まった時間帯にオフィス等に出勤して働いてもわらないと困るという場合には，勤務場所や勤務時間を拘束することになる結果，偽装フリーランスとなるリスクが高いので，フリーランスとして業務委託の形式ではなく，雇用契約形式で従業員として雇ったほうがリスクが少ない。

労務対償性という点では，仮に遅刻したらその分報酬を控除するようなことをすると，偽装フリーランスとなるリスクが高いので，避けるべきである。また，手続として，見積書や請求書に基づき支払を行うというフローを行うことが望ましい。とはいえ，報酬を時間当たり，日当たりで定めること自体は，真正なフリーランスでもよく行われていることであり，偽装フリーランスとなるリスクを直ちに高めるものともいえないので，あまり気にしすぎなくてもよい。

事業者性という点では，フリーランスが業務に用いる機器や設備は，支障がない限り，フリーランスの用意したものの使用を認める方が，偽装フリーランスといわれるリスクは少ないので，望ましい。とはいえ，セキュリティを確保する目的等でどうしても会社で用意した機器や設備を利用してもらわざるを得ない場合もあろうから，理由によっては，偽装フリーランスとなるリスクを直ちに高めるものともいえないので，あまり気にしすぎなくてもよい。

② 雇用から業務委託への切り替えは危険

第2に，雇用契約を業務委託契約に切り替えることは，極めて危険である。

フリーランス・トラブル110番の相談実務では，このような切り替え事例は少なくない（**深掘りコラム9**も参照）。この背景には，社会保険料の節約等労働法規の適用を免れる目的が垣間見られることが多い。しかし，フリーランス・トラブル110番においては，切り替え前後で業務内容や業務遂行方法に著しい変化がない限り，(2)(3)で述べた個別の判断要素に立ち入るまでもなく「労働者」性が認められる可能性が高いと判断して，労働基準監督署への申告や，労働者であることを前提とした請求などを勧めることも多い。業務委託への切り替えは，このようなリスクを惹起していることになる。

フリーランス法を審議した衆議院・参議院両内閣委員会の付帯決議においても，「偽装フリーランスや準従属労働者の保護については，労働基準監督署等が積極的に聴取し確認すること」（衆議院内閣委員会付帯決議15項），「いわゆる偽装フリーランスや準従属労働者の保護のため，労働基準監督署等が迅速かつ適切に個別事案の状況を聴取，確認した上で，適切に対応できるよう十分な体制整備を図ること」（参議院内閣委員会付帯決議18項）と決議されていた。これを受けたものと思われるが，厚労省は，2024年11月1日以降，全国の労働基準監督署に「労働者性に疑義がある方の労働基準法等違反相談窓口」を設置し，自らの働き方が労働者に該当する可能性があると考えるフリーランスの相談に対応することとした[2]。今後労働基準監督署が偽装フリーランスへの取り締まりを強化することが見込まれることを考え合わせると，リスクは大きいといえる。

③ 自社の従業員に対する副業・兼業としての業務委託

第3に，昨今，自社の従業員に対し副業・兼業[3]として業務委託形態で業務

2　https://www.mhlw.go.jp/stf/seisakunitsuite/bunya/koyou_roudou/roudoukijun/keiyaku/index02.html，https://www.mhlw.go.jp/stf/newpage_44487.html

第3章 募集段階の対応 **131**

をさせる例が増えている。この場合，本業の使用者と副業の業務委託者とが同
一会社であり，本業の従業員と副業のフリーランスも同一人である点から，副
業の業務委託が偽装フリーランスとならないかという問題が常に付きまとう。

　本業と副業の業務の内容や相互の関係，本業と副業を行う時間の割合，副業
の業務委託がなされた経緯（使用者側と従業員側のいずれの発意により開始さ
れたか等），従業員がフリーランスとして業務を行った実績の有無等の様々な
事情から，雇用形態で行う本業の業務とフリーランス（業務委託）として行う
副業の業務とが截然と切り分けられるという説明が，最低限求められるであろ
う。そして，截然と切り分けられた副業の業務について，上記(2)(3)で述べた要
素からして「労働者」性が認められないことも必要と考える。

2　募集事項の的確表示

(1)　的確表示義務が生じる場合

　発注者は，フリーランスを「募集」する際，「広告等」で政令が列挙する一
定の募集情報を提供するときは，虚偽の表示，誤解を生じさせる表示をしては
ならず，正確かつ最新の内容を保つ義務を負う（法12条，令2条）。令和4年
職安法改正により同法に追加された5条の4と同趣旨の規定である。一つ一つ
のポイントを整理していこう。

①　的確表示義務の主体
　第1に，「特定業務委託事業者」，すなわち，1人でも従業員を使用している
個人・法人や，役員が2名以上いる法人のみが義務の主体になる。逆に，1人

3　副業・兼業には様々な問題点がある。拙著である堀田陽平ほか『副業・兼業の実務上の
　問題点と対応』（商事法務，2023年）を参照されたい。

も従業員を使用しておらず，役員も1名しかいないフリーランスであれば，的確表示義務を負わないことになる。「特定業務委託事業者」の詳細については，**第2章2**を参照されたい。

　しかし，フリーランス・トラブル110番の相談現場では，募集情報（求人情報）と契約書の内容が異なることにより生じるトラブルが少なくない。他に従業員・役員がいないフリーランス自身が発注者としてフリーランスを募集するときにも，法律上の的確表示義務の有無にかかわらず，(4)で後述する募集情報と契約条件との齟齬から生ずるトラブルを防止する実務対応をとることが望ましいだろう。

　発注者以外のマッチング事業者（仲介事業者，プラットフォーム等）を通じてフリーランスを募集する場合には，当該マッチング事業者自身が的確表示義務を負うことにはなっていない。このような場合でも，発注者自身が的確表示義務を負うので，そのことによって募集情報の的確性は担保され得ることになる。すなわち，発注者は，マッチング業者に対し，不的確な表示の訂正や終了を依頼し，実際に訂正や終了がされたか確認しなければならない（Q&A86）。しかし，発注者が募集情報が的確でないとしてマッチング業者に対し募集情報の提供終了や変更を繰り返し求めても，マッチング業者が対応してくれない事態が生じうる。このような場合には，発注者が的確表示義務違反に問われることはないというのが政府見解であるが（指針第2の2(3)，3(3)，4ロ，Q&A86），これでは不的確な募集情報が残ってしまいかねず，マッチング業者自身にも募集情報の的確性を担保する責任を全く負わせなくてよいか，課題が残る。マッチング事業者・仲介事業者に対する法規制は，**深掘りコラム6**で詳述した。

②　フリーランスの「募集」

　第2に，フリーランスを「募集」するときに的確表示義務が生じる。

　「募集」とは，フリーランスに業務委託をしようとする者が，自ら，又は他の事業者（マッチング事業者等）に委託して，フリーランスになろうとするものに対し，広告等により広く勧誘することをいうとされる（指針第2の1(2)）。

「広く」勧誘するとは具体的にどの程度の広さなのかという問題がある。政府見解は，1対1の依頼は的確表示義務の対象にならないものの，1つの業務委託に関し2人以上の複数人を相手に打診する場合は的確表示義務の対象に含まれるとしており（Q&A84），適用範囲は極めて広い。また，募集情報（求人情報）と契約書の内容が異なることにより生じるトラブルが少なくない現状では，厳密にいえば「募集」にあたらないような勧誘行為をする場合であっても，(4)で後述する募集情報と契約条件との離齬から生ずるトラブルを防止する実務対応をとることが望ましいだろう。

フリーランス法上のフリーランス（特定受託事業者）がおよそ対象とならない募集，例えば，もっぱら労働者を募集したり，従業員を1名でも使用しているフリーランスのみを対象とする募集の場合には，的確表示義務の対象にならないとされる（指針第2の1(2)）。もっとも，特定受託事業者の募集である旨明示せず，雇用契約を前提とした労働者の募集であるかのような誤解を生じさせる表示は，職安法5条の4に違反する可能性があり，他方，雇用契約を前提とした労働者の募集である旨明示せず，特定受託事業者の募集であるかのような誤解を生じさせる表示は，フリーランス法12条違反となる可能性がある（Q&A88）。実際にはフリーランスなのか労働者なのか，従業員を使用しているか否かによって截然と区分けして募集を行うことが現実的とはいいがたく，実際には広くフリーランス法上の的確表示義務の対象となり得る前提で実務対応を考える方がよほど現実的と思われる。

③ 募集情報を「提供するとき」

第3に，的確表示義務は，あくまで募集情報を「提供するとき」に生じる（法12条）。募集情報を必ず明示しなければならないものではないし，特定の事項を表示しないことが的確表示義務違反となるものではない（下位法令パブコメ回答3-1-6，3-1-11等）。実際，指針は，的確表示の対象となる募集情報は，「可能な限り含めて提供することが望ましい」としているのみであり（第2の5），表示自体を義務付けているわけではない（Q&A89）。

しかし，フリーランス法上的確表示を求められる情報（(2)で詳述）を，フリーランスとの業務委託契約上定めることが想定されるにもかかわらず，あえて募集段階で明示しないことが実務上適当でないことは，(4)①で詳述する。

④ 「広告等」による提供

第4に，的確表示義務は，「広告等」で募集情報を提供する場合にのみ発生する。逆に，「広告等」によらずに募集情報を提供する場合には，的確表示義務はないことになる。

もっとも，募集情報を提供する媒体として法が定義する「広告等」には，以下のとおりかなり広範な方法が含まれる（法12条1項，厚労則1条，指針第2の1(3)，Q&A83）。

---

① 新聞，雑誌その刊行物に掲載する広告
② 文書の掲出又は頒布
③ 書面の交付
④ FAX
⑤ 電子メールやSNSメッセージ機能を利用したメッセージ
⑥ テレビ，ラジオ，ホームページ，クラウドソーシングサービス等が提供されるデジタルプラットフォーム，YouTube等のインターネット上のオンデマンド放送[4]など（放送，有線放送又は自動公衆送信装置その他電子計算機と電気通信回線を接続してする方法）

このように，「広告等」の範囲が極めて広いため，世の中でフリーランスを募集・求人するために用いられる情報媒体なら，ほぼ全部が含まれるものと思われる。

4　職業安定法上の求人情報的確表示義務（5条の4）についての記載であるが，厚生労働省職業安定局「職業紹介事業の業務運営要領（令和6年4月）」第9-3(1)へ参照。

⑤ 対象情報

第5に，的確表示義務を負うのは，政令で列挙される「一定の情報」を提供する場合に限られる。逆に，かかる「一定の情報」に含まれない情報のみを表示するなら，的確表示義務はないことになる。もっとも，(2)で後述するように，政令が広範な情報を列挙しているため，世の中でフリーランスを募集・求人するために提供する情報なら，ほぼ全部が含まれるものと思われる。

⑥ まとめ

以上を要約すれば，発注者がフリーランスを求人する場合に的確表示義務を負うシチュエーションはかなり広範であり，およそフリーランスの求人を行う場合であれば，的確表示義務を遵守する実務対応が必要となる。

(2) 的確表示を求められる募集情報

的確表示を求められる募集情報は，以下の①～⑤のものに限られる（法12条1項，令2条，指針第2の1(4)）。ただし，これ以外の情報をなおざりにしてよいわけではないことは，(4)で述べる。

① 業務の内容

まず，業務の内容は的確表示義務の対象となる。より具体的には，以下の内容が含まれるが，指針に「等」と記載があることから，これらに限られない（法12条1項，令2条，指針第2の1(4)）。

---

① 業務委託において求められる成果物（給付）の内容又は役務提供の内容
② 業務に必要な能力又は資格
③ 検収基準，不良品の取扱いに関する定め
④ 成果物の知的財産権の許諾・譲渡の範囲

⑤ 違約金に関する定め（中途解除の場合を除く。）

なお，違約金の定めから中途解除の場合が除かれているのは，中途解除の場合の違約金の定めが後述の契約解除・不更新に関する事項に含まれることによるものである。中途解除の場合の違約金に関する定めが的確表示義務の対象とならないということではない。

② 就業場所・時間・期間に関する事項

次に，就業の場所，時間及び期間に関する事項も的確表示義務の対象となる。より具体的には，業務を遂行する際に想定される場所又は時間，納期，期間，時間等が含まれるが，「等」とあるとおり，これらに限られない（法12条1項，令2条，指針第2の1(4)）。

③ 報酬に関する事項

報酬に関する事項も的確表示義務の対象となる。より具体的には，以下の内容が含まれるが，指針に「等」と記載があることから，これらに限られない（法12条1項，令2条，指針第二の1(4)）。

① 報酬の額（算定方法を含む。）
② 支払期日
③ 支払方法
④ 交通費や材料費等の諸経費（報酬から控除されるものも含む。）
⑤ 成果物の知的財産権の譲渡・許諾の対価

④ 契約の解除・不更新に関する事項

契約の解除（契約期間の満了後に更新しない場合を含む。）に関する事項も的確表示義務の対象となる。より具体的には，契約の解除事由，中途解除の際

の費用・違約金に関する定め等が含まれるが，「等」とあるとおり，これに限られない（法12条１項，令２条，指針第２の１(4)）。

⑤　募集者に関する事項

　フリーランスの募集を行う者に関する事項も的確表示義務の対象となる。より具体的には，発注者となる者の名称や業績等が含まれるが，「等」とあるとおり，これらに限られない（法12条１項，令２条，指針第２の１(4)）。

(3)　許されない表示の具体例

　的確表示義務に違反する表示の例として，指針第２の２(1)は，以下の例を挙げている。

➢実際に業務委託を行う事業者とは別の事業者の名称で業務委託に係る募集を行う場合
➢契約期間を記載しながら実際にはその期間とは大幅に異なる期間の契約期間を予定している場合
➢報酬額を表示しながら実際にはその金額よりも低額の報酬を予定している場合
➢実際には業務委託をする予定のないフリーランスの募集を出す場合

　なお，2024年９月19日に更新される前のQ&A問６[5]では，以下の例も的確表示義務に違反する旨明示されていたが，同日更新後のQ&Aでは，なぜかこの記載が削除されている。

5　国立国会図書館インターネット資料収集保存事業のウェブページから見ることができる。https://warp.ndl.go.jp/info:ndljp/pid/13115524/www.jftc.go.jp/file/flqanda.pdf　〔2024年11月２日閲覧〕

➤報酬額の表示が，あくまで一例であるにもかかわらず，その旨を記載せず，当該報酬が確約されているかのように表示する場合（誤解を生じさせる表示）

➤業務に用いるパソコンや専門の機材など，フリーランスが自ら用意する必要があるにもかかわらず，その旨を記載せず表示する場合（誤解を生じさせる表示）

➤既に募集を終了しているにもかかわらず，削除せず表示し続ける場合（古い情報の表示）

　このほか，指針第2の3(2)は，誤解を生じないよう，関係会社がある場合には当該関係会社と混同されないようにすること，労働者の募集と混同されないようにすること，実際の報酬額等より高額であるかのように表示しないこと，職種・業種の名称が実際の業務内容と著しく乖離しないようにすること，をそれぞれ求めている。

　他方で，当事者間の合意に基づき，広告等に掲載した募集情報から実際に契約する際の取引条件を変更する場合には，的確表示義務違反ではない（指針第2の2(2)）。

(4)　リスク回避のための実務対応

①　明示すべき募集情報の範囲

　的確表示義務は，あくまでも募集情報を提供する場合に限って課されるものであるから，フリーランスとの業務委託契約上定める必要も予定もない情報であれば，募集段階で提供しなくてよいし，提供のしようもないであろう。例えば，配送業や美容関係など，業務中に著作権その他の知的財産権を生じる可能性が乏しい場合に，成果物の知的財産権に関する定めを明示する必要性は乏しい。講師業，コンサルタント業，スポーツ指導といった成果物を納品するとは限らない業種において，募集段階で不良品の取扱いを明示させる必要性も乏し

い。違約金を業務委託契約に定める予定がないのに，募集段階で違約金に関する定めを明示することはできない。

　では，フリーランスとの業務委託契約上定めることが想定された情報であるにもかかわらず，それを募集段階で表示しないことは妥当であろうか。

　(1)③で述べたとおり，法律上は，業務委託契約上定めることが想定された情報であったとしても，募集段階で提供しなければ的確表示義務は発生しないし，募集段階で情報を提供しなかったこと自体が虚偽の表示として取り扱われることもないと考える余地がある。

　しかし，フリーランス法が的確表示を求めている目的の一つは，募集情報と実際の契約内容とが異なることから生じるトラブルを防止することである（Q&A82）。募集情報と契約書の内容に齟齬があり，結果として契約締結に至らなかったりすれば，フリーランスが仕事を得るまでに費やした労力が無駄になる。募集情報と契約書の内容に齟齬があるまま契約が締結されてしまうと，フリーランスは，最初に注意をもって読んだ募集情報の内容がそのまま契約内容になっているものと思い込んで，あとになって認識が違うことに気づいてトラブルになるケースが多い。筆者も，フリーランス・トラブル110番の相談現場において，募集情報（求人情報）と契約書の内容が異なることにより生じたトラブルの相談を数多く経験してきた。

　フリーランスとの業務委託契約上定めることが想定された情報であるにもかかわらず，それを募集段階では表示しないとすれば，募集の段階では存在しないものとフリーランスが認識していた契約条件が，契約締結段階では契約に盛り込まれていることになり，フリーランスの認識に齟齬が生じ，トラブルの温床になる。仮にトラブルになり，司法判断を受ける事態になれば，募集段階で表示していた（いなかった）内容が，契約書上の契約条件の解釈に意図しない形で影響したり，追加して契約条件となると認められたり，契約書上の契約条件が無効となる理由に用いられたりする可能性も否定できない。

　したがって，フリーランス法上的確表示を求められる情報（(2)で詳述）を，フリーランスとの業務委託契約上定めることが想定されるのであれば，的確表

示義務違反になるかどうかにかかわらず，募集段階で的確に明示しておいたほうがリスクは少ない。

②　明示をするなら，法所定の情報以外も的確表示を

　フリーランス法上的確表示を求められる情報は，(2)で詳述したものに限られる。逆に，それ以外の情報であれば，的確表示義務は生じないことになりそうである。しかし，それは法律の適用がないだけであって，トラブル回避の観点からは，(2)で詳述した情報以外の情報であれば，虚偽，誤解が生じたり，不正確であったり，古いまま放置したりしてよいということではない。(2)で詳述した情報以外の情報であっても，募集情報として提供する限り，フリーランス法の規定に準じて的確表示を心がけることが望ましい。

③　契約書の内容を固めた上で，募集情報としてコピーする

　そうだとすると，実務上，フリーランスの募集を行う際には，発注時にフリーランスに提示すべき契約書，発注書等の内容をあらかじめ固めておき，募集の際にはその内容をそのままコピーして募集することが一つの望ましい対応といえる。そうすれば，募集情報と契約条件との乖離が防止でき，的確表示義務違反といわれるリスクが低減できるからである。フリーランス・トラブル110番の相談実務においては，求人内容と実際の契約書の内容が異なることで生じるトラブルが数多いので，トラブル防止の観点からこの対応を徹底したい。

④　募集情報と異なる契約条件で発注するときは，相違を説明する

　募集情報とは異なる契約条件でフリーランスと契約を締結することは，禁止はされていない（指針第2の2(2)）。

　フリーランス法のパブリックコメントの段階では，募集の際に明示した事項と異なる内容で業務委託をする場合には，その旨を説明しなければならないという規律を設けることが想定されていたが[6]，フリーランス法では結局こうした規律は設けられていないため，かかる説明義務はないことになる。職安法に

おいては，求人時に一旦明示された労働条件を変更して労働契約を締結しようとする場合にはさらに変更の内容を明示する義務を課しているが（同法5条の3第3項），この点がフリーランス法と異なる。

しかし，フリーランス・トラブル110番の相談実務においては，求人内容と実際の契約書の内容が異なることで生じるトラブルが数多いことは，これまでに何度も述べてきた。かかるトラブルを防止する観点からは，募集情報とは異なる契約条件でフリーランスと契約しようとする場合，どこがどのように異なるのか説明し，それでも本当にフリーランスが受注するのか選択の機会を与えることが，ベストプラクティスではあるだろう。

深掘りコラム8　「労働者」概念は不要？

(1)　オールオアナッシングな「労働者」概念

労基法は，「労働者」という語を「職業の種類を問わず，事業又は事務所…に使用される者で，賃金を支払われる者」と定義する（同9条）。かかる労基法上の「労働者」に該当すれば，労基法の全体が適用されるばかりでなく，労基法と同時に制定された労災保険法（横浜南労基署長（旭紙業）事件・最一小判平成8年11月28日労判714号14頁），労基法から派生した労働安全衛生法（同法2条2号）や最低賃金法（同法2条1号）のほか，雇用保険法（所沢職安所長（飯能光機製作所）事件・東京高判昭和59年2月29日労判438号75頁参照），労働者派遣法，育児介護休業法，短時間労働者及び有期雇用労働者の雇用管理の改善等に関する法律等，数多の労働法規の適用を受ける[7]。

6　「フリーランスに係る取引適正化のための法制度の方向性」（2022年9月13日公示）https://public-comment.e-gov.go.jp/servlet/Public?CLASSNAME=PCMMSTDETAIL&Mode=0&bMode=1&bScreen=Pcm1040&id=060830508［2024年11月2日閲覧］

逆にいえば，労基法上の「労働者」にあたらない限り，労基法のみならず，他の数多の労働法規の適用も一律に受けることができないことになる。

このようなオールオアナッシングな「労働者」概念が存在することによって，こと労働基準監督行政上は，いったん労基法上の「労働者」性が認められれば，労基法上の保護のみならず労災保険などの一連の規制をまとめて適用でき，統一的・画一的な労働法上の保護が可能となる[8]。統一的・画一的な取扱いは，行政当局が法執行を行うに当たって重要な要請であることは否定できないだろう。

(2)　オールオアナッシングな取扱いの問題

しかし，フリーランスは，業務内容も業務形態も業務遂行方法も千差万別であり，それぞれに必要な保護の内容や強度はまちまちである。これに対し統一的・画一的な「労働者」概念だけで立ち向かおうとすると，ある場合には必要な保護を及ぼすことができず，逆にある場合には不必要な保護を及ぼすことになる。

必要な保護を及ぼすことができないことの問題は想像に難くないであろう。例えば，**第9章4**で後述するように，フリーランスだからといって，長時間労働で心身を病んでいるにもかかわらず，契約上解約権が制限されていたり解約に際し違約金や損害賠償を請求されたりして，事実上辞めさせてくれないというような人身拘束を許すべきではなかろう。このような人身拘束を防ぐために，「労働者」については，損害賠償の予定を禁止した労基法16条や即時解除を定めた民法628条のような強行規定が存在し，これにより不当な人身拘束が防止され得るのに，フリーランスが労基法上の「労働者」でないとの一事をもって

7　東京大学労働法研究会『注釈労働基準法上巻』（有斐閣，2003年）138頁以下〔橋本陽子〕，水町勇一郎『詳解労働法〔第3版〕』（東京大学出版会，2023年）26頁，石田信平ほか『デジタルプラットフォームと労働法』（東京大学出版会，2022年）3頁以下〔水町勇一郎〕
8　鎌田＝長谷川195頁〔北岡大介〕

かかる規定の直接適用は否定されるのである。

　しかし，不必要な保護を及ぼすことになることの問題はより大きい。フリーランスに業務委託をする発注者が不必要に重い負担を背負うことになり，フリーランスに業務委託しにくくなってしまうというだけではない。フリーランスの働き方の自由を奪いかねないからである。

　そもそも，フリーランス自身が労働者としての地位を望んでいないことが多い。内閣官房日本経済再生総合事務局が2020年 2 ～ 3 月に実施した「フリーランス実態調査」によれば，フリーランスという働き方を選択した理由の上位には，「自分の仕事のスタイルで働きたい」（57.8％），「働く時間や場所を自由にする」（39.7％），「より自分の能力や資格を生かす」（27.3％），「挑戦したいことややってみたいことがある」（13.5％），「ワークライフバランスを良くする」（11.9％）といった，自由な働き方への強い志向を示す項目が並んでいる[9]。

　労働法規の規律を十把一絡げにフリーランスに適用することは，その自由な働き方を阻害する要因になりかねない。例えば，労基法上の「労働者」性が認められれば，残業規制（労基法32条等）の適用があり， 1 日 8 時間・週40時間を超える労働時間に割増賃金が発生する。これは一見フリーランスに有利なように見えるが，発注者としては，割増賃金が発生しないようにフリーランスの勤務時間を厳格に管理制限しようとするかもしれない。これは，拘束なく働きたいと欲するフリーランスが最も望んでいないことであるが，残業規制が適用される以上このような管理制限はむしろ行われるべきものであり，フリーランスにこれを拒絶する権利はない。ことほど左様に，「労働者」性概念は，実態として「労働者」である場合に労働法を適用することには使えても，「労働者」であることを欲しないフリーランスに，労働法の規制から逃れ，自由に働く自由を与えてはくれないのである。

9　内閣官房日本経済再生総合事務局「フリーランス実態調査結果」（令和 2 年 5 月）https://warp.ndl.go.jp/info:ndljp/pid/11547454/www.kantei.go.jp/jp/singi/zensedaigata_shakaihoshou/dai7/siryou1.pdf　［2024年 8 月11日閲覧］

【図表3−3】 フリーランスという働き方を選択した理由

○フリーランスという働き方を選択した理由として「自分の仕事のスタイルで働きたいため」と回答した者が6割。
○また，「働く時間や場所を自由とするため」と回答した者も4割。

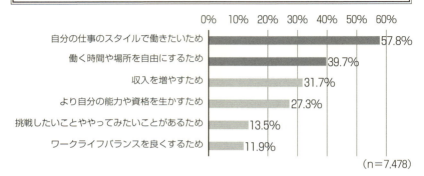

(注)　「フリーランスとしての働き方を選択した理由について，当てはまるものをお選びください。」（複数回答可）という設問への回答のうち上位6項目を集計
(出典)　内閣官房日本経済再生総合事務局「フリーランス実態調査結果」（令和2年5月）3頁

【図表3−4】「労働者」概念の一方向性

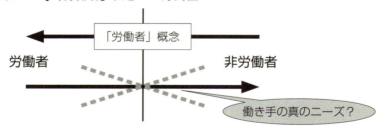

(出所)　筆者作成

(3)　「労働者概念の相対性」

　個々のフリーランスに過不足のない保護を与え，他方で不必要な保護を与えないためには，法律ごと，条文ごとに，適用される「労働者」の範囲を確定することが必要である。
　実は，学説上，「労働者」概念が各労働法規の趣旨に沿って別様に解釈され

るべきこと（労働者概念の相対性）は，「今日，争いを見ない」とまでいわれている[10]。実際に，「労働者」概念を労基法と同範囲に画する上記(1)で述べた法規以外の労働法規においては，労基法とは別の「労働者」概念を用いるものがある。その代表的なものが労組法であり，労組法上の「労働者」概念は，労基法のそれよりも広く解されている。

しかし，個別の「法律」ごとに「労働者」概念を分けるだけでは不徹底であり，よりきめ細やかな解釈が必要である。特に，労基法は，国籍，信条等による差別禁止（3条），男女同一賃金原則（4条），強制労働の禁止（5条），中間搾取の排除（6条）といった同法第1章の規制，損害賠償の予定の禁止（16条）や前借金相殺の禁止（17条）といった人身拘束を防止するための規定，解雇制限・解雇予告規制（19，20条），賃金支払に対する規制（24条等），労働時間規制（32条以下），年次有給休暇（39条），妊産婦に対する規制（64条の2以下），災害補償（75条以下）等，趣旨目的の異なる数多の規制の集合体である。労基法全体で統一的な「労働者」概念をもって一律に適用範囲を定めるべきではなく，個々の条文ごとに，その趣旨目的に沿って個別に適用範囲を定めるべきである。西谷敏教授は，このことを「弾力的な解釈」と呼んで肯定している[11]。

(4) 行政と司法の適切な役割分担

個々の法律，個々の条文ごとに「労働者」の範囲がまちまちになるのでは，行政当局が実効的に法執行を行うことを期待できなくなるとの懸念もありうる。しかし，これは行政と司法の役割分担の問題として捉えればよい。

行政は，いったん労基法上の「労働者」性が認められた者に対し，統一的・

10　西谷敏ほか『新基本法コンメンタール労働基準法・労働契約法〔第2版〕』（日本評論社，2011年）350頁〔毛塚勝利〕。有泉亨「労働者概念の相対性」中労486号2頁，下井隆史『労働契約法の理論』32〜61頁（有斐閣，1985年），西谷敏『労働法〔第3版〕』（日本評論社，2020年）32頁

11　西谷労働法・前掲注10）52頁

画一的に労働法の法執行を行う。このことにより，より多くの働き手の保護を することにつながるし，行政による救済であるから個々の働き手がかけるコストも小さくて済む。

　他方で，個々のフリーランスに過不足のない保護を与え，不必要な保護を与えないためには，個々の事案に対する妥当な解決を志向する司法の役割も重要である。とはいえ，司法による解決は，個別の事案に対する解決であるだけに処理できる案件の数に限界がある。また，弁護士その他の専門家に支払う費用がかかったり，そうした専門家が関与しない場合にも慣れない裁判手続等を独力で担う労力と時間を必要としたりするなど，フリーランスや発注者が負担する解決コストも大きくなりがちである。

【図表 3 - 5 】

行政		司法
統一的・画一的処理	解決のあり方	個々の事案に対する妥当な解決
多い	処理できる案件数	少ない
小さい	フリーランス・発注者の負担する解決コスト	大きい

（出所）　筆者作成

　したがって，行政と司法との相互作用によりお互いの欠点を補いあうことが求められる。すなわち，行政は統一的・画一的な基準をもって事案を解決するが，それで救われない事案，妥当な解決が導かれない事案は司法が救い上げ，その事案に応じた解決を図る。そして，そうした司法の解決例の蓄積を行政が吸い上げることにより，統一的・画一的な解決基準そのものを修正し，より妥当な解決をより多くのフリーランスに及ぼしていく。

　我が国は，こうした行政と司法との相互作用によって，これまで多くの人々を救ってきた歴史をもつ。古くは，四大公害事件の裁判例の蓄積の結果，公害健康被害の補償等に関する法律などの立法に結び付いた。労働法分野における近時の例としては，いわゆる建設アスベスト訴訟に対する最高裁判例（最一小

判令和3年5月17日民集75巻5号1359頁）を踏まえて，労働安全衛生法上，労働者性のない働き手をも一部規制の対象とする修正が検討されていることも，記憶に新しい。

　フリーランスの問題にもまさにこのようなアプローチが必要である。

(5)　統一的労働者概念は，司法の場では不要

　以上に論じてきたとおり，個々のフリーランスに過不足のない保護を与え，他方で不必要な保護を与えないためには，少なくとも司法の場においては，法律ごと，条文ごとに，適用範囲を個別に判断すればよい。この判断においては，各法律，各条文の趣旨目的に照らして，どのような働き手を，どのような場合に保護すべきか検討すれば足り，数多の労働法規に統一的な「労働者」概念は，この際，不要である。

　現在の「労働者」概念に意味があるとすれば，各法規制の適用の要否を検討するにあたっての判断要素の例を示している点にとどまる。残る課題は，各法律，各条文の適用範囲を画するに当たって，労働者性の各判断要素の内実と，それらの重みづけを明らかにすることである。各判断要素の内実と重みづけは，問題となっている規制の趣旨目的に従って検討することになる。

　例えば，労基法上の残業規制（32条〜）は，使用者の指揮監督下で働く労働者が長時間労働を余儀なくされる事態を防止するためにある。このような同規制の目的と内容からすれば，かかる規制対象を「人的従属性」＝指揮監督下で労働しているかを中心的な考慮要素として判断することが目的合理的である。この意味で，柔軟な働き方をするフリーランスの多くには，これを適用することは妥当でない。

　他方，同じ労基法上の損害賠償の予定の禁止（16条）は，労働者の転職等の労働契約の不履行の場合に一定額の違約金を定めるなどの従来の我が国の慣行が，労働の強制にわたり，労働者の自由意思を不当に拘束し労働者を使用者に隷属せしめることになるので，かかる違約金制度等を禁止し，心ならずも労働

関係の継続を強いられること等を防止する趣旨の規定である[12]。**第9章4**で詳述するが、フリーランスであっても、契約解消に違約金を発生させる契約の定めがあることにより、辞めたくても辞められないというトラブルが多発している。このように、同条の趣旨は現状必ずしも「労働者」として取り扱われていない者にも広く及ぶものであり、適用の有無を検討するに当たって、あまり「人的従属性」の内実を厳格に解したり、重みづけを重く考えたりすることは妥当でない。むしろ重要なのは、憲法上の職業選択の自由（22条1項）、「奴隷的拘束」や「意に反する苦役」からの自由（18条）の保障の観点である。自らの労働により生計をたてる自然人であれば、これら自由を享受するものであり、広く労基法16条の規律を及ぼすべきである。

　近時労働者性を肯定して労基法16条違反を認めた裁判例として、大阪地判令和5年4月21日判決がある。同判決は、芸能プロダクションXと専属的マネジメント契約を締結したアイドルYが同契約を解除したところ、特定の条項への違反1回につき200万円の違約金を支払う旨の同契約上の違約金条項に基づき、XがYに対し、アイドルグループからの脱退を含む条項違反を主張して、約1千万円もの違約金を請求した事案である。判決は、アイドルグループの知名度を上げる活動は基本的に全部受けることとされていたこと、Xの推奨するレッスンを受けることを契約上義務づけられていたこと、具体的指示が多数あったこと、Xに専属的に所属するタレントとしてXの指示に従い芸能活動を誠実に遂行する義務を契約上課せられており、この違反には200万円の違約金を契約上支払わなければならなかったこと、Xが受けた仕事をタイムツリーに記入して仕事のスケジュールが決められ、ある程度時間的場所的に拘束されていたこと、アイドルグループのメンバーとして芸能活動をしており代替性がないこと、報酬は月額で定額支払われており、在籍期間が長くなるにつれて漸次増額されていたこと、諸経費は実質的にXが負担していたこと、契約上Yの芸能活動により生じた諸権利はXに帰属するとされていたこと、実際にはYがアルバイト

12　厚労省労働基準局上248頁

等をすることがスケジュール的に困難であったことなどから，Yの労働者性を認め，違約金条項は労基法16条に違反するとして，Xの請求を全部棄却した。

産前産後休業（65条）は，妊娠末期には母体の負担が大きく，疾病や早産の危険性も高くなるため休養を取る必要があること，出産後は妊娠・分娩という大きな生理的変化を遂げた母体が妊娠前の状態に復するために一定期間休養が必要になることから設けられたものである[13]。かかる趣旨は，本来フリーランスを含め広く働く女性に及ぶものであるから，これの適用の有無を検討するに当たっても，あまり「人的従属性」の内実を厳格に解して適用範囲を狭くすることは妥当でない。

深掘りコラム9　「労働者」性の推定

フリーランスに対する保護を考える方法論として，労働者性の推定の議論がある。既に諸外国においてはその例がある。

例えば，米国カリフォルニア州では，いわゆる「ABCテスト」を法制化する立法が行われた。同州の労働法典（Labor Code）2775条は，報酬のために労働又は役務を提供する者であれば，使用者が以下の3つを全て満たすことを示さないかぎり，独立自営業者（independent contractor）ではなく労働者として扱われると定める。

⒜　当該者が，業務遂行のための契約上も，事実上も，業務遂行に関連する使用者の支配と指示から自由であること。

⒝　当該者が，使用者の事業の通常の過程の外の業務を遂行していること。

⒞　当該者が，遂行する業務と同じ性質の，独立に確立された取引，職業，又は事業に習慣的に従事していること。

13　厚労省労働基準局下835頁

なお，その後，ウーバーのドライバーなどのアプリベースドライバー（app-based driver）を一定の条件の下に独立自営業者（independent contractor）と取り扱い，上記 ABC テストの例外とする州民発案立法（initiative）が住民投票の過半数の賛成で承認され，この規定の合憲性は2024年 7 月25日の同州最高裁判決で確認されている[14]。

EU においては，2021年12月 9 日，プラットフォーム就業における就業条件の改善に関する EU 指令案が提案されている[15]。同案では，「デジタル労働プラットフォーム」が，そのプラットフォームを通じてプラットフォーム就労を行う者とその業務遂行を「支配」（control）する場合には，両者の契約関係は労働関係と推定し（ 4 条 1 項），「支配」にあたるには，以下のうち 2 つを満たせばよいと定める（同条 2 項）。

(a) 報酬の水準を実効的に決定し，又は上限を設けること。

(b) プラットフォーム就労を行う者に対し，外見，サービス受領者に対する行為，又は業務遂行に関する特定の拘束力あるルールを尊重するよう要求すること。

(c) 電子的方法を含め，業務遂行を監督し，又は業務の結果の質を評価すること。

(d) 制裁を通じて行うことを含め，特に労働時間若しくは休暇期間の選択の裁量などの業務を整理し，業務を応諾し若しくは拒否し，又は再受託者若しく

---

14 CASTELLANOS v. STATE OF CALIFORNIA et. al., S279622.（A163655; 89 Cal. App.5th 131, mod. 90 Cal.App.5th 84a; Alameda County Superior Court; RG21088725.）https://caselaw.findlaw.com/court/ca-supreme-court/116404429.html ［2024年 8 月11日閲覧］

15 European Commission, Proposal for a DIRECTIVE OF THE EUROPEAN PARLIA-MENT AND OF THE COUNCIL on improving working conditions in platform work, COM（2021）762 final, 2021/0414（COD）https://eur-lex.europa.eu/legal-content/EN/ALL/?uri=CELEX%3A52021PC0762 ［2024年 8 月11日閲覧］

は部下を用いる自由を，実効的に制限すること。

(e) 顧客基盤を構築し又は第三者のために業務を遂行する可能性を実効的に制限すること。

しかし，ABCテストであれEUのプラットフォーム指令であれ，その要件自体が，現状日本で用いられている昭和60年報告の考慮要素（**第3章1(2)参照**）とあまり変わるところがなく，評価の問題になることは同じであり，明確化の効果に乏しい。むしろ，労働者性の判断過程が，①推定がなされるかどうか，②推定がなされるとしてその推定が覆されるかどうか，という2段階に分かれるだけで，特に司法での実践を考えると，審理の簡略化にはつながらず，かえって長期化の原因になりかねない。仮に推定を行うのであれば，誰が見ても明確で一義的な要件をもって推定しなければならないだろう。

ここでは，フリーランス・トラブル110番の相談事例の経験からして，労働者性を推定してもよさそうな明確な要件を提案する。

フリーランス・トラブル110番の相談現場においては，「雇用から業務委託への切替」の事例が一定数みられる。2024年4〜9月の6か月では，1.1％がこの事例である[16]。母数は10,610件であるから，数にして100件を優に超える数が存在することになる。

このような実情からすれば，雇用契約から業務委託に切り替えた場合には，労働者性を推定してもよいと考える。

もちろん，業務委託への切り替え事例で労働者性を推定するだけでは，世の中の誤分類の事例全てを救えるわけではない。それでも，判断がかなり容易な点で，実務上は優れているだろう。

なお，業務委託への切り替え事例における推定は，このような推定がなされる可能性が人口に膾炙しさえすれば，世の中で切り替え事例自体が少なくなっていくだろうし，逆に，他により適切な推定要件が実践の中から得られるかも

---

16 https://www.mhlw.go.jp/content/001323087.pdf ［2024年11月2日閲覧］

しれないので，ハードローとして定めることまでは不要であり，むしろ弊害が大きいかもしれない。労基署・労働局の内部運用として，切り替え事例を重点的に調査指導の対象とするだけでも効果があるものと思われる。

【図表3－6】フリーランス・トラブル110番の相談内容
●相談内容は，最も多いのが「報酬の支払い」で31.2%，次いで多いのが「契約条件の明示」の相談で15.0%となっている。

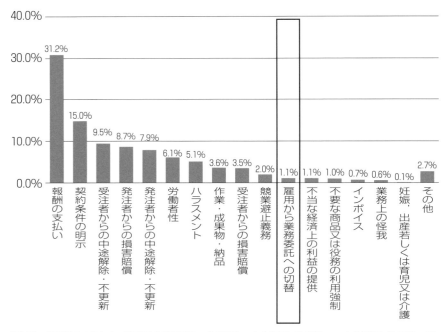

(参考)「報酬の支払い」：報酬の全額不払い(13.2%)，支払遅延(7.4%)，一方的減額(7.5%)，著しく低い報酬(1.9%)，その他報酬の支払いに関する事項(1.3%)。
　　　「契約条件の明示」：書面等の不交付(5.4%)，条件・内容が不明確(6.9%)，不適格な募集情報(1.2%)，その他契約条件の明示に関する事項(1.4%)。
　　　「作業・成果物・納品」：受領拒否(0.2%)，成果物の返品(0.1%)，内容変更・やり直し(1.5%)，納品日の変更(0.1%)，知的財産権関係(1.1%)，その他作業・成果物・納品に関する事項(0.6%)。
　　　「その他」：アカウント停止，個人情報の扱い，仕事がもらえないなど。
※N＝10,610（令和6年4月〜令和6年9月の件数。ただし，1つの相談につき複数の相談内容が含まれる場合は各相談内容について1件とカウント。）
(出所) https://www.mhlw.go.jp/content/001323087.pdf

第 4 章

発注段階の対応

～本章のポイント～

　本章では，フリーランスに業務を発注する段階で留意すべきポイントを解説する。

　発注者にとって最も重要なのは，契約条件明示義務を遵守することである。発注者・フリーランスの名称，業務委託日，業務内容，業務を行う日・期間，報酬額・算定方法，報酬支払期日等，フリーランス法が定める一定の事項を，発注時にフリーランスに明示する必要がある。ただ，明示の方法は紙の書面によらなければならないわけではなく，メールやＳＮＳでも許容されるのが原則である。契約条件の明示は，フリーランス法を遵守しなければならないという以上に，トラブル防止のために必須の対応である。

　報酬支払期日を定めるに当たっては，「60日ルール」を念頭に置く必要がある。フリーランスの役務提供日から60日以内に報酬を支払わなければならない。再委託の場合に選択できる「再委託30日ルール」もあるが，発注者が下請法上の親事業者にあたる場合には利用できない可能性が高いし，同ルールが下請法にない規制であるため新たに対応を考える必要があるほか，実務対応が２パターンに分かれかえって煩雑であることなどから，あえて同ルールを選択する必要は乏しい。

　さらに，発注時に問題となる禁止行為の類型として，「買いたたき」がある。通常支払われる対価に比し著しく低い報酬の額を不当に定めることは，「買いたたき」として禁止される。見積もり外の業務をさせるケース，発注者の予算を一方的に押し付けるケース，短納期発注のケースには，特に「買いたたき」とみなされないよう注意すべきである。

1 契約条件明示義務

(1) 明示すべき事項

　事業者は，フリーランスに業務委託をした場合には直ちに，一定の契約条件を書面や電磁的方法で明示する義務を負う（法3条）。下請法3条とほぼ同じ規制である。この義務に限っては，発注者がフリーランスであっても適用がある（フリーランスの発注者も契約条件明示を義務付けられる）点が特徴的である。

　明示が義務付けられる具体的事項は，以下のとおりまとめられる（公取則1，3，4，6条）。

---

① 受託委託者の名称など受託委託者を識別できる情報
② 業務委託をした日（＝合意日）
③ フリーランスの給付・役務の内容
④ 給付受領・役務提供の日・期間
⑤ 給付受領・役務提供の場所
⑥ 給付・役務に検査をする場合，その完了期日
⑦ 報酬額（報酬の具体額の記載が困難な場合，報酬の算定方法）
⑧ 報酬支払期日
⑨ 手形交付，債権譲渡担保方式・ファクタリング方式・併存的債務引受方式，電子記録債権，デジタル払で報酬を支払う場合に必要な事項
⑩ 未定事項がある場合，内容を定められない理由及び内容を定める予定期日
⑪ 未定事項を後に明示する場合，当初明示事項との関連性を確認できる記載事項
⑫ 基本契約等がある場合，それによる旨
⑬ 再委託の30日ルール（**8(2)**参照）を適用する場合，再委託である旨，元委託者の名称等，元委託支払期日

156

　各項目の留意点は，2〜4で詳述する。

(2)　下請法との相違点

　明示すべき事項を定める公取則の規定は，下請法における3条書面の記載事項をそのまま流用しつつ，必要な追加修正を加えたものに過ぎない。フリーランス法上の契約条件明示のフローを構築する上では，下請法に基づく3条書面を修正することは一つの有効な方策である。

　このためには，下請法とフリーランス法との相違点を明らかにすることが有益であるため，両者の明示事項を比較する表を**図表4−1**のとおり作成し，相違する文言に下線を付した。

【**図表4−1**】

下請法	フリーランス法
3条書面規則[1]1条1項1号： 親事業者及び下請事業者の商号，名称又は事業者別に付された番号，記号その他の符号であって親事業者及び下請事業者を識別できるもの	公取則1条1項1号： 業務委託事業者及び特定受託事業者の商号，氏名若しくは名称又は事業者別に付された番号，記号その他の符号であって業務委託事業者及び特定受託事業者を識別できるもの
3条書面規則1条1項2号： 製造委託，修理委託，情報成果物作成委託又は役務提供委託（以下「製造委託等」という。）をした日…	公取則1条1項2号： 業務委託（法第二条第三項に規定する業務委託をいう。以下同じ。）をした日
3条書面規則1条1項2号： …下請事業者の給付（役務提供委託の場合は，提供される役務。以下同じ。）の内容…（3条書面規則1条1項2号）	公取則1条1項3号： 特定受託事業者の給付（法第二条第三項第二号の業務委託の場合は，提供される役務。第六号において同じ。）の内容

1　下請代金支払遅延等防止法第3条の書面の記載事項等に関する規則

３条書面規則１条１項２号： …その給付を受領する期日（役務提供委託の場合は，下請事業者が委託を受けた役務を提供する期日（期間を定めて提供を委託するものにあっては，当該期間））…	公取則１条１項４号： 特定受託事業者の給付を受領し，又は役務の提供を受ける期日（期間を定めるものにあっては，当該期間）
３条書面規則１条１項２号： …その給付を受領する…場所	公取則１条１項５号： 特定受託事業者の給付を受領し，又は役務の提供を受ける場所
３条書面規則１条１項３号： 下請事業者の給付の内容について検査をする場合は，その検査を完了する期日	公取則１条１項６号： 特定受託事業者の給付の内容について検査をする場合は，その検査を完了する期日
３条書面規則１条１項４号： 下請代金の額及び支払期日 ３条書面規則１条２項： 下請代金の額について，具体的な金額を記載することが困難なやむを得ない事情がある場合には，下請代金の具体的な金額を定めることとなる算定方法を記載することをもって足りる。	公取則１条１項７号： 報酬の額及び支払期日 公取則１条２項 第一項第七号の報酬の額について，具体的な金額の明示をすることが困難なやむを得ない事情がある場合には，報酬の具体的な金額を定めることとなる算定方法の明示をすることをもって足りる。
３条書面規則１条１項５号： 下請代金の全部又は一部の支払につき手形を交付する場合は，その手形の金額及び満期	公取則１条１項８号： 報酬の全部又は一部の支払につき手形を交付する場合は，その手形の金額及び満期
３条書面規則１条１項６号： 下請代金の全部又は一部の支払につき，親事業者，下請事業者及び金融機関の間の約定に基づき，下請事業者が債権譲渡担保方式（下請事業者が，下請代金の額に相当する下請代金債権を担保として，金融機関から当該下請代金の額に相当する金銭の貸付けを受ける方式）又はファクタリング方式（下請事業者が，下請代	公取則１条１項９号： 報酬の全部又は一部の支払につき，業務委託事業者，特定受託事業者及び金融機関の間の約定に基づき，特定受託事業者が債権譲渡担保方式（特定受託事業者が，報酬の額に相当する報酬債権を担保として，金融機関から当該報酬の額に相当する金銭の貸付けを受ける方式）又はファクタリング方式（特定受託事業者が，報

金の額に相当する下請代金債権を金融機関に譲渡することにより，当該金融機関から当該下請代金の額に相当する金銭の支払を受ける方式）若しくは併存的債務引受方式（下請事業者が，下請代金の額に相当する下請代金債務を親事業者と共に負った金融機関から，当該下請代金の額に相当する金銭の支払を受ける方式）により金融機関から当該下請代金の額に相当する金銭の貸付け又は支払を受けることができることとする場合は，次に掲げる事項 イ　当該金融機関の名称 ロ　当該金融機関から貸付け又は支払を受けることができることとする額 ハ　当該下請代金債権又は当該下請代金債務の額に相当する金銭を当該金融機関に支払う期日	酬の額に相当する報酬債権を金融機関に譲渡することにより，当該金融機関から当該報酬の額に相当する金銭の支払を受ける方式）若しくは併存的債務引受方式（特定受託事業者が，報酬の額に相当する報酬債務を業務委託事業者と共に負った金融機関から，当該報酬の額に相当する金銭の支払を受ける方式）により金融機関から当該報酬の額に相当する金銭の貸付け又は支払を受けることができることとする場合は，次に掲げる事項 イ　当該金融機関の名称 ロ　当該金融機関から貸付け又は支払を受けることができることとする額 ハ　当該報酬債権又は当該報酬債務の額に相当する金銭を当該金融機関に支払う期日
3条書面規則1条1項7号： 下請代金の全部又は一部の支払につき，親事業者及び下請事業者が電子記録債権（電子記録債権法（平成19年法律第102号）第2条第1項に規定する電子記録債権をいう。以下同じ。）の発生記録（電子記録債権法第15条に規定する発生記録をいう。）をし又は譲渡記録（電子記録債権法第17条に規定する譲渡記録をいう。）をする場合は，次に掲げる事項 イ　当該電子記録債権の額 ロ　電子記録債権法第16条第1項第2号に規定する当該電子記録債権の支払期日 ハ　製造委託等に関し原材料等を親事業者から購入させる場合は，その品名，数量，対価及び引渡しの期日並びに決済の	公取則1条1項10号： 報酬の全部又は一部の支払につき，業務委託事業者及び特定受託事業者が電子記録債権（電子記録債権法（平成十九年法律第百二号）第二条第一項に規定する電子記録債権をいう。以下同じ。）の発生記録（電子記録債権法第十五条に規定する発生記録をいう。）をし又は譲渡記録（電子記録債権法第十七条に規定する譲渡記録をいう。）をする場合は，次に掲げる事項 イ　当該電子記録債権の額 ロ　電子記録債権法第十六条第一項第二号に規定する当該電子記録債権の支払期日

期日及び方法	
	公取則１条１項11号： 報酬の全部又は一部の支払につき，業務委託事業者が，資金決済に関する法律（平成二十一年法律第五十九号）第三十六条の二第一項に規定する第一種資金移動業を営む同法第二条第三項に規定する資金移動業者（以下単に「資金移動業者」という。）の第一種資金移動業に係る口座，同法第三十六条の二第二項に規定する第二種資金移動業を営む資金移動業者の第二種資金移動業に係る口座又は同条第三項に規定する第三種資金移動業を営む資金移動業者の第三種資金移動業に係る口座への資金移動を行う場合は，次に掲げる事項 イ　当該資金移動業者の名称 ロ　当該資金移動に係る額
	公取則１条２項： 特定業務委託事業者は，法第四条第三項の再委託をする場合には，前項各号に掲げる事項のほか，第六条各号に掲げる事項の明示をすることができる。 公取則６条： 法第四条第三項の公正取引委員会規則で定める事項は，次に掲げる事項とする。 一　再委託である旨 二　元委託者の商号，氏名若しくは名称又は事業者別に付された番号，記号その他の符号であって元委託者を識別できるもの 三　元委託業務の対価の支払期日
３条書面規則１条３項： 法第３条第１項ただし書の規定に基づき，	公取則１条４項： 法第三条第一項ただし書の規定に基づき，

製造委託等をしたときに書面に記載しない事項（以下「特定事項」という。）がある場合には，特定事項以外の事項のほか，特定事項の内容が定められない理由及び特定事項の内容を定めることとなる予定期日を，製造委託等をしたときに交付する書面（以下「当初書面」という。）に記載しなければならない。	業務委託をしたときに明示をしない事項（以下「未定事項」という。）がある場合には，未定事項以外の事項のほか，未定事項の内容が定められない理由及び未定事項の内容を定めることとなる予定期日の明示をしなければならない。
3条書面規則4条1項： 第1条第1項各号に掲げる事項が一定期間における製造委託等について共通であるものとしてこれを明確に記載した書面によりあらかじめ下請事業者に通知されたときは，当該事項については，その期間内における製造委託等に係る法第3条の書面への記載は，その通知したところによる旨を明らかにすることをもって足りる。 3条書面規則4条2項： 法第3条第2項の規定に基づき書面の交付に代えて電磁的方法により提供する場合には，第1条第1項各号に掲げる事項が一定期間における製造委託等について共通であるものとして，あらかじめ，書面により通知され，又は電磁的方法により提供されたときは，当該事項については，その期間内における製造委託等に係るファイルへの記録は，当該事項との関連性を確認することができるよう記録することをもって足りる。	公取則3条： 第一条に規定する事項が一定期間における業務委託について共通であるものとして，あらかじめ，書面の交付又は前条に規定する電磁的方法による提供により示されたときは，当該事項については，その期間内における業務委託に係る明示は，あらかじめ示されたところによる旨を明らかにすることをもって足りる。
3条書面規則5条： 法第3条第1項ただし書の規定に基づき，特定事項の内容を記載した書面を交付するときは，当初書面との関連性を確認す	公取則4条： 法第三条第一項ただし書の規定に基づき，特定受託事業者に対し未定事項の明示をするときは，当初の明示との関連性を確

| ることができるようにしなければならない。 | 認することができるようにしなければならない。 |

（出所）筆者作成

　図表4－1のとおり比べてみると，下請法とフリーランス法とでは，両方の定義語や契約条件明示の方法（書面を原則とするか，書面も電磁的方法も可とするか）の違いを反映した形式的な相違が主であり，実質的な相違は，以下の3点に限られる（Q&A35）。

① 　フリーランス法では新たにデジタル払が許容され，明示事項に加えられている点（公取則1条1項11号）

② 　再委託30日ルール（3(7)，8(2)参照）を適用する場合の任意的明示事項が加えられている点（公取則1条2項，6条）

③ 　原材料等を親事業者から購入させる場合を想定した規定がフリーランス法には存在しない点（3条書面規則1条1項7号ハ）

(3)　実務対応の方向性

　実務対応としては，フリーランス（を含む零細事業者）に対し発注を行う際に上記の契約条件を明示できるよう，契約書，発注書，利用規約等の書式を整備し，実際に発注時にこれをフリーランスに交付する仕組みづくりが求められる。

　下請法への対応ができている企業であれば，(2)で述べた下請法とフリーランス法の相違点を念頭に，3条書面の書式を適宜微修正し，それをフリーランスとの取引にも適用して対応することが考えられる。

　既存の3条書面とは別に，フリーランスとの取引のために別のひな型を用意することももちろん可能である。

　例えば，簡易な1枚紙の契約書のひな型を用意しておくことが考えられる。フリーランスガイドライン別添1には，1枚紙の契約書のひな型が掲載されて

おり，かつ，書き方についても詳細な解説があるため[2]，参考になる。

　フリーランスに対し反復継続して発注をする予定があるのであれば，各発注に共通する事項は「業務委託基本契約書」を作成し，個々の発注は「発注書」で行うべく，各ひな型を用意しておくこともあり得る。厚労省が作成した「自営型テレワークの適正な実施のためのガイドライン」のパンフレットには，基本契約と発注書の記載例が掲載されており[3]，参考になる。

　さらに，発注者とフリーランス双方が署名押印する契約書を作成すること自体が負担である場合には，裏面に細かな字で裏面約款・利用規約を記載した「発注書」のひな型を用意し，発注者が交付できるようにしておくことも考えられる。

　そもそも，上記のような書式は，紙やＰＤＦを想定としたものでなくてもよい。5で後述するとおり，電子メールやＳＮＳのメッセージ機能で明示をすることも許容される以上，メールやメッセージの文案として書式を用意しておいてもよい。

　可能な限り現場に負担をかけずに契約条件明示義務を果たせるよう，柔軟に工夫することができるし，それが望まれている。

　なお，募集時と異なる契約条件を用いる場合の実務対応は，**第3章2(4)④**を参照されたい。

(4)　施行日と業務委託日との関係

　フリーランス法が施行された2024年11月1日よりも前に既に業務委託していた場合，フリーランス法の適用があるかという問題がある。

　フリーランス法は，施行日後に行なわれた業務委託のみに適用されるため，施行日より前に行われた業務委託に対し，別途フリーランス法に基づき契約条件を明示する必要はない（Q&A33）。ただし，施行日より前に行われた業務委

2　https://www.mhlw.go.jp/content/001318002.pdf［2024年11月2日閲覧］
3　https://www.mhlw.go.jp/content/000735433.pdf

託が，施行日後に更新（自動更新を含む）される場合には，その時点でフリーランス法の適用があるため，契約条件明示義務が生じる（同）。

2　全取引に記載必須の事項の留意点

フリーランス法が明示を要求する事項の中には，いかなる取引であっても例外なく明示すべき事項もあれば，ある特定の取引や契約条件の場合に限って明示が義務付けられる（逆に，該当しない場合には明示が不要な）事項もある。

以下では，いかなる取引であっても明示すべき事項を解説する。

(1)　発注者・フリーランスの名称等

発注者とフリーランスそれぞれの名称など，発注者とフリーランスを識別できる情報は明示する必要がある（公取則1条1項1号）。逆に，当事者を識別できればよいのであって，本名を名乗ることも，住所を記載することも，必須ではない（解釈ガイドライン第2部第1の1(3)ア，下位法令パブコメ回答2－1－18）[4]。

ただし，発注者であろうがフリーランスであろうが，正式な氏名や名称も住所もわからない相手と取引を行うことには，それなりのリスクを伴うことは理解しておくべきである。というのも，相手の正式名称はおろか，住所すらわからなければ，いざ内容証明郵便を送ろうとしても，民事訴訟やフリーランス・トラブル110番の和解あっせん手続など私法上の措置をとろうとしても，公取委，中企庁や都道府県労働局に指導してもらおうとしても，不可能だからである。

4　このほか，公正取引委員会「特定受託事業者に係る取引の適正化に関する検討会報告書」第2の1も参照。https://www.jftc.go.jp/houdou/pressrelease/2024/jan/240119_1_fl_report.pdf

フリーランス・トラブル110番の相談現場でも，フリーランスと発注者とがＬＩＮＥ等のＳＮＳでしかやり取りしていなかったところ，トラブルになったとたん，相手から一方的にブロックされるなどして連絡が取れなくなる実態がまま見受けられる。実務上は，弁護士会照会（弁護士法23条の２）といった手段を用いるだけでは，ＬＩＮＥのアカウント情報のみで直ちに相手の電話番号や住所を調べられるとは限らず，弁護士に依頼してもほとんどなすすべがないことも多い。

相手の正式名称や住所の明示を求めることがリスク回避には必要である（解釈ガイドライン第２部第１の１(3)ア）。しかし，これが困難なのであれば，トラブルになった際には何もできないリスクを織り込んで取引するか判断する必要がある。

(2) 業務委託をした日（＝合意日）

「業務委託をした日」，すなわち合意日，契約日，発注日を明示することが必要となる（公取則１条１項２号）。

紙やＰＤＦで明示するのであればその紙やＰＤＦ上に合意日を記載する必要はある。他方，メールやＳＮＳのメッセージ機能を用いる場合，発信日時はそのメールやメッセージに客観的に記載されるので，徹底的にフローを簡便にしたいということであれば，この場合にはメールカバーやメッセージにあえて合意日を記載しないか，「このメール（メッセージ）の送信日」と記載しておく選択肢もある。

(3) フリーランスの給付・役務の内容

① 業務内容

フリーランスに発注する業務の内容の記載（公取則１条１項３号）は，明示が義務付けられているという以上に，トラブル回避のために極めて重要である。

業務内容は，可能な限り具体的に，かつ，限定列挙で記載したほうがよい。逆に，「〜業務一式」，「発注者の指示する一切の業務」といった，どのような業務でも入り得るような曖昧な文言が入っていると様々な問題を生じかねない。

第1に，業務委託契約で定めた報酬でどこまでの業務を行なえばよいか不明確になり，報酬の額のトラブルにつながりやすい。フリーランス・トラブル110番の相談現場では，発注者としては業務委託契約の範囲内の業務をしてもらったと考えていても，フリーランスとしては当該報酬の外の業務と考え，追加の報酬を請求したりするトラブルや，フリーランスが本来の業務（デザイン等）とは異なる雑務（引越しの手伝い等）も引き受けた場合に，その雑務分まで報酬を支払うべきか，支払うべきだとして契約で定めた本来の業務の報酬算定方法がそのまま適用されるのかが争われるトラブルが散見される。

第2に，偽装フリーランスとみられるリスクを高めてしまう。**第3章1で**解説したとおり，フリーランスの働き方の実態によっては労働者と取り扱われ，種々のリスクを生じさせてしまいかねないところ，労働者かどうかの判断要素の重要なものとして，諾否の自由という要素がある。フリーランスに依頼する業務の範囲を曖昧に記載してしまうと，フリーランスとしては，どのような業務の依頼を受けても，契約上当該業務を行う義務を負っているのか否かがあいまいになり，結局業務を断る余地が事実上なくなってしまい，諾否の自由が否定されかねない。

② 規格，仕様

フリーランスに成果物を作成納品させる類型の取引にあっては，成果物に求める規格，仕様その他の条件も，表現できる限り記載しておいたほうがよい。解釈ガイドラインも，品目，品種，数量，規格，仕様等を明確に記載することを求めている（第2部第1の1(3)ウ）。

これも，明示が義務付けられているということ以上に，発注者の利益を図るために極めて重要である。というのも，仮に規格，仕様その他の成果物の条件が明示されていないと，成果物の出来が悪かった場合に，受領を拒んだり，返

品したり，やり直しをさせたり，報酬を減額したりすることが禁止されてしまいかねないからである（法5条1項1，2，3号，2項2号，解釈ガイドライン第2部第2の2(2)ア(ウ)①，同イ(エ)，同ウ(ア)，同キ(エ)）。**第6章1**も参照されたい。

民法上も，成果物が契約に適合しないと主張して，修補請求，代金減額請求，損害賠償請求，契約解除をしようとすれば，成果物が契約に適合しないことを立証する必要があるが（民法415条，541条，562〜564条，559条），契約書や発注書等に規格，仕様が明示されていなければ，かかる立証もほとんど困難である。

③　知的財産権の譲渡・許諾の範囲

フリーランスの業務遂行過程で著作権その他の知的財産権が発生する場合であって，業務委託の目的たる使用の範囲を超えて知的財産権を譲渡許諾させることを「給付の内容」とする場合には，これも必須の明示事項となる（解釈ガイドライン第2部第1の1(3)ウ）。

このほか，知的財産権に関しては，3(4)を参照されたい。

(4)　給付受領・役務提供の日・期間

①　納期や契約期間の明示の必要性

要するに，フリーランスの業務の納期や業務期間を明示しなければならない（公取則1条1項4号）。

明示が義務付けられているという以上に，発注者の利益を図るために極めて重要である。仮に納期の記載がなければ，フリーランスの業務がいくら遅れようと，納期遅れの成果物の受領を拒むことがフリーランス法上禁止されてしまいかねない（法5条1項1号，解釈ガイドライン第2部第2の2(2)ア(ウ)②）。**第6章1**も参照されたい。

また，民法上も，納期の記載がなければ，債務の履行が遅滞しているといい

にくくなり，結果として損害賠償や契約解除をしにくくなってしまう（民法415条，541条）。

② **契約期間の考え方**

> 第●条（契約期間）
> 本契約の契約期間は，●年●月●日から［１年間］とする。［ただし，期間満了の［30日］前までに当事者のいずれからも書面による申出がない場合には，契約期間はさらに［１年間］更新されるものとし，以降も同様とする。］

　フリーランスが継続的に業務を遂行する取引の場合には，契約期間の定めを置くことがある。契約期間の長さ自体に法令上上限や下限があるわけではないので，業務の性質や必要性などに応じて，自由に決めることができる。

　ただし，契約期間の長さによって，フリーランス法の規定が適用されるか変わってくるため，このことは一つの考慮要素にはなるだろう。**図表４－２**は，契約期間の長さとフリーランス法の規定の適用関係を示したものである。

【図表４－２：契約期間の長さとフリーランス法の適用関係】

	１か月未満	１か月以上 ６か月未満	６か月以上
禁止行為（法５条）	×	○	○
30日前予告義務（法16条）	×	×	○
妊娠出産育児介護への配慮義務（法13条）	×	×	○

○：適用あり　×：適用なし

（出所）筆者作成

　とはいえ，フリーランス法の一部の規定の適用を免れるためだけに，契約期間を極めて短期にすることにはあまり意味がない。まず，禁止行為（法５条）は，フリーランス法の適用のない短期の業務委託の場合であっても，独禁法上

の優越的地位の濫用（法2条9項5号）として捕捉されうるものであり，法体系上容認されるものではない。また，契約期間の長さは，契約更新がある場合には通算されるため（法5，13，16条参照），更新により**図表4－2**のフリーランス法の規定が適用される事態は容易に生じる。

③ 自動更新条項と不更新申出期間

契約期間を定めるのみならず，期間満了の一定期間前までに不更新の申出がない限り自動的に契約を更新する旨の自動更新条項を規定することが可能であり，実務上もよく見かける。

不更新の申出をすべき期間を定めるに当たっては，契約不更新の際にも発注者は30日前までに予告をする必要があるため，不更新申出期間は，最低でも30日は設けるべきであろう。フリーランス法16条の「30日」は，文字どおり30日を意味し，下請法類似のルールである報酬支払期日に関するフリーランス法4条と異なり，「1か月」と読み替えることはできないため（下位法令パブコメ2－2－14），30日に満たない月（2月）であっても十分な不更新申出期間を置くためには，「1か月」ではなく「30日」と記載したほうがよい。

他方で，不更新申出期間が長ければ長いほどよいかと言われれば，そこまで単純ではない。同じ不更新申出期間を発注者のみならずフリーランスにも適用することを前提とすると，不更新申出期間が長ければ長いほど，フリーランスがより長期に契約に拘束されることになり，これにより生じるトラブルが実務上多いからである（**第9章4**参照）。

フリーランスが不更新を申し出た場合には，代替要員の確保や引継ぎ等のため，一定の期間が必要である場合も多いと思われるが，それでも，不更新申出期間はせいぜい1～3か月程度が限度であり，例えば6か月や1年などという不更新申出期間は，不当に長期の人身拘束を伴うものとして，公序良俗に反し無効とされてもおかしくないものと考える。なお，フリーランスの契約不更新に対する制限の有効性については，**深掘りコラム10**をも参照されたい。

④　フリーランスの任意解約権の制限

　フリーランス・トラブル110番の相談現場では，業務委託契約書上に契約期間の定め，自動更新を止め不更新とする場合の予告期間の定めがあることを理由に，フリーランスが即時に仕事を辞めたいと思っても辞めさせてくれないというトラブルが極めて多く発生している（**第9章4**）。

　しかし，**深掘りコラム10**(1)③で詳述したとおり，単に契約期間や自動更新条項があるのみでは，フリーランスの民法上の任意解約権が排除されていると解釈することはできない。

　また，**深掘りコラム10**で詳述したとおり，フリーランスの任意解約権を制限する規定を契約上設けても，約款規制や消費者契約法の直接的な適用があるとされるケースは多いとまではいえないが，少なくとも類推適用されるリスクがある。フリーランスの任意解約権を制限する定めを置く際には，このことを念頭に具体的な条項をドラフティングする必要があろう。

　また，仮にフリーランスの任意解約権を契約上何らか制限していたとしても，民法628条の類推適用の余地があることを勘案すると，フリーランスに心身の故障がある場合など，フリーランスが即時に契約を解除せざるを得ない「やむを得ない事由」があるときにまで足止めをすることは，トラブルになるリスクがある。実際の運用の場面でも実情に応じた柔軟な対応が求められるといえよう。

(5)　報酬額・報酬の算定方法

　報酬額や報酬の算定方法の記載（公取則1条1項7号，3項）は，義務的明示事項である以上に，トラブル回避のために最も重要である。契約書等のひな型を作成したり，個々の発注の際に発注書等を発行したりする際に，最も注意を払うべきである。

① 固定の報酬額

報酬を固定額で定めることができるのであれば明確である。毎月定額の報酬とする場合も明確である。

ただし，その場合でも，消費税を含むか否かを明示することを忘れてはならない（解釈ガイドライン第2部第1の1(3)キ(エ)）。

② 固定額でない報酬の算定方法

報酬を固定額で定めることができない場合であっても，報酬額の算定根拠となる事項さえ確定すれば，具体的な金額が自動的に確定するような報酬算定方法を記載する必要がある（解釈ガイドライン第2部第1の1(3)キ(ア)）。フリーランス法を遵守するためという以上に，これができていないと，報酬額が具体的にいくらになるかでトラブルになるのが目に見えるからである。

わかりやすいのは，フリーランスの稼働時間に時間単価をかけて報酬を定める場合である。この場合には，時間単価を明示することが最低限必要であるばかりでなく（解釈ガイドライン第2部第1の1(3)キ(ア)②参照），消費税を含むか否かも併せて明示することを忘れてはならない（解釈ガイドライン第2部第1の1(3)キ(エ)）。

また，執筆業務等において1字いくらと単価を定める場合，デザイン業務等において1枚いくらと単価を定める場合，配送業において運んだ荷物1個当たりいくらと単価を定める場合も，これら単価を明示することはもちろん（解釈ガイドライン第2部第1の1(3)キ(ア)③），消費税を含むかどうかも併せて明示する（解釈ガイドライン第2部第1の1(3)キ(エ)）。

何かしらの成果をもって報酬を定める場合は，曖昧になりがちである。例えば，弁護士は「経済的利益」に一定割合をかけて「報酬金」（成功報酬）を算定することが多い。M&A仲介業務等でも，成約した案件の金額に一定割合をかけて報酬を算定することが多い。算定根拠となる「経済的利益」その他の金額が一義的に確定できるように定めておくことが必要となる。

報酬の具体的金額が確定したら，速やかにフリーランスに明示することが必

要となるが（解釈ガイドライン第2部第1の1(3)キ(ア)），算定方法によっては，発注者側で算定根拠となる数字を把握しておらず，むしろフリーランスのみがこれを把握し得ることもある。このような場合には，フリーランスに当該数字を開示させるか，フリーランス側で報酬額を計算させ，それを請求書等の形で明示させることが前提として必要となる。

③ 知的財産権の譲渡・許諾の対価

フリーランスの業務遂行過程で著作権その他の知的財産権が発生する場合であって，これを譲渡許諾させる場合には，知的財産権の譲渡許諾の対価を報酬に加える必要がある（解釈ガイドライン第2部第1の1(3)キ(イ)）。

ただ，必ずしも報酬の内訳として当該知的財産権の対価を明示する必要まではなく[5]，単に「報酬には知的財産権の譲渡・許諾の対価を含む。」といった記載でも差し支えないものと考える。

このほか，知的財産権に関しては，3(4)を参照されたい。

④ 費用

材料費，交通費，通信費，ガソリン代，リース代その他の費用が発注者とフリーランスのいずれの負担となるか，明確に記載しておくことが必要である（解釈ガイドライン第2部第1の1(3)キ(ウ)）。義務的明示事項であるという以上に，費用負担でもめるトラブルが多いので，それを防止する必要性が高いからである。

解釈ガイドラインは，特段の明示が無い場合には明示された報酬の額のみを支払う旨明示したものと取り扱うとしているが（第2部第1の1(3)キ(ウ)），これを信用して，明示した報酬を支払っておけば他に何の支払も生じないと信じるのは危険である。当職のフリーランス・トラブル110番における相談現場における経験上，フリーランスの取引の大部分は準委任契約とカテゴライズされ

5　下位法令パブコメ回答2－1－48

るものであるところ，民法は，（準）委任契約である場合には，委任事務を処理するのに必要な費用は委任者（発注者）が負担すべき旨を定めているから（650条），費用等の精算の有無等について特段の明示が無い場合には，発注者が当該費用等を負担することになる。仮に，フリーランスにこれら費用を負担させたいのであれば，民法の規定を排除するため，その旨明確に記載しておく必要がある。

　他方で，何でもかんでもフリーランスに費用負担させる記載をすることにも問題がある。なぜなら，その分フリーランスの手取りの収入が減り，結果として買いたたき（法5条1項5号）とされるリスク，フリーランスに帰責事由のない報酬減額（同項2号）とされるリスクがあるからである。

⑤　買いたたきの禁止

　報酬額やその算定方法を定めるに当たっては，「買いたたき」を行ってはならない。「買いたたき」については，7(2)で詳述する。

(6)　報酬支払期日

　報酬の支払期日も明示しなければならない（公取則1条1項7号）。これも，明示が義務付けられているという以上に，トラブル回避のために必須である。

　報酬支払期日を定める場合には，フリーランス法4条に定める「60日ルール」か「再委託30日ルール」を遵守する必要がある。これらの詳細は8で詳述するとして，ここでは，報酬支払期日の明示方法を解説する。

　報酬の支払期日は，フリーランスの給付に係る報酬の支払日をいい，具体的な日が特定できるものではなければならない（解釈ガイドライン第2部第1の1(3)キ）。下請法の運用においては，「○月○日まで」「納品後○日以内」という記載では，具体的な日が特定できないため認められないとされる[6]。「○月

6　下請講習会テキスト Q47

○日」と記載するか，月単位の締切制度を採用する場合には，「毎月末日締め，翌月○日支払」などと記載すべきである[7]。

　報酬支払期日が金融機関の休業日に当たる場合には，8(3)で述べるとおり，発注者とフリーランスとの間で金融機関の翌営業日に順延することにつきあらかじめ書面又は電磁的方法で合意すれば，2日の限度で支払を順延できる。しかし，順延は2日しか認められず，ゴールデンウィークや年末年始等の長期休暇，月曜日や金曜日が祝日となり3連休となる場合も想定すると，実務対応としては，報酬支払期日が金融機関の休業日に当たる場合にはその「直前」の営業日に支払う旨契約しておいたほうが，法令遵守を確保する観点で望ましいだろう。

　なお，筆者は，フリーランス・トラブル110番の相談現場において，募集段階においては報酬を週払い・前払いしてもらえると口頭で説明があり，実際にも当初は週払い・前払いしてもらっていたにもかかわらず，途中から週払い・前払いに応じてもらえなくなり，その時点で契約書を確認したところ月払いと記載されていた，という相談を経験したことがある。このようなトラブルは，募集段階の説明と実際の契約内容の齟齬があることにトラブルの一類型であり，**第3章2(4)**で述べた対応をすることで一定程度防止することが可能であるが，より進んで，発注者が週払い・前払いに応じる義務があるのか，それとも発注者の裁量で週払い・前払いに応じるか否かを決定できるのか，どのような場合に週払い・前払いに応じ，どのような場合に応じないのかなどを明確に取り決めておくことも望ましい対応であろう。

3　特定の取引・契約条件に記載必須の事項の留意点

　以下では，フリーランス法が明示を要求する事項のうち，ある特定の取引や

7　下請講習会テキスト Q47

契約条件の場合に限って明示が義務付けられる（逆に，該当しない場合には明示が不要な）事項を解説する。

(1)　給付受領・役務提供の場所

　給付受領・役務提供の場所は，明示を義務付けられているものの（公取則1条1項5号），そのような場所の特定が不可能な委託内容である場合には場所の明示を要しないとされており，電子メール等で納品する場合には電子メールアドレス等を明示すれば足りる（解釈ガイドライン第2部第1の1(3)オ）。

　第3章1で解説した偽装フリーランスのリスクを低減させるためには，勤務場所を記載せずに済むなら記載しない方がよい。勤務場所が指定されていると，拘束性があるものとして偽装フリーランスとされるリスクを高めてしまうからである。

　どうしても役務提供等の場所の記載がないと落ち着かないということであれば，例えば，「乙が自由に業務の実施場所を決定することができる。」などと記載しておけば，偽装フリーランスのリスクにも対処できてよいだろう。

(2)　検収完了期日

　検収を行う場合には，その完了期日を記載する義務がある（公取則1条1項6号）。

　下請法の取扱いでは，「○年○月○日」と年月日を記載してもよいが，「納品後○日」「納品後○日以内」という記載でも差し支えないとされる[8]。

8　下請講習会テキスト96頁

(3) 現金以外の報酬支払方法

手形交付，債権譲渡担保方式・ファクタリング方式・併存的債務引受方式，電子記録債権，デジタル払で報酬を支払う場合には，これに必要な**図表4－3**の事項の明示が必要である（公取則1条1項8～11号）。

【図表4－3】

手形交付	➤手形の金額 ➤手形の満期
債権譲渡担保方式 ファクタリング方式 併存的債務引受方式	➤金融機関の名称 ➤金融機関から貸付け・支払を受けられる額 ➤報酬債権・債務の額に相当する金銭を金融機関に支払う期日
電子記録債権	➤電子債権の額 ➤電子記録債権法16条1項2号に規定する電子記録債権の支払期日
デジタル払	➤資金移動業者の名称 ➤資金移動に係る額

（出所）筆者作成

(4) 知的財産権

第●条（知的財産権）
1　乙が作成した成果物の著作権（著作権法第27条及び第28条所定の権利を含む。）その他の知的財産権は，全て［甲］OR［乙］に帰属する。
　［【知的財産権を発注者帰属とする場合】当該知的財産権の創作は，第●条に定める乙の業務に含まれる。当該知的財産権の譲渡対価は，第●条に定める報酬に含まれる。］
　［【知的財産権を発注者帰属とする場合】2　乙は，前項の規定に基づき甲に著作権その他の知的財産権を譲渡した成果物につき，著作者人格権（公表権，氏名表示権，同一性保持権）その他の人格権を行使しないも

のとする。]

[【知的財産権をフリーランス帰属とする場合】2　甲は，本契約に記載する目的の範囲内のみで，前項に定める成果物を利用することができる。甲は，本契約に記載する目的の範囲外で，乙が作成した成果物を改変し，翻案し，出版し，その他利用する場合は，乙の事前の承諾を得なければならない。]

　ライター，デザイナー，カメラマン，動画制作といったクリエイター系のフリーランスとの取引においては特に，フリーランスの生み出した成果物の知的財産権の取扱いが問題となる。

　知的財産権の取扱いは，フリーランス法における複数の規定に横断的に問題となるため，ここにまとめて記載する。

①　明示事項との関係

　2(3)③と2(5)③で述べたとおり，知的財産権に関する事項は，給付内容や報酬額の一部として，必ず明示しなければならない場合がある。

②　不当な経済上の利益の提供要請との関係

　フリーランス法5条2項1号は，フリーランスに経済上の利益を提供させ，フリーランスの利益を不当に害する行為を禁止している（**第5章2(2)**も参照）。例えば，以下のような行為はこれに該当し，フリーランス法上禁止される（解釈ガイドライン第2部第2の2(2)カ(ウ)）。

➢フリーランスに発生した知的財産権を，業務委託の目的たる使用の範囲を超えて，無償で譲渡させたり許諾させること
➢フリーランスが知的財産権を有する情報成果物の収益をフリーランスに配分しない，収益の配分割合を一方的に定める，フリーランスの二次利用を制限するなどしてフリーランスの利益を不当に害すること

例えば，情報成果物等の作成に関しフリーランスに発生する知的財産権を，契約条件上は「給付の内容」に知的財産権の譲渡・許諾が含まれる旨記載していないにもかかわらず，情報成果物等に加えて，無償で，作成の目的たる使用の範囲を超えて発注者に譲渡・許諾させる行為は，上記の不当な経済上の利益の提供要請に該当するおそれがある（解釈ガイドライン第2部第2の2(2)カ(エ)⑤）。

このほか，知的財産権がフリーランスに帰属するのに対価を支払わずに成果物の二次利用を行うなどして，フリーランスの利益を不当に害する場合も，不当な経済上の利益の提供要請となるおそれもある（Q&A80）。

逆にいえば，フリーランスの生み出した知的財産権まで譲渡・許諾させようとすれば，フリーランスに支払う報酬が，当該譲渡・許諾の対価を含む旨契約条件上明確にしておくことが，最低限必要となる。また，当該譲渡・許諾の対価が不当に廉価であったり，対価の決定をフリーランスの意見も聞かずに発注者側が一方的に行ったりすることも，フリーランス法や独禁法に反することになるリスクがある。

③　買いたたきとの関係

このほか，知的財産権の対価が低い場合には，買いたたき（法5条1項4号）としても問題になり得る。

情報成果物の作成委託において給付の内容に知的財産権が含まれている場合に，当該知的財産権の対価を，フリーランスと協議することなく，一方的に，通常支払われる対価より低い額を定めることは，買いたたきにあたる可能性がある（解釈ガイドライン第2部第2の2(2)エ(ウ)⑧）。

知的財産権の対価は報酬額として明示すべきことは2(5)③で前述したが，のみならず，当該知的財産権の対価自体もフリーランスと協議して定めることで，「一方的に」「通常支払われる対価」より低い額を定めたといわれないようにすることが望ましい。

買いたたきについては，7(2)を参照されたい。

(5) 未定事項の取扱い

　明示事項のうちその内容が定められないことにつき正当な理由があるもの（未定事項）がある場合には，当初は，内容を定められない理由及び内容を定める予定期日を明示したうえ，未定事項が決まった後に明示する際に，当初明示事項との関連性を確認できる記載を明示する必要がある（法3条1項，公取則1条4項，4条）。

　明示事項の内容が定められないことにつき正当な理由があるとは，業務委託の性質上，業務委託をした時点では当該事項の内容について決定することができないと客観的に認められる理由がある場合をいう（解釈ガイドライン第2部第1の1(3)ケ(ア)）。

(6) 基本契約による場合

　基本契約を締結し，これに記載されている共通事項による場合には，その旨も明示する必要がある（公取則3条）。具体的には，3条通知において，共通事項との関連性を記載する必要がある（解釈ガイドライン第2部第1の1(3)コ）。

　基本契約では，有効期間も併せて明示する必要があるとされる（解釈ガイドライン第2部第1の1(3)コ）。

(7) 再委託30日ルールによる場合

　再委託の30日ルール（8(2)）を適用する場合，再委託である旨，元委託者の名称等，元委託者から中間の受託者に元委託業務の対価を支払う日として定められた期日（元委託支払期日）を明示する必要がある（法4条3項，公取則1条2項，6条）。

　これらの事項を明示することは，任意である。発注者は，これらの事項を明

示して再委託30日ルールを適用してもよいし，あえて明示せずに60日ルールに
従うこともできる（Q&A54）。

4　任意記載事項ごとの留意点

　以下では，フリーランス法が明示を要求してはいないが，実務上記載することが考えられる事項を解説する。記載が望ましい事項もあれば，望ましくない事項もある。

(1)　任意解約条項

> 第●条（任意解約）
> 1　甲又は乙は，［30日］前までに書面により相手方に通知することにより，本契約を解約することができる。
> ［2　甲［又は乙］は，甲［又は乙］に故意又は重大な過失がない限り，前項による任意解約により相手方に生じる損害を賠償する義務を負わない。］
> ［3　民法651条及び641条の規定は，これを適用しない。］

①　任意解約条項の必要性

　フリーランスとの業務委託契約を，何らの解除事由もなく任意に解約することができる旨の条項を置くことが考えられる。ただ，このような条項がなくても，典型契約の類型によっては，民法上任意解約が認められる場合も多い。民法その他の法令上の任意解約条項をまとめたものが，**図表4－4**である。

【図表 4 － 4 ：任意解約権の有無・内容】

	発注者	フリーランス
準委任契約	あり（651条1項） ただし，やむを得ない事由がない限り，発注者が損害賠償義務を負う余地あり（同条2項）	あり（651条1項） ただし，やむを得ない事由がない限り，フリーランスが損害賠償義務を負う余地あり（同条2項）
請負契約	あり（641条） ただし，発注者は損害賠償義務を負う（同条）	なし
無名契約	なし	なし
（参考） 雇用契約	なし（労契法16，17条）	あり（627，628条）

（出所）筆者作成

　図表 4 － 4 のとおり，発注者の立場から見ると，準委任契約であれ請負契約であれ，契約上任意解約条項がなかったとしても，いつでも任意に解約することは可能であるが，損害賠償義務を負いかねないという問題は残る。また，準委任契約でも請負契約でもない，何らかの典型契約にカテゴライズできない無名契約の場合には，民法の契約各則の規定に頼ることができず，任意解約をしたいのであれば，その根拠規定を契約上定める必要がある。

　他方で，発注者の立場から見て，フリーランスが任意に解約する余地を可能な限り制限したいと考えるときには，特に準委任契約の場合には，民法上フリーランスにも任意解除権が与えられているため，民法の適用を排除しておく必要がないかという問題もある。

　以上をまとめると，発注者の立場からすると，以下の場合には，任意解約に関する条項を契約上置く必要が生じうる。

① （無名契約の場合など，そもそも民法上発注者の任意解約権が基礎づけられない場合に備えて，）発注者の任意解約権の根拠を置く必要がある場合

② （準委任契約や請負契約の場合など，民法上発注者に任意解約権があるも

のの，損害賠償義務を負うことになる場合に備えて，）発注者が任意解約を
した場合に，発注者の損害賠償義務を制限する必要がある場合
③　（準委任契約の場合など，民法上フリーランスに任意解約権が基礎づけら
れる場合に備えて，）フリーランスの任意解約権を制限する必要がある場合

　しかし，準委任契約に関する民法651条，請負契約に関する民法641条の適用
を排除し，発注者が任意解約を行った場合に損害賠償義務を負わないとか，フ
リーランスの任意解約権を奪うといった規定を契約上おくことは，民法がその
まま適用される場合に比して，フリーランスの権利を制限することになるため，
本当に許されるかという問題がある。
　この点は，**深掘りコラム10**で詳述した。発注者が任意解約を行った場合に損
害賠償義務を負わないとか，フリーランスの任意解約権を奪うといった規定を
契約上設けても，約款規制や消費者契約法の直接的な適用があるとされるケー
スは多いとまではいえないが，少なくとも類推適用されるリスクを考慮して，
具体的な条項をドラフティングする必要があろう。
　また，仮にフリーランスの任意解約権を契約上何らか制限していたとしても，
民法628条の類推適用の余地があることを勘案すると，フリーランスに心身の
故障がある場合など，フリーランスが即時に契約を解除せざるを得ない「やむ
を得ない事由」があるときにまで足止めをすることは，トラブルになるリスク
がある。実際の運用の場面でも実情に応じた柔軟な対応が求められるといえよ
う。

②　発注者の任意解約の可否

　仮に任意解約条項を置くとしても，発注者からの任意解約は，給付受領拒絶
（法4条1項1号）又は給付内容変更（同条2項2号）として禁止される可能
性があるため（**第9章1(1)参照**），この観点で許されるか検討する必要がある。
　なお，労働者性が認められる場合（偽装フリーランスとされる場合）には，
発注者の任意解約は「解雇」に該当し，極めて重い制約を課されることにも留

意が必要である（**第9章1(2)**参照）。

③ 解約予告期間

　解約予告期間は，発注者の30日前予告義務（法16条，**第9章2**）を念頭に置けば，最低でも30日は設けるべきである。なお，実務上は解約予告期間を1か月とする例があるが，同条の「30日」は文字どおり30日を意味し，下請法類似のルールである報酬支払期日に関するフリーランス法4条と異なり，「1か月」と読み替えることはできないところ（下位法令パブコメ2－2－14），30日に満たない月（2月）に解約予告期間がかかる場合には30日を割り込む可能性があるので，端的に30日と記載したほうが疑義なく簡明に30日前予告義務を遵守できるだろう。

　他方で，解約予告期間が長ければ長いほどよいかといわれれば，そこまで単純ではない。同じ解約予告期間が発注者のみならずフリーランスにも適用されることを前提とすると，解約予告期間が長ければ長いほど，フリーランスがより長期に契約に拘束されることになり，これにより生じるトラブルが実務上多いからである（**第9章4**参照）。

　フリーランスが解約を申し出た場合には，代替要員の確保や引継ぎ等のため，一定の期間が必要である場合も多いと思われるが，それでも，解約予告期間はせいぜい1～3か月程度が限度であり，例えば6か月や1年などという解約予告期間は，不当に長期の人身拘束を伴うものとして，公序良俗に反し無効とされてもおかしくないものと考える。なお，フリーランスの解約に対する制限の有効性については，**深掘りコラム10**をも参照されたい。

　また，特に準委任契約を念頭に置くと，フリーランスには民法651条によりいつでも任意に契約を解約する権利を有するところ，解約予告期間を設けることは，民法上の任意解約権を超える制約を設けるものである。そうすると，**深掘りコラム10**で詳述したとおり，消費者契約法10条の類推適用によりその効力が否定される可能性もある。

（2）　即時解除条項

第●条（解除）
1　甲又は乙は，相手方が本契約に基づく債務を履行せず，相当の期間を
　　定めて催告したにもかかわらずなお当該期間内に債務の履行をしないと
　　きは，相手方に対し書面で通知することにより，直ちに，本契約を解除
　　することができる。
2　甲又は乙は，相手方が次の各号の一つに該当するときは，相手方に対
　　する何らの催告を要せず，相手方に対し書面で通知することにより，直
　　ちに，本契約を解除することができる。
　（1）　破産手続，民事再生手続，会社更生手続，特別清算その他これらに
　　　類似する手続の申立てがあったとき。
　（2）　重大な過失又は背信行為があったとき。
　（3）　支払停止，支払不能，若しくは債務超過に陥ったとき，又は，強制
　　　執行，仮差押，仮処分，公売処分，租税滞納処分，競売その他これら
　　　に類似する処分を受けたとき。
3　甲又は乙は，本条により本契約を解除したときであっても，相手方に
　　対する損害賠償の請求を妨げられない。

　実務上，一定の場合に即時に契約を解除しうる旨の規定をおくことはよく行
われることである。

　ただし，契約上即時解除を認める条項を置いていた場合であっても，発注者
からの解除は，給付受領拒絶（法4条1項1号）又は給付内容変更（同条2項
2号）として禁止される可能性があるため（**第9章1(1)参照**），この観点で許
されるか検討する必要がある。

　また，解除自体は許容されるとしても，フリーランス法16条1項ただし書，
厚労則4条が定める5つの例外事由に当たらない限り，即時解除はフリーラン
ス法上許容されないため（**第9章2(5)参照**），留意が必要となる。特に，上記
のとおり破産や差押え等の事実がある場合に即時解除を認める旨の規定を契約

書に定めても，このような事実があるだけで直ちにフリーランスの「責めに帰すべき事由」があるとされるものではなく，個別の事案ごとに判断される（Q&A110）。例えば，破産や差押え等によりフリーランスの今後の業務遂行に重大な支障が出る場合や発注者に損害が生じる場合などには，フリーランスの「責めに帰すべき事由」に該当する可能性が高いとされるが（Q&A110），このような業務遂行への重大な支障があることを証明できるかがキーとなる。

(3) 違約金・費用負担，天引

フリーランスとの取引にあっては，業務委託契約書上，①誤配遅配，早期解除などを理由とする罰金その他の違約金の条項，②違約金のほか，ガソリン代やリース代といった費用を報酬から天引きする条項が置かれることが多い。この実態は，**第9章4**で詳述する。

違約金の条項や，違約金・諸費用を報酬から天引きする条項を契約書に盛り込むに当たっては，その効力が問題となるが，**第9章4**で詳述したとおり，現行法上の枠組みを前提としても，労基法の適用・類推適用の可能性のほか，フリーランス法5条に違反する可能性もあり，消費者契約法，約款規制により効力を否定されるリスクをはらんでいるのであって，フリーランスとの取引条項に盛り込むことには，基本的に相当謙抑的な判断が求められるだろう。

(4) 競業避止義務

フリーランス・トラブル110番の相談現場では，発注者と締結した契約書に，契約解消後に発注者と競合する業務に従事してはならない旨の競業避止義務が規定されているところ，契約解消後に別の取引先と同様の業務ができないと生活が成り立たないため，当該競業避止義務の効力が問題となるケースが散見される。

深掘りコラム11で詳述したように，フリーランスに対し契約解消後にも競業

避止義務を負わせることは，フリーランスの職業選択の自由の侵害の観点から，また優越的地位の濫用として，無効とされるリスクをはらんでいる。企業としての一律の取扱いとして契約書のひな型に定型文言として入れておくことは，実務としては合理的ではあろうが，最終的に無効になる可能性を常に頭の片隅に入れておく必要がある。

　フリーランスの競業避止義務の有効性を担保したいのであれば，フリーランスの競業を制限する目的が何か，その目的が正当といえるのはなぜか，競業避止の範囲が目的との関係で必要な範囲にとどまっているか，といった諸点を，意識的に明確に言語化してみることが出発点となる。言語化すらできない場合に有効性を担保することは困難だからである。

(5)　フリーランス該当性に関する表明保証条項，報告条項

第●条（表明保証）
1　乙は，以下の事項を表明し保証する。
　(1)　乙が，従業員の有無，役員の有無その他の特定受託事業者（特定受託事業者に係る取引の適正化等に関する法律（令和5年法律25号）2条1項に定める特定受託事業者をいう。以下同じ。）に該当するか否かに関する事項として，本契約締結時に甲に対し申告した内容が，真実であること。
　(2)　乙が，本契約締結時において，特定受託事業者に該当しないこと。
［2　前項の表明保証が事実と異なることが判明したときは，甲は，乙に対する何らの催告を要せず，乙に対し書面で通知することにより，直ちに本契約を解除することができる。］

第●条（報告義務）
1　乙は，従業員の有無，役員の有無その他の特定受託事業者に該当するか否かに関する事項として，本契約締結時に甲に対し申告した内容に変更があったときは，直ちに，甲に対し報告しなければならない。
［2　乙が前項の報告を怠ったときは，甲は，乙に対する何らの催告を要

せず，乙に対し書面で通知することにより，直ちに本契約を解除することができる。]

① 表明保証条項

　第2章1(6)で述べたとおり，フリーランスがフリーランス法上の「特定受託事業者」に該当するか否かは，実務的にはフリーランス自身の申告により判断するほかない。もっとも，申告が事実と異なっていた場合には，フリーランスが「特定受託事業者」に当たるにもかかわらず当たらないものと誤解してフリーランス法を適用せず，同法違反となる可能性が生じうる。このような事態を防ぐために申告内容の正確性を担保しつつ，いざ申告内容が事実と異なっていたことが判明した場合に是正できるよう，上記のとおり，フリーランスに申告内容の正確性等を表明保証させ，これが誤っていた場合には契約解除を可能とする条項を置くことは考えられる。

　もっとも，フリーランスが事後的に「特定受託事業者」であると判明した場合には，その段階からフリーランス法の適用があるものとして取り扱い，特に契約を解除することまではしないことも合理的であろう。もともとフリーランス個人の経験や能力，実績等を見込んでフリーランスと取引している以上，従業員や役員の有無といったテクニカルな事情で契約関係自体を解除する必要性に乏しいからである。

　また，表明保証違反の場合の契約解除条項を設ける場合であっても，これに基づく解除は，給付受領拒絶（法4条1項1号）又は給付内容変更（同条2項2号）として禁止される可能性があるし（**第9章1(1)**参照），仮に解除が許容されるとしても，30日前予告義務（法16条1項）の適用があり，即時解除が許容されるのは例外的な場合に限られること（同条1項ただし書）は同じである（**第9章2**参照）。

② 報告義務

　第2章1(5)で述べたとおり，政府見解は，業務委託時にフリーランスが「特

定受託事業者」に該当しないのであれば，その後に「特定受託事業者」に該当するに至ったとしても，フリーランス法の適用はないとしているが（Q&A8，下位法令パブコメ回答1－2－10），本当にこのような解釈を裁判所が取るか否かは不透明であるし，このような解釈をとるとしても，業務委託契約が有期契約である場合には，（自動）更新時に都度都度「特定受託事業者」に該当するかを判断せざるを得ないため（下位法令パブコメ回答1－2－15，Q&A33），結局，フリーランスが「従業員」を使用しているか否かなど，ステータスの変更の都度発注者が確認しなければならなくなる場合が多い。このため，フリーランスとの契約上は，ステータスの変更の都度報告させる義務をフリーランスに負わせておく必要がある。

報告義務の実効性を担保するために，報告義務違反の場合には契約解除を可能とする条項を置くことは考えられるが，いざ解除しようとしても，これに基づく解除は，給付受領拒絶（法4条1項1号）又は給付内容変更（同条2項2号）として禁止される可能性があるし（**第9章1(1)参照**），仮に解除が許容されるとしても，30日前予告義務（法16条1項）の適用があり，即時解除が許容されるのは例外的な場合に限られること（同条1項ただし書）は同じである（**第9章2参照**）。

(6) 準拠法

> 第●条（準拠法）
> 　本契約の準拠法は，日本法とする。

準拠法とは，その契約の成立や効力を判断する基礎となる法体系がどの国・地域のものかを指す概念である。特に，海外在住のフリーランスとの業務委託契約では，発注者とフリーランスの所在国が異なるため，契約書で準拠法の選択をしておかないと適用法令があいまいになり，法的帰結の予測が一気に難し

くなる。そこで，日本の発注者になじみの深い日本法を準拠法として選択する旨の条項を契約書に定めるべきである。

ただし，準拠法の選択は万能ではない。契約書上日本法が準拠法とされていても，フリーランスの所在国の法令で，準拠法選択に関係なく強行的に適用されるものがあれば，それが（それも）適用される可能性を排除はできないことに留意が必要である。

(7)　紛争解決条項

第●条（紛争解決）
　［本契約から生じ又は本契約に関連する全ての紛争については，東京地方裁判所を第一審の専属的合意管轄裁判所とする。］
　［この契約から又はこの契約に関連して生ずることがあるすべての紛争，論争又は意見の相違は，一般社団法人日本商事仲裁協会の商事仲裁規則に従って仲裁により最終的に解決されるものとする。仲裁地は東京（日本）とする。］

発注者とフリーランスの間に紛争が起きた場合，どの紛争解決機関において解決するかを定めるのが，紛争解決条項である。

①　国内で完結するフリーランスとの取引の場合

発注者もフリーランスも日本国内にいる場合などには，紛争解決機関としては，日本のどこかの地方裁判所か簡易裁判所を専属的合意管轄裁判所として合意すること（民訴法11条）が有益である。かかる合意は，紙（書面）のほか電磁的記録により行うことができる（同条2，3項）。

「専属」的である旨の文言がないと，指定した裁判所以外の裁判所に管轄が生じる可能性を排除できず，あまり指定する意味がないので，実務的には「専属」的である旨の文言は必ず入れるよう注意したい。

②　海外が関わる取引の場合

　他方，フリーランスや発注者が海外在住である場合など，海外が関わる取引においては，紛争解決手続の選択は悩ましい問題である。

　業務委託契約書で日本国内の裁判所を管轄裁判所と定めることは考えられるが，ほとんど意味がない。海外在住の者に対し訴えを提起しようとすると，訴状等を外交ルート等を通じて送達する必要があり，訴訟を始めるだけで長い期間を要してしまう。台湾のように，国交がないためそもそも外交ルートを通じた送達自体が不可能な場合もある。仮に勝訴判決を得たとしても，日本国内に相手方の保有する財産が存在しないか，あってもその所在を特定できない場合，強制執行することは困難である。相手方の所在国で日本の判決を執行することは考えられるが，そのようなコストをかけるのはおよそ現実的ではないし，例えば中国のように，そもそも日本の判決を承認しない国もある。

　訴訟を選択するくらいなら，国際仲裁条項を入れておいた方がまだワークする余地がある。仲裁であれば，申立書の送付はメールや国際郵便で比較的スムーズに行えるし，仲裁判断はほぼ全世界で執行することが可能である。日本語で国際仲裁を行うなら，ＪＣＡＡ（日本商事仲裁協会）をお勧めする。以下の仲裁条項を契約書に挿入すればよい[9]。

> 　この契約から又はこの契約に関連して生ずることがあるすべての紛争，論争又は意見の相違は，一般社団法人日本商事仲裁協会の商事仲裁規則に従って仲裁により最終的に解決されるものとする。仲裁地は東京（日本）とする。

とはいえ，国際仲裁も，請求金額の僅少なフリーランスとのトラブルに用いるにはコストがかかりすぎる。そこで，海外在住のフリーランスとの紛争に使

9　https://www.jcaa.or.jp/arbitration/clause.html　［2024年8月11日閲覧］

い勝手が良く，実際に用いられているのが，第二東京弁護士会の運営するフリーランス・トラブル110番の和解あっせん手続である。この手続の詳細は**第10章6**で詳述する。

このほか，海外が関わる取引における留意点は，**深掘りコラム14**も参照されたい。

深掘りコラム10　フリーランスの任意解約権・損害賠償請求権の制限

準委任契約に関する民法651条，請負契約に関する民法641条の適用を排除し，発注者が任意解約を行なった場合に損害賠償義務を負わないとか，フリーランスの任意解約権を奪うといった規定を契約上おくことができるのか。

(1)　任意規定性

①　契約による排除の可否

まず，651，641条が任意規定，すなわち契約で規定することにより適用を排除することができる規定なのかが，まず問題となる。651条1項の任意解除権を放棄する特約は，原則として有効と解する見解がある[10]。641条の損害賠償の規定は，強行規定と考える必要はないとの見解がある[11]。これらの見解を前提とすれば，651，641条は任意規定であり，契約でその適用を排除できるということになる。

現に，東京地判平成28年6月29日ウェストロー2016WLJPCA06298023は，顧客リストを用いた商談のためのアポイント取得等の役務提供に係る事業者間

10　幾代通＝広中俊雄編『新版注釈民法(16)債権(7)』（有斐閣，1989年）281−283頁〔明石三郎〕

11　直井義典「注文者による請負契約の任意解除」安永正昭ほか『債権法改正と民法学Ⅲ契約(2)』（商事法務，2018年）282〜283頁

の契約に，契約期間中における契約の解約はできないと定める特約が付されていた事案で，委託者が民法651条1項に基づく任意解約権を主張したが，当該解約禁止特約は公序良俗に反せず，同項に基づく解除は当該特約に反し無効と判示した。同項を特約により排除することは，当該特約が公序良俗に反し無効となる余地があるものの，基本的には可能であることが当然の前提とされている。

　では，契約上いかなる規定があれば，任意解約権を排除されたとされるのか。

② 解約はできない旨，合意によって「のみ」解約できる旨明示的に定める場合

　前掲東京地判平成28年6月29日は，契約期間中における契約の解約はできないと定める特約は公序良俗に反せず，民法651条1項に基づく解除は当該特約に反し無効と判示した。

　東京地判平成25年7月17日ウェストロー2013WLJPCA07178002は，「原告及び被告の両者が解約について合意したときのみ，本契約を中途解約することができる」旨の定めがあったことから，民法651条の任意解約権は排除されている旨判示した。

　以上によれば，民法651条を排除する旨明示的に規定まではしなくとも，中途解約はできないとか，当事者の合意によって「のみ」中途解約できる旨の規定があれば，任意解約権は排除されることになろう。

③ 契約期間や自動更新条項がある場合

　他方，契約期間や自動更新条項があるのみでは，裁判例上，任意解約権が排除されるとは解釈されていない。

　東京地判平成25年3月1日ウェストロー2013WLJPCA03018005は，業務委託契約に，契約期間は平成18年4月1日から平成19年3月末日まで，双方申出がない場合は毎年自動継続するものとし，変更する場合は，原告・被告が事前に協議する旨の規定があったにもかかわらず，期間の途中で信頼関係が消滅し

た場合にまで解除しない旨を明言したものであると解すべき根拠はないなどと
して，不解除特約があったとか，民法651条の任意解約権を放棄したと認める
に足りる文言も約定もないと判示した。

　東京地判平成24年５月７日ウェストロー2012WLJPCA05078001も，Ｍ＆Ａ
コンサルティング契約において，「本契約の有効期間は，平成18年７月11日か
ら平成21年７月10日までとするが，６ヶ月前の文書での解約通知により解約で
きるものとするが，通知なき場合は自動的に１年間更新されるものとする」旨
の規定があっても，民法651条に基づきいつでも当該契約を解除できると判示
した。

　東京地判平成19年６月12日ウェストロー2007WLJPCA06128002は，契約期
間は「平成17年６月１日から同年11月末日，ただし，期間満了の１か月前まで
に双方から別段の意思表示がされない場合には，同一の条件で更に６か月間継
続するものとし，以後も同様とする」との条項があっても，契約の更新に関す
る合意であり，民法651条による解約を排除する趣旨を規定するものではない
と判示した。

　しかし，契約期間と自動更新条項の存在から，任意解約権の効果に一定の制
限を付する裁判例もある。東京地判平成22年３月30日ウェストロー
2010WLJPCA03308012は，雑誌の編集長・発行人の業務を委託する業務委託
契約に，「平成17年11月１日から１年間有効とし，契約期間満了前３か月前に
原被告のいずれかにより書面による通知がない限り，契約期間満了後更に１年
間同一条件で更新するものとし，以後も同様とする」との条項があった事案に
おいて，このことから直ちに任意解約権が放棄されたものということはできな
いものの，契約不更新には３か月前の通知が必要との記載を「合理的に解釈」
し，民法651条１項に基づく契約解除も３か月以上の猶予期間をもってすべき
であり，かかる猶予期間を設けずになされた契約解除は，その３か月後に効力
を生じる旨合意されていると解した。このように解さないと同条項が「空文化
する」からである。同裁判例は，受託者ではなく委託者側の解除の事例である
が，受託者側の任意解約にも同様に解することができるかは不透明である。

④ 債務不履行解除条項がある場合

債務不履行による解除の条項があるのみでは，任意解約権は制限されない。

東京地判平成22年9月16日ウェストロー2010WLJPCA09168027は，「甲は，乙が故意又は過失により委託事務の処理をしない等，本契約に定める事項を履行しないときは，書面による催告をなした上本契約を解除することができる」旨の規定があったとしても，これは債務不履行解除に関する約定に過ぎず，それと法的性質を異にする民法651条1項の適用は排除されないと判示した。

東京地判平成21年12月21日判時2074号81頁も，契約書に債務不履行解除についての定めがあっても，直ちに民法651条1項の解除権を排除したと解するのは相当でない旨判示した。

東京地判平成21年12月22日ウェストロー2009WLJPCA12228005も，契約に解除事由が定められているだけでは，民法651条1項の任意解約を排除する趣旨とは認められないと判示している。

このほか，任意解約権の排除を認めなかった裁判例として，東京高判平成22年2月16日判タ1336号169頁がある。

⑤ 任意解約権の予告期間，解約に当事者双方の「協議・了承」を求める規定がある場合

東京地判令和2年12月22日ウェストロー2020WLJPCA12226001は，「甲乙は，契約期間内といえども，3ヶ月前の予告期間をもって文書で相手方に本契約の解約を申し入れることができ，この場合，甲乙協議・了承の上，予告期間の満了と同時に本契約は終了する。」という任意解約権の予告期間を定め，かつ，この場合当事者双方の「協議・了承」を求める規定があったとしても，この文言自体から，契約解除につき当事者双方の同意を効力発生要件とするものと一義的に解することはできないなどとして，民法651条1項に基づく解除の効力を認めた。

（2）　約款規制

651，641条が任意規定であったとしても，不特定多数のフリーランスに対し画一的な取引内容で業務委託を行うにあたって，同条の規定内容を排除するときは，民法上の定型約款規制（548条の2以下）を念頭に置いておく必要がある。

①　定型取引

①ある特定の者が不特定多数の者を相手方として行う取引であって，②その内容の全部又は一部が画一的であることがその双方にとって合理的なものが，「定型取引」と定義されており，これを行う旨に合意した者は，契約の内容とする旨合意又は表示されていた定型約款に合意したものとみなされる（民法548条の2第1項）。

このうち①については，企業が複数の労働者と締結する労働契約は，相手方の能力や人格等の個性を重視して行われる取引であり，不特定多数の者を相手方として行う取引には該当しないというのが，立案担当者の説明である[12]。

②については，定型取引に該当するためには，例えば保険契約，鉄道の乗車契約といったような，当該取引の重要部分のほとんどについて強い内容画一化の要請が存在する場合に限られるというのが，立案担当者の説明である[13]。逆に，約款を利用して画一的な契約内容を定める客観的な必要性が乏しい取引は，定型取引にあたらない[14]。

フリーランスとの取引には様々な実情があり得るため，一概に①②の要件を満たすかどうかを論じることはできない。もっとも，単に業務委託契約書のひな型を用いて，多数のフリーランスと同じ契約を締結している場合であっても，労働契約と同じように，フリーランスの能力や人格等の個性を重視して取引を

12　筒井健夫＝村松秀樹編著『一問一答民法（債権関係）改正』（商事法務，2018年）243頁
13　筒井＝村松・前掲12）243−245頁
14　筒井＝村松・前掲12）245頁

行っているとみられる場合が多いであろうし，また，同じひな型を用いていても個々のフリーランスごとに契約条件を変えることが不合理というほどでもなく，内容画一化の要請が強いとまでいえる事例はそこまで多くはないかもしれない。

② 信義則違反の条項の効力

　他方で，いったん定型取引に該当してしまうと，相手方の権利を制限し又は義務を加重する条項は，定型取引の態様と実情，取引の社会通念に照らし，信義則に反して相手方の利益を一方的に害する場合には，合意しなかったものとみなされるため，効力がないことになる（民法548条の2第2項）。

　例えば，定型約款準備者の故意又は重過失による損害賠償責任を免責する条項など，条項の内容自体に強い不当性が認められる場合には，合意しなかったものとみなされる典型例として説明される[15]。これより一歩進んで，民法548条の2第2項と類似の文言を有する消費者契約法10条が適用された事案であるが，相続税申告業務を受任した税理士法人の過失による損害賠償義務が報酬額を上限とする旨の条項が，同条に反し無効と判示した裁判例として，横浜地判令和2年6月11日判時2483号89頁がある。

　任意解約権の制限については，民法548条の2第2項と類似の文言を有する消費者契約法10条が適用された事案であるが，仙台高判令和3年12月16日判時2541号5頁は，消火器を10年間リースでき，かつ無料でその保守を受けられるとの契約につき，消費者「は本契約書の中途に於いて解約はできないものとします。」との条項につき，民法641条・656，651条の適用による場合に比し消費者の権利を制限するものであり，かつ，当該解約条項の性質等からすれば，信義則に反して消費者の利益を一方的に害する条項であるとして，消費者契約10条により無効と判示した。また，東京地判平成15年11月10日判タ1164号153頁は，進学塾の冬期講習受講契約・年間模擬試験受験契約の代金払込後の解除を

15　筒井＝村松・前掲12）252頁

一切許さない解除制限特約は，講習教材受領の2か月以上前，模擬試験の3週間以上前に解除がなされ，かつ，冬期講習や年間模試に複数の申込者がおり準備作業が1名の解除により全く無に帰するものではないことから，解除時期を問わずに一切解除を許さず，実質的に代金全額を違約金として没収するに等しく，消費者契約法10条により無効と判示した。

　そうすると，民法上の定型約款の規制が適用される場合には，発注者が任意解約を行った場合に損害賠償義務を負わないとの規定を置いたとしても，少なくとも故意又は重過失によるものまで免除する内容だと無効とされるリスクが高く，単純過失による損害賠償義務なら免除が可能と言い切ることもできない。また，フリーランスの任意解約権を奪う規定も，効力が否定されるリスクがある。

(3)　消費者契約法の類推適用

　消費者契約法は，「消費者」と「事業者」の間で締結される契約を「消費者契約」と位置づけ，一定の条項を無効とする規定を置いている（同法8〜10条）。

　このうち，「消費者」とは，「事業として又は事業のために契約の当事者となる」わけではない個人を指すところ（同法2条1項），フリーランス法上の特定受託事業者は，個人であっても「事業者」と位置付けられ（法2条1項1号），法人である場合すらあるから（同項2号），消費者契約法上の「消費者」に直接該当するということは困難であろう。

　しかし，消費者契約法の趣旨は，「消費者と事業者との間の情報の質及び量並びに交渉力の格差」の存在にある（同法1条）。フリーランス法も，「個人」であるフリーランスと，従業員を使用して「組織」として事業を行う発注者の間の，「個人」対「組織」の交渉力や情報収集力の格差に着目して規制を設けており（**第2章1(3)②**），消費者契約法と同じく，交渉力や情報収集力に着目している。

そうすると，フリーランスの取引には消費者契約法が直接適用はされないとしても，その趣旨に鑑み，同法が類推適用されるリスクも否定はできない。

裁判例を見ると，東京地判令和2年1月9日ウェストロー2020WLJPCA01098004は，CD等の制作販売会社・タレントマネージメント会社が提供するギターレッスンの契約において，契約期間内に契約を解除する場合には違約金として契約代金の全額相当額を支払う旨の条項について，当該契約の法的性質は準委任契約であり，民法651条に基づき任意解約権があるところ，上記のような違約金条項は，解約時期，解約による会社の損害の有無及び程度にかかわらず一律に契約代金相当額の違約金を課するものであり，「強行法規（消費者契約法10条参照）に反するものといわざるを得ず，また，公序良俗にも反するものとして，無効」と判示した。また，会社に何らかの具体的な損害が生じたことが全くうかがわれない点も指摘している。この事例は，消費者契約法そのものは適用されない場合でも，同法を「参照」して，かつ「公序良俗」違反との理由づけも付記して無効との結論を導いており，厳密には消費者契約法が適用されないフリーランスの取引にも趣旨が妥当するものと考えられる。

この意味で，事業者の損害賠償の責任を免除する条項等を無効とする消費者契約法8条，消費者の解除権を放棄させる条項等を無効とする同法8条の2，消費者が支払う損害賠償額を予定する条項等を無効とする同法9条のほか，広く任意規定に加重して信義則に反し消費者の利益を一方的に害する条項を無効とする同法10条は，フリーランスとの取引の条件を考えるにあたっても，十分に念頭に置いておく必要がある。

(4)　民法628条の類推適用

フリーランスに労基法上の労働者性までは認められない場合（**第3部1参照**）であっても，「雇用類似の契約」であるとして，雇用契約における「やむを得ない事由」による即時解約の規定である民法628条の適用を認めた裁判例もある。

東京地判平成28年1月18日判時2316号63頁は，芸能プロダクションとアイドルとの間の「専属マネージメント契約」が，プロダクションの指示に従いアイドルがアーティスト活動に従事する義務を負い，これに違反した場合に損害賠償義務を負うとされ，アイドルの報酬額の具体的基準は定められておらず，アイドルが当時未成年であったことなどの実情から，同契約は「雇用類似の契約」であったとして，アイドルは民法628条に基づく即時解除が可能であると認めた。そして，同事案では，アイドルが生活するのに十分な報酬を得られないままプロダクションの指示に従ってアイドル活動を続けることを強いられ，従わなければ損害賠償の制裁を受けるものとなっていたことを，「やむを得ない事由」と評価した。

東京地判平成27年9月9日 LEX/DB25542388は，芸能プロダクションと女性の間のプロダクション業務委託契約が，女性の出演作品はプロダクションの決定に従わなければならず，出演しなかった場合には損害賠償義務を負うとされ，報酬額や支払方法に具体的基準が定められておらず，実際に女性の意思にかかわらず撮影内容をプロダクションが決定し，女性が未成年であったことから，同契約は「雇用類似の契約」であったとして，民法628条に基づく即時解除が可能であると認めた。そして，同事案では，女性の意に反してアダルトビデオへの出演を決定し，1000万円もの莫大な違約金がかかることを告げて撮影に従事させようとしたことを，「やむを得ない事由」と評価した。

(5) 結論

以上のとおり，発注者が任意解約を行った場合に損害賠償義務を負わないとか，フリーランスの任意解約権を奪うといった規定を契約上設けても，約款規制，消費者契約法や民法628条の直接的な適用があるとされるケースは多いとまではいえないが，少なくとも類推適用されるリスクがあることになる。

第4章　発注段階の対応　**199**

深掘りコラム11	競業避止義務の有効性

　契約解消後にフリーランスが競業避止義務を負う旨の合意の効力を論じる。

(1)　職業選択の自由との関係

　契約解消後の競業避止義務は，フリーランスの職業選択の自由（憲法22条）
を制限するものであるため，一律に有効と取り扱われるわけではない。①競業
制限目的の正当性，②フリーランスの地位，③競業制限範囲の妥当性，④代償
措置の有無，といった諸点を総合的に考慮して，合理性のない制限であれば，
公序良俗に反し，無効となるものと解される[16]。

①　競業制限目的の正当性

　①競業制限目的がいかなる場合に正当とされるか。発注者の営業秘密やその
他の秘密情報，ノウハウを保護するとの目的がある場合には，目的の正当性が
認められやすい。もっとも，例えば顧客リストのようなフリーランスが営業秘
密やノウハウとよべるような情報に触れていると認められるケースは，筆者の
フリーランス・トラブル110番での相談経験上あまりない。

　他方で，実務上は，ひな型に競業避止義務の条項が入っていることから漫然
とそのままサインさせており，特に競業を制限する目的がないケースも散見さ
れるが，このような場合には競争制限目的の正当性は認めがたいであろう。

　また，発注者が単に顧客や商圏を囲い込む目的，フリーランスの契約解消を
足止めする目的が垣間見られる場合もあるが，前者の目的は，本来自由競争に
委ねられるべき問題であるし，後者もフリーランスの職業選択の自由を直接制

16　荒木尚志『労働法〔第5版〕』（有斐閣，2022年）326頁参照。なお，競業避止義務違反
　の裁判例と実務については，髙谷知佐子＝上村哲史『秘密保持・競業避止・引抜きの法律
　相談〔改訂版〕』（青林書院，2019年）も参照。

限するものであり，いずれも正当な目的とは言い難いであろう。

　フリーランス・トラブル110番の相談実務上悩ましいのは，いまだスキルや実務経験の乏しいフリーランスに対し，発注者がフリーランスを育成するために一定の負担を負ってきたようなケースである。発注者がフリーランスのために負担を負ってきたのに，フリーランスがスキルや実務経験を得た途端，発注者と競合する業務をなしうるというのでは，フリーランスを育成するインセンティブがないことになり，フリーランスの利益のためにも，競業を制限する目的として正当性を感じなくもない。フリーランスガイドラインでも，このような育成投資とそれに要した費用の回収という目的は，合理的なものとされているようである（同22頁）。とはいえ，相談実務上は，フリーランスとしては別に発注者に何か教えてもらった経験はないばかりか，かえって放置されていたとか，発注者の設備を利用してはいたが，その利用料は報酬から控除されていたなど，発注者が実際にどのような負担を負ってきたのかという事実レベルで認識の齟齬があるケースもある。発注者がフリーランスの育成投資とその費用回収という目的で競業避止義務を設ける場合には，かかる目的を明示し，育成の実態が認められ，かつ，その旨フリーランスにも認識させておくことが最低限必要となろう。

② フリーランスの地位

　労働者の場合であれば，執行役員や本部長などの高位の労働者であったり，営業秘密その他の秘密情報，ノウハウに接する職位の労働者であったりすると，その地位から競業避止義務を有効たらしめる必要性が高いことになる。

　他方で，フリーランスの場合は，そもそも発注者からみれば外注業者に過ぎず，発注者内部の組織には組み込まれていないことが多いし，当然，発注者の営業秘密その他の秘密情報，ノウハウに濃密に接する機会も多くはないであろう。フリーランス・トラブル110番の相談現場でも，フリーランスの地位からして，競業避止義務を有効とするだけの理由があると認められるケースは少なく，むしろ，競業避止義務を置く必要性に乏しいと考えられるケースのほうが

多い。

　実務的には，「執行役員」「ＣＸＯ」といった高位の肩書を与えられながら，実際には雇用契約の形式ではなく業務委託契約を締結して稼働する個人が散見される。当該個人の労基法上の労働者性（**第3章1参照**），それが否定された場合のフリーランス法上の「特定受託事業者」該当性（**第2章1⑵③参照**）は別途問題になるものの，それらの問題とは一応別の問題として，かかるフリーランスの地位が契約解消後の競業避止義務を有効たらしめる可能性を高める事情として斟酌する余地はある。

③　競業制限範囲の妥当性

　競業制限の範囲は，時的範囲，地理的範囲，業務範囲で考えることができる。

　競業制限の時的範囲は，契約解消後どのくらいの期間競業が制限されるかという問題である。実務上は，長くてもせいぜい2年が関の山であろう。そもそも時的範囲に制限がなかったり，2年を超える競業制限期間を設けている場合には，それだけで競業避止義務が無効とされる可能性が高い。他方，2年以内であれば一律に競業避止義務が有効となるものではなく，実務的感覚でいえば，1年を超えているケースもそれなりに慎重な判断を要し，①の競業制限目的の正当性の有無，②のフリーランスの地位に照らして，時的範囲が必要かつ十分な範囲に限られるかがシビアに吟味されることになる。

　競業制限の地理的範囲については，一般に，広ければ広いほど競業避止義務は無効となる可能性が高まり，逆に，狭めれば狭めるほど有効となる可能性が高まるが，これだけで結論が定まるわけではない。地理的範囲に特に制限がなく，全国，果ては全世界において競業が制限されるような場合であっても，①の競業制限目的の正当性の有無，②のフリーランスの地位，④の代償措置の有無等その他の事情に照らし，なお競業制限の必要性が高いのであれば，有効となる余地は絶無ではない。他方，地理的範囲がかなり狭く限定されていても，その他の事情に照らし，そのような競業制限さえ必要性に乏しいのであれば，無効となり得る。フリーランス・トラブル110番の相談現場で，地理的範囲を

明示的に制限するような事例はそれほど多くはないものの，数少ない事例として，美容院などの業態で，ある店舗の半径◯km以内での競業を制限するといった規定を経験したことがある。

制限される業務範囲は，これも広ければ広いほど競業避止義務は無効となる可能性が高まり，逆に，狭めれば狭めるほど有効となる可能性が高まるが，これだけで結論が定まるわけではない。広い業務範囲が制限されても，他の事情からなお競業制限の必要性が高いなら許容される余地はあるし，制限される業務範囲が狭くても，そもそも競業制限の必要性に乏しければ許されないことは同じである。実務上は，発注者の事業と競業する業務への従事や関与を，転職，企業その他形式を問わず禁止する規定が見られるが，より範囲を狭くするとすれば，フリーランスが在職中に接触した発注者の顧客に対する業務のみを禁止する（逆に，発注者の顧客ではない顧客へのアプローチは制限されない）という規定例もあり得る。

④ 代償措置の有無

代償措置とは，契約解消後も競業を制限する代わりに，契約解消時に一定の金銭的支払をしたり，そもそも契約継続中に支払う報酬額を高額としたりする措置のことである。

フリーランス・トラブル110番の相談現場では，かかる意味での代償措置が講じられている事例はほとんど見かけない。代償措置がないとの一事をもって競業避止義務が無効になるというほどでもないが，①②③の事情からして競業制限の必要性がかなり高くないと有効性は認められにくいだろう。

(2) 独禁法

フリーランスガイドラインは，取引上の地位がフリーランスに優越している発注者が，一方的に，当該フリーランスに対し，「合理的に必要な範囲」を超えて競業避止義務を課す場合であって，当該フリーランスが，今後の取引に与

える影響等を懸念してそれを受け入れざるを得ない場合には，正常な商慣習に照らして不当に不利益を与えることになるから，優越的地位の濫用（独禁法2条9項5号ハ）として問題となるとする（同23頁）。

ここでいう「合理的に必要な範囲」を超えるか否かは，これらの義務の内容や期間が目的に照らして過大であるか，与える不利益の内容，補償金等の有無やその水準，他の取引の相手方の取引条件と比べて差別的であるかどうか，通常のこれらの義務の内容や期間との乖離の状況等を勘案して総合的に判断するとされる（同頁）。

仮に，競業避止義務を課すことが優越的地位の濫用に当たるのであれば，私法上も公序良俗に反し無効とされる公算が高まる（**深掘りコラム1(2)参照**）。

(3)　検討

このように見てくると，フリーランスに対し契約解消後にも競業避止義務を負わせることは，フリーランスの職業選択の自由の侵害の観点から，また優越的地位の濫用として，無効とされるリスクをはらんでいる。

5　契約条件明示の方法

(1)　許容される方法

契約条件の明示方法は，例えば以下のいずれかによることができ（法3条1項，公取則1条5項，2条），必ずしも紙の書面の交付による必要はない。

➤書面の交付
➤電子メール，ショートメッセージ，SNS等であって，受信者を特定して送信できるもの

➤USBなどに記録したものの交付

　SNS等を用いる場合には，受信者を特定できるものである必要があり，ブログやウェブページ等への書き込みは用いることはできない（解釈ガイドライン第2部第1の1⑸イ㋐）。また，第三者が閲覧することができないメッセージ機能に限定されるため，グループ機能やチャンネル機能のように，第三者も閲覧できるようなもので契約条件の明示を行うことはできない（解釈ガイドライン第2部第1の1⑸イ㋐②，下位法令パブコメ回答2－1－68）。

　明示事項をウェブページに掲載しておき，このURLを電子メール等で送ることでも明示できる（解釈ガイドライン第2部第1の1⑸イ㋐③）。他方，ただ単にウェブページに掲載しておくだけでは足りない。

　電子契約サービス，すなわち，契約当事者が当該サービス事業者の運営サイトにアクセスして，契約書の内容を確認したうえで電子署名を施し，電子署名が付された契約書PDFファイルをメールで受信するようなものも，用いることができる（下位法令パブコメ回答2－1－70）。

　他方，トラブル防止のため，明示事項を特定受託事業者が保存することが可能な手段に限定すべきであり，発注事業者がZoomなどを用いた画面で書面をかざすだけでは明示にあたらないとする見解がある[17]。筆者も賛成であり，同様に，Zoomなどのウェブ会議システムで画面共有で示すだけでも足りないと考える。政府見解も，メッセージが削除されたり閲覧不能となる場合に備え，フリーランス・発注者双方でスクリーンショット等で発注内容を保存することが「望まれ」るとする（Q&A40）。

　なお，下請法においては，契約条件の明示を電磁的方法を用いて行う際には，下請事業者の承諾が必要とされているが（同法3条2項），フリーランス法ではかかる承諾は不要であり，発注者はいきなり書面以外の方法をとることができる。ただし，⑵で述べるとおり，フリーランスから書面の交付を求められた

17　鎌田＝長谷川114頁〔鎌田耕一〕

場合には，原則として書面の交付が必要となる。

また，下請法においては，契約条件の明示を電磁的方法を用いて行う場合，ファイルへの記録を出力することにより書面を作成できる方法でなければならないが（3条書面規則2条2項），フリーランス法にはこのような制限はない（Q&A35）。上記のとおり，スクリーンショットで保存できるという程度で足りるであろう。

(2) 書面交付請求

フリーランスは，書面以外の方法で契約条件の明示を受けた場合であっても，発注者に対し書面の交付を求めることができ，発注者は，かかる請求があれば遅滞なく書面を交付しなければならないのが原則である（法3条2項本文）。

書面交付請求には，発注者が報酬を支払うまでは応じる必要があるし，基本契約がある場合にはその有効期間中は応じる必要がある（解釈ガイドライン第2部第1の1(6)ウ）。

ただし，フリーランスの保護に支障を生ずることがない場合には，書面交付義務はない（法3条2項ただし書）。書面交付義務がない場合とは，以下の3つの場合である（公取則5条2項）。

① フリーランスの求めに応じて電磁的方法による提供をした場合
② 定型約款による業務委託がインターネットのみで行われ，当該定型約款がインターネットで閲覧できる場合
③ 既に書面交付をした場合

上記①②に該当する場合であっても，電子メールやSNS等で契約条件を明示していたのにフリーランスの責めによらない事由で事後的に契約条件が閲覧できなくなった場合には，なお書面交付義務がある（公取則5条2項本文かっこ書）。例えば，電子メールやSNS等で，契約条件を掲載したウェブページ

のＵＲＬをフリーランスに送信していたが，当該ウェブページが事後的に削除されるなどして，これを閲覧できなくなったような場合が考えられる。

発注者が自社のアプリでフリーランスに対し契約条件を明示した後，フリーランスのアプリのアカウントを停止した場合には，当該停止がフリーランスの契約違反を理由とするものであっても，書面交付義務がある（Q&A42）。

6　契約条件明示のタイミング

契約条件は，「業務委託をした場合」に，「直ちに」行う必要がある（法3条1項）。

「業務委託をした場合」とは，発注者とフリーランスが業務委託をすることについて合意した場合をいう（解釈ガイドライン第2部第1の1(1)）。基本契約を締結した上で個別の発注をする場合には，基本契約締結時ではなく，個別の発注をする合意をした時点が明示すべきタイミングになる（同）。

「直ちに」とは，すぐにという意味であり，時間的に即時性が強く，一切の遅れを許さない趣旨である（解釈ガイドライン第2部第1の1(2)）[18]。

しかし，「内容が定められないことにつき正当な理由がある」場合には，内容が定められた後に直ちに明示することも許容される（法3条1項ただし書）。もっとも，この例外的な取扱いをあまりに広範に認めると，契約条件明示義務が骨抜きになるため，認められるハードルは高いと考えておいたほうが穏当である。

立案担当者によれば，かかる例外的な取扱いが許される具体例として，「放送番組の作成委託において，タイトル，放送時間，コンセプトについては決まっているが，委託した時点では，放送番組の具体的な内容については決定できず，「報酬の額」が定まっていない場合等」を挙げる[19]。Q&A39も，当該例

18　渡辺ほか48頁，岡田ほか33頁，松井ほか38頁

のほか，「ソフトウェアの作成委託において，業務委託時では最終ユーザーが求める仕様が確定しておらず，特定受託事業者に対する正確な委託内容を決定することができないため，「特定受託事業者の給付の内容」を定められない場合」を例示する。これらの例からうかがえるポイントは，①成果物の具体的内容を詳細化すること自体にフリーランスの関与が必要であるという点，②報酬の額が，成果物の具体的内容の詳細化を待たないと決めることができないという点である。逆に言えば，①又は②のいずれかを欠く場合には，原則どおり「直ちに」契約条件を明示する必要があると考えておくことが穏当である。

　例えば，フリーランスが作成すべき成果物の内容を合意で定めることができるなら，①の点を欠く。フリーランスが作成すべき成果物の具体的内容を合意で定めることができず，むしろフリーランスの業務遂行を待たなければ詳細化ができない場合であっても，かかる詳細化を待たずに報酬の額を定めることができる場合，例えば，1字○円，1枚○円，1キャラクター○円といった成果物の具体的量で報酬を定める場合，稼働時間1時間○円といった業務遂行時間量で報酬を定める場合には，②の点を欠くものと思われる。

7　発注段階における禁止行為

　ここでは，フリーランス法上の禁止行為（法5条）のうち，発注段階のものを解説する。

　フリーランスの業務進行中における禁止行為は**第5章2**で，納品・代金支払段階における禁止行為は**第6章**で，契約終了時における禁止行為は**第9章1**で，それぞれ解説している。

19　渡辺ほか48～49頁，岡田ほか33頁，松井ほか39頁

(1) 継続的業務委託とは？

① 継続性の判断方法

　禁止行為の内容の解説の前に，禁止行為の規制（法５条）は１か月以上継続して行うこととなる予定の業務委託にのみ適用があるので（法５条１項，令１条），この点を解説しておく。

　始期と終期の考え方は，**第７章２**で詳述した妊娠，出産，育児介護配慮義務の場合と同じである（解釈ガイドライン第３部２）。１か月か６か月かという期間が異なる点に留意して，参照されたい。かいつまんで述べると，期間の算定は，業務委託契約を締結した日を始期，最後の給付受領・役務提供の「予定」日等を終期とする（解釈ガイドライン第２部第２の２(1)ア）。この間の期間が１か月以上であれば，禁止行為の規制（法５条）の適用がある。

② 実務対応と今後の展望

　実務的には，この期間制限はほとんど意味がない。なぜなら，かなり多くの業務委託が１か月以上継続するものとみなされるだろうからである。たとえば，１日限りの単発の業務の発注であっても，業務日の１か月以上前に発注が行なわれれば，発注日（始期）と業務日（終期）の間が１か月を超えるので，継続的業務委託となる。また，複数回業務を発注する場合であっても，間の空白期間が１か月未満であれば空白期間も含めて通算されてしまう（**第７章２(3)**参照）。

　１か月未満の短期かつ単発の発注であれば，厳密には禁止行為の規制（法５条）の適用がないが，だからといって，法５条が禁止する行為を行ってよいわけではない。なぜなら，フリーランス法が適用されなくとも，独禁法上の優越的地位の濫用の規制が適用され得るからである。独禁法は，優越的な地位を濫用して，受領拒否（２条９項５号ハ），報酬の減額（同号ハ），返品（同号ハ），買いたたき（同号ハ），購入・利用強制（同号イ，ハ），不当な経済上の利益の提供要請（同号ロ，ハ），不当な給付内容の変更・やり直し（同号ハ）を行う

ことを禁止しており（2条9項5号），この内容は，フリーランス法上の禁止行為（法5条）と重なる。後藤茂之大臣も，国会審議において，「継続的業務委託に該当しないなど，本法案の規制対象とならない場合であっても，受領拒否等の禁止行為についてはあってはならない行為である」と明言している[20]。

　そもそも，フリーランス法5条の規制を「継続」的業務委託に限って適用するとの立て付け自体に根強い批判があり，「継続」要件が後に撤廃される可能性がぬぐえない。例えば，同法の国会審議において，高木かおり参議院議員は，「個々の業務委託の契約期間の長さだけで対象を区切ってしまうと，本来保護されるべき方がその対象から抜け落ちてしまう懸念は拭えない」と述べている[21]。一般社団法人プロフェッショナル＆パラレルキャリア・フリーランス協会代表理事の平田麻莉氏も，「私が気になるのは，よく知らない相手と取引をする初回取引の方がトラブルに遭いやすいのに，なぜ一定期間以上のものだけが対象になっているのかという点です」と述べる[22]。学界からも，5条に「列挙された遵守事項は，取引を行う以上ある程度当然に守られて然るべき内容であるように見える。それほど過度な負担だろうか，また実際に発注控えを生じさせるであろうか。割合は少なくとも継続的取引でない場合にも問題が生ずるのであれば，当該特定受託事業者を保護する必要性は認められ，規制を肯定してもよい」と述べる[23]。後藤茂之大臣は，5条の規制が継続的な取引の場合にしか適用がないことを含め，附則の検討規程に基づき施行後3年を目途に検討を行う旨答弁している[24]。

　したがって，フリーランスとの個々の取引で1か月以上継続するかをいちいち確認するような業務フローは無駄である。およそすべてのフリーランスに対

20　第211回国会参議院本会議第17号2023年4月21日会議録12番
21　第211回国会参議院本会議第17号2023年4月21日会議録11番
22　森田茉莉子ほか「フリーランス法の成立と今後の展望」二弁フロンティア227号30〜31頁
23　滝澤紗矢子「フリーランス法の意義と特徴──独禁法・下請法に通ずる観点から」ジュリ1589号56頁
24　第211回国会参議院内閣委員会第12号2023年4月27日会議録86番

し，法5条で禁止される行為を行ってはならないと考えておくべきである。

(2)　買いたたき

フリーランスの給付の内容と同種又は類似の内容の給付に対し「通常支払われる対価」に比し「著しく低い」報酬の額を，「不当に」定めることは，「買いたたき」として禁止される（法5条1項4号）。

①　「通常支払われる対価」の意味

「通常支払われる対価」をどのように判断するか。解釈ガイドラインは，以下のような考え方の筋道を示している。

第1に，フリーランスの給付と同種又は類似の給付について，当該フリーランスの属する取引地域において一般に支払われる対価（通常の対価）を把握できるのであれば，かかる通常の対価が，「通常支払われる対価」にあたる（解釈ガイドライン第2部第2の2(2)エ(ア)）。

第2に，通常の対価を把握することができないか困難である場合であって，従前の給付と同種又は類似の給付を行うときは，以下の額を定めると「買いたたき」となる（解釈ガイドライン第2部第2の2(2)エ(ア)）。

①　従前の給付に係る単価で計算された対価に比し著しく低い報酬の額
②　給付に係る主なコスト（労務費，原材料価格，エネルギーコスト等）の著しい上昇を，例えば最低賃金の上昇率，春季労使交渉の妥結額やその上昇率などの経済の実態が反映されていると考えられている公表資料から把握することができる場合において，据え置かれた報酬の額

では，通常の対価もなく，従前の取引もない場合にはどのように判断するか。下請法の解釈として，一般に合理的な根拠を有する対価があれば，それが「通常の対価」として取り扱われるとする見解がある[25]。

第 4 章　発注段階の対応　211

　役務提供委託において，同種の役務に労働者も従事している場合には，「通常の対価」の判断の際に，同地域の地域別最低賃金も考慮すべきとする見解もある[26]。

②　「著しく低い報酬」を「不当に」定めることの意味

　「著しく低い報酬」を「不当に」定めることが「買いたたき」に該当するが，これに該当するか否かは，以下の要素を勘案して総合的に判断する（解釈ガイドライン第 2 部第 2 の 2 (2)エ(イ)）。

①　報酬の額の決定に当たり，フリーランスと十分な協議が行われたかどうかなど対価の決定方法
②　差別的であるかどうかなど対価の決定内容
③　「通常支払われる対価」と当該給付に支払われる対価との乖離状況
④　当該給付に必要な原材料等の価格動向

　解釈ガイドライン第 2 部第 2 の 2 (2)エ(ウ)は，買いたたきに該当する具体例を 10 個も列挙している。これらを含め，特にフリーランスとの取引実務上注意すべきケースを，以下に順に解説する。

③　見積もり外の業務をさせるケース

　フリーランスに見積りをさせた段階より給付・役務が増えたのにもかかわらず，報酬の額の見直しをせず，当初の見積価格を報酬の額とすることは，買いたたきにあたる可能性がある（解釈ガイドライン第 2 部第 2 の 2 (2)エ(ウ)②）。
　したがって，見積もり段階よりも多くの業務をフリーランスにさせる場合には，それだけ報酬を増額したり，改めて見積もりを出しなおしてもらったりする対応が必要となる。

25　鎌田明・150頁
26　鎌田＝長谷川134頁〔鎌田耕一〕

④ 発注者の予算を一方的に押し付けるケース

発注者の予算単価のみを基準として，一方的に通常支払われる対価より低い単価で報酬の額を定めることは，買いたたきにあたる可能性がある（解釈ガイドライン第2部第2の2(2)エ(ウ)④）。

筆者も弁護士として稼働していて，クライアントの予算額の枠内でこなすよう要請されることはよくある。

発注者側で決まっている予算の枠内で発注すること自体が妨げられるものではないが，かかる発注額が「通常支払われる対価」より低い場合には，「一方的」に押し付けたといわれないように，フリーランスと誠実に協議し，その証跡を残しておくことが望ましい。

⑤ 短納期発注

短納期発注を行う場合に，フリーランスに発生する費用増を考慮せずに通常支払われる対価より低い報酬を定めることは，買いたたきにあたる可能性がある（解釈ガイドライン第2部第2の2(2)エ(ウ)④）。

筆者も弁護士として稼働していて，極めて短い納期で業務を依頼される事例はよく見聞きしたし，筆者自身も短納期の業務に対応してきた。

解釈ガイドラインが述べるように，短納期発注によりフリーランスに発生する費用が増加するのであれば，それを考慮して対価を定めるべきであろう。

他方，稼働時間当たりの単価を定めて報酬を決める場合には，納期を短くすればするほど稼働時間が少なくなり，報酬が少なくなる場合も多い。このため，発注者としては，支払う報酬を少なくしたいがために短納期を定めるインセンティブすら生じる。このようなシチュエーションを解釈ガイドラインが買いたたきにあたると明示しているわけではないが，フリーランスが業務を行う十分な期間を確保できなければ，成果物のクオリティにも影響するし，フリーランスに対し長時間労働・休日労働・深夜労働を強いることによる心身への影響，家庭生活への影響も懸念される。買いたたきにあたるか否かにかかわらず，人間としての配慮をもって納期を定めることが望ましい。

⑥　知的財産権の対価が低いケース

　3(4)③を参照されたい。

⑦　インボイスとの関係

　深掘りコラム15を参照されたい。

(3)　実務対応

　実務対応としては，フリーランス（を含む零細事業者）に対しこれら禁止行為を行わないよう，定期的に社内研修を行うなどの対応が望まれる。下請法への対応ができていれば，その対象をフリーランスに拡張すればよい。

　また，**第8章3(4)**で詳述するが，フリーランス法5条に定める一連の禁止行為に該当する行為は，「通常の取引行為」とはいえず，その強度や反復継続性によっては，パワハラにも該当し得るので，この観点からも留意が必要である。

　なお，「継続的業務委託」にあたるか否かにかかわらず法5条の禁止行為を行うべきでないことは，(1)で詳述した。

8　報酬支払期日のルール

(1)　原則：60日ルール

①　60日ルールの概要

　発注者がフリーランスに支払う報酬支払期日は，給付受領日・役務提供日から起算して60日以内に，かつできる限り短い期間内で定める必要がある（法4条1項）。報酬支払期日を定めないと，給付受領日・役務提供日が報酬支払期日とみなされ，給付受領日・役務提供日から起算して60日超の日に報酬支払期日を定めた場合でも，給付受領日・役務提供日から起算して60日を経過する日

（経過した日の前日）が報酬支払期日とみなされる（法4条2項，解釈ガイドライン第2部第2の1(2)ア）。

【図表4－5】

報酬支払期日の定め	報酬支払期日
給付受領日・役務提供日から起算して60日以内に支払期日を定めたとき	当該定められた支払期日
支払期日を定めなかったとき	給付受領日・役務提供日
給付受領日・役務提供日から起算して60日超の日を支払期日と定めたとき	給付受領日・役務提供日から起算して60日を経過した日の前日

（出所）筆者作成

　要するに，報酬支払期日は，給付受領日・役務提供日から起算して60日以内に行う必要があることになる。下請法2条の2とほぼ同じ規制である。

　具体的にどの日が「給付受領日」「役務提供日」となるかは，業務委託の類型によって異なるとされる（解釈ガイドライン第2部第2の1(1)）。

【図表4－6】

業務委託の類型	給付受領日・役務提供日	検収との関係
物品の製造委託	発注者がフリーランスの給付の目的物たる物品を受け取り，自己の占有下に置いた日	検収を行なうかどうかを問わない。検収完了日が給付受領日となるわけではない。
情報成果物作成委託	➤発注者が情報成果物を記録したＵＳＢメモリなどを受け取り，自己の占有下に置いた日 ➤情報成果物を添付したメール等が発注者に届いた日	発注者とフリーランスの間で成果物が一定の水準を満たしていることを確認した時点で給付を受領したこととすることを合意する例外的取扱いの余地がある。
役務提供委託	➤個々の役務の提供を受けた日 ➤ある一つの役務に日数を要する場合，役務提供が終了	－

| | した日
➤同種の役務が連続し，報酬単価等とともに月単位の締切制度を合意している場合は，締切対象期間の末日 | |

（出所）筆者作成

② 物品の製造委託の「給付受領日」の意味

物品の製造委託の場合，「給付受領日」は，発注者がフリーランスの給付の目的物たる物品を受け取り，自己の占有下に置いた日をいう（解釈ガイドライン第2部第2の1(1)ア）。

重要なポイントは，物品を受け取った後に検査，検収の手続をとる場合であっても，検収完了日ではなく，あくまでも受け取った日が「給付受領日」となることである。

③ 情報成果物作成委託の「給付受領日」の意味

情報成果物作成委託の場合，「給付受領日」とは，発注者がＵＳＢメモリなど情報成果物を記録した電磁的記録媒体を受け取り，自己の占有下に置いた日か，情報成果物を電気通信回線を通じて発注者の電子計算機内に記録された日（要するに，メール等が発注者に届いた日）である（解釈ガイドライン第2部第2の1(1)イ）。

情報成果物作成委託に限っては，発注者の支配下に情報成果物が入っても「給付受領日」にならない例外が認められている。情報成果物が発注者の支配下に入った段階では給付としての水準に達し得るかどうか明らかではない場合において，あらかじめ発注者とフリーランスの間で成果物が一定の水準を満たしていることを確認した時点で給付を受領したこととすることを合意しているときは，発注者の支配下に置かれた日を支払期日の起算日としないが，3条通知に明記された納期の時点で発注者の支配下にあれば，当該納期に受領したものとして，支払期日の起算日となる（解釈ガイドライン第2部第2の1(1)イ）。

④ 役務提供委託の「役務提供日」の意味

　役務提供委託では，発注者がフリーランスから個々の役務の提供を受けた日が「役務提供日」となる（解釈ガイドライン第2部第2の1(1)ウ）。

　役務の提供に日数を要する場合には，一連の役務の提供が終了した日が役務の提供を受けた日となる（解釈ガイドライン第2部第2の1(1)ウ）。これは，ある一つの役務を行うことを想定したものである。

　他方，複数の役務を連続して提供する場合には，以下の3つの要件を全て満たす限り，月単位で設定された締切対象期間（1か月未満の場合には当該期間）の末日を「役務提供日」として取り扱い，当該日から起算して60日（2か月）以内に報酬を支払うことが認められる（解釈ガイドライン第2部第2の1(1)ウ）。

a．フリーランスと協議のうえ，報酬の支払は月単位で設定される締切対象期間の末日までに提供した役務に対し行なわれることがあらかじめ合意され，その旨3条通知に明確に記載されていること。
b．3条通知に，当該期間の報酬額や報酬の具体的金額を定めることとなる算定方式が明確に記載されていること。ただし，当該算定方式は，役務の種類・量あたりの単価があらかじめ定められる場合に限る。
c．フリーランスが連続して提供する役務が同種のものであること。

⑤ 正当にやり直しをさせた場合

　フリーランスの責めに帰すべき事由によりやり直しをさせる場合は，やり直しをさせた後の物品や情報成果物を受領した日，フリーランスの役務提供日が，支払期日の起算日となる（解釈ガイドライン第2部第2の1(1)エ）。

　しかし，やり直しをさせることは，フリーランスに責めに帰すべき事由がない限り禁止されており（法5条2項2号），フリーランス法に違反せずにやり直しをさせることはハードルが高い。やり直しについては，**第6章1(3)**を参照されたい。

（2）　例外：再委託30日ルール

①　再委託30日ルールの概要

　下請法にはない規定として，「元委託者→中間の受託者（再委託者）→フリーランス（再受託者）」というようにフリーランスに再委託する場合には別の規制がある。

　再委託であることや元委託支払期日などの一定の情報をフリーランスに明示したときは，発注者がフリーランスに支払う報酬支払期日は，元委託支払期日から起算して30日以内に，かつできる限り短い期間内で定める必要がある（法4条3項）。報酬支払期日を定めないと，元委託支払期日が支払期日とみなされ，元委託支払期日から起算して30日超の日に報酬支払期日を定めた場合でも，元委託支払期日から起算して30日を経過する日（経過した日の前日）が報酬支払期日とみなされる（法4条4項，解釈ガイドライン第2部第2の1(2)イ(イ)）。

【図表4－7】

報酬支払期日の定め	報酬支払期日
元委託支払期日から起算して30日以内に支払期日を定めたとき	当該定められた支払期日
支払期日を定めなかったとき	元委託支払期日
元委託支払期日から起算して30日超の日を支払期日と定めたとき	元委託支払期日から起算して30日を経過した日の前日

（出所）筆者作成

　要するに，報酬支払期日は，元委託支払期日から起算して30日以内に行う必要があることになる。下請法にはない，フリーランス法独自の新たな規制である。

②　再委託30日ルールの存在理由と適用範囲

　立案担当者によれば，かかる再委託30日ルールは，60日ルールを一律に適用してしまうと，「完成後に一括して支払われる長期大型プロジェクト等の一部

を受注する小規模な事業者」（下線筆者）が，自らが対価を受領するよりも相当前に，再委託先のフリーランスに先に報酬を支払う必要が生じると，そもそもフリーランスへの再委託を忌避するなど，フリーランスの受注機会が損なわれることを懸念した規制であるとのことである[27]。解釈ガイドラインも，再委託30日ルールは，一律に60日ルールを適用することで発注者の資金繰り悪化やフリーランスへの発注控えが生ずることを防止する目的で，60日ルールよりも支払期日の「延期」を可能とすることが目的であると明示している（解釈ガイドライン第2部第2の1⑵イ(ア)）。

　このように，再委託30日ルールが「小規模な」発注者を念頭に置いたものであることからもわかるとおり，下請法の親事業者として同法の適用がある発注者は，下請法2条の2の適用を受ける取引については，フリーランス法の再委託30日前ルールの適用を受けることができないと考えられる。現に，下位法令パブコメ4－3は，「本法（注：フリーランス法）は，報酬支払期日に関する再委託30日ルール（法4条3・4項）という下請法の規制を緩和した規定を置いているため，下請法より本法を優先して適用してしまうと，これまで下請法上給付受領日・役務提供日から60日以内に報酬を支払う義務を負っていた親事業者が，業務委託先が特定受託事業者であるとの一事をもって，報酬支払期日を先延ばしできることになる。」との意見に対し，「御指摘のような下請法のみに違反する行為については，下請法が適用されます。」と回答し，下請法の親事業者は60日ルールによらなければ下請法違反となることを明示している。

③　再委託30日ルールを適用するための条件

　再委託30日ルールを適用するためには，「元委託者→中間の受託者（再委託者）→フリーランス（再受託者）」という再委託関係があること，すなわち，中間の受託者がフリーランスに対し，元委託業務の全部又は一部をフリーランスに再委託することが必要であるが，それだけでは足りず，3条通知において

27　渡辺ほか46，48頁，岡田ほか31，33頁，松井ほか35，38頁

再委託である旨や元委託支払期日等を明示する必要がある（公取則6条，1条2項）。3(7)を参照されたい。

逆に，3条通知において再委託に関する事項を明示しないときは，原則どおり60日ルールが適用される（解釈ガイドライン第2部第2の1(2)イ）。

中間の受託者（再委託者）は，あくまでも再委託に関する事項の明示を「することができる」にとどまり（公取則1条2項），明示する義務があるわけではない。このことは，中間の受託者は，再委託に関する事項を明示して再委託30日ルールの提供を受けるか，あえて明示せずに60日ルールの適用を受けるか，選択権があるということを意味する（Q&A54）。

④ 「元委託支払期日」の意味

「元委託支払期日」とは，元委託業務について「従前から定めていた元委託期日」，すなわち元委託者から中間の受託者（再委託者）に支払われる予定であった期日を意味するものであり（解釈ガイドライン第2部第2の1(2)イ(ア)）[28]，元委託者から中間の受託者（再委託者）に対し「実際に支払がなされた日」を意味するものではない（Q&A51）[29]。したがって，元委託者が支払を怠ったり遅延した場合であっても，中間の受託者（再委託者）がフリーランスへの支払義務を免れるわけではなく[30]，元委託者が支払う予定であった期日（元委託支払期日）から30日以内にフリーランスに報酬を支払わなければ，中間の受託者（再委託者）はフリーランス法に違反することになることに留意が必要である。

⑤ 前払金の配慮

再委託30日ルールを適用する場合には，元委託者から前払金を受けた中間の受託者（再委託者）は，フリーランス（再受託者）に対して必要な費用を前払

---

28 第211回国会参議院内閣委員会第12号2023年4月27日会議録27番
29 渡辺ほか49頁，岡田ほか34頁，松井ほか39頁
30 第211回国会参議院内閣委員会第12号2023年4月27日会議録27番

金として支払うよう適切な配慮も求められる（法4条6項）。同様の規定は，下請法には見られないが，建設業法24条の3第3項にみられる。

ここでの問題は，「適切な配慮」とは何かである。元委託者から支払を受けた前払金について，フリーランスとの間で適切に分配するなどの配慮が求められる（解釈ガイドライン第2部第2の1⑷エ⑷）。例えば，業務委託に係る業務の着手に当たって，中間の受託者自身は費用を要せず，フリーランスのみが費用を要する場合には，通常，中間の受託者が元委託者から受けた前払金を必要とする合理的な理由は無いことから，フリーランスに元委託者から支払を受けた前払金の全部を支払うことが望ましい（同）。また，中間の受託者は，業務委託に係る業務の着手に当たって自身も相当の費用を負担する場合であっても，フリーランスが要する費用の額等を踏まえ，フリーランスに過度な負担を課すこととならないようにフリーランスとの間で十分に協議して前払金の支払額を定めるといった配慮が必要になる（同）。

⑥ 60日ルールよりも短くなる場合

60日ルールによれば給付受領日・役務提供日から60日以内に，再委託30日ルールによれば元委託支払期日から30日以内に，それぞれ報酬を支払う必要がある。60日ルールと再委託30日ルールのいずれの支払サイト（報酬支払日までの期間）が長くなるかは，場合による。

例えば，**図表4－8**の例のように，フリーランスがN年5月31日に役務を提供し終わったが，元委託支払期日はN年8月31日と定められていた場合，60日ルールに従えば，N年7月29日までに報酬を支払わなければならないのに対し，再委託30日ルールに従えば，N年9月29日に支払えばよいことになる。このような場合には，再委託30日ルールの支払サイトが後になる。

【図表4-8】

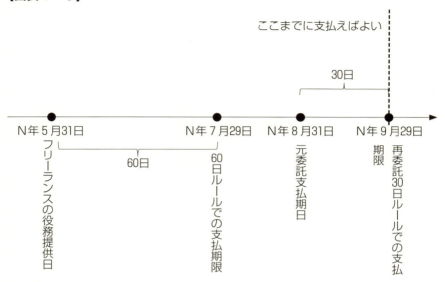

（出所）筆者作成

　他方，**図表4-9**の例のように，フリーランスがN年5月31日に役務を提供し終わったが，元委託支払期日はN年5月15日と定められていた場合，60日ルールに従えば，N年7月29日までに報酬を支払わなければならないのに対し，再委託30日ルールに従えば，N年6月13日に支払わなければならないことになる。このような場合には，60日ルールに従ったほうが支払サイトが後になる。

　解釈ガイドラインは，再委託30日ルールに従うよりも60日ルールに従ったほうが支払サイトが長くなる場合には，60日ルールに従って報酬を支払っていれば足りると解釈している（同第2部第2の1(2)イ(ア)）。なぜなら，再委託30日ルールは，60日ルールよりも支払期日の「延期」を可能とすることを目的とするものだからである（同）。

　なお，筆者はこのような解釈には与していない。その理由は**深掘りコラム13**で詳述した。

【図表4-9】

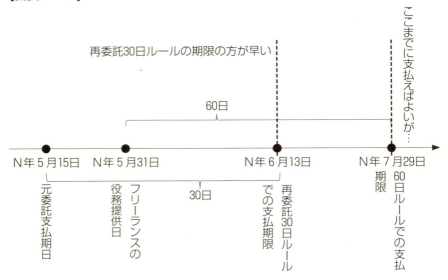

(出所) 筆者作成

(3) 「60日」「30日」の意味

　月単位の締切制度をとる場合，月によっては31日の月があるため，報酬支払が給付受領日・役務提供日から61日・62日目になることもある。ただし，このような場合でも，「60日」（2か月）以内に報酬が支払われたものとして，フリーランス法上問題としない（Q&A47，下位法令パブコメ2-2-14）。下請法と同様である。

　また，報酬支払期日が金融機関の休業日に当たった場合であっても，支払順延期間が2日以内で，発注者とフリーランスとの間で金融機関の翌営業日に順延することにつき予め書面又は電磁的方法で合意しているときは，結果として報酬の支払が60日・30日を超えても問題としない（解釈ガイドライン第2部第2の1(5)）。逆に，順延が認められるのは2日以内なので，支払期日がゴールデンウィークや年末年始等の長期休暇にあたる場合のほか，月曜日や金曜日が

祝日となって週末が3連休となる場合には，金融機関の休業日以前に支払を済ませておく必要がある[31]。

(4) 報酬支払義務の私法上の効力

　フリーランス法は，報酬支払期日の規制（法4条1～4項）とは別に，これにより定められた報酬支払期日以内に報酬を支払わなければならないと定める同条5項を別途設けている。これは，下請法が報酬支払期日までに支払わないことを禁止行為（同法4条1項2号）に位置付けているにとどめていることとは対照的である。

　かかる点を踏まえつつ，フリーランスにとって報酬は事業経営資金にとどまらず生活資金であることも考慮して，フリーランス法は，直接に発注者に対し支払期日内の報酬支払義務を定めたものと解する見解がある[32]。筆者もこれに賛成するが，立案担当者は必ずしもこのようには考えていない。当該義務が公法上の義務に過ぎないのか，私法上の効力までも有するかについては，別途**深掘りコラム1**で詳述した。

(5) 実務対応

① 書式，交付手続等の整備

　契約条件明示の書式や交付手続を定める際に，報酬支払期日についても60日ルールを遵守するよう担当者に徹底することが求められる。下請法への対応ができていればその対象をフリーランスに拡張すればよい。

　報酬支払期日の明示の方法は，2(6)で述べた。

31　内田ほか258～259頁〔澤田孝悠〕
32　鎌田＝長谷川122頁〔鎌田耕一〕

② 再委託30日ルールの適用の可否，要否

再委託30日ルールに沿った対応をすることも考えられるが，第一に重要なのは，発注者が下請法上の親事業者（具体的には，役務提供委託の場合には資本金1000万円超の会社）にあたる場合には，下請法の適用される取引である限り，再委託30日ルールを用いる余地がないということである（(2)②参照）。

下請法の適用がない発注者であっても，再委託30日ルールに沿った対応をすることは必須ではない（(2)③参照）。かかる対応をするか否か判断するうえでまず重要になるのは，支払サイト（報酬支払日までの期間）を後ろにずらすという利益があるかどうかである。この点については，(2)⑥で詳述したとおり，再委託30日ルールに従った方が60日ルールよりも支払期日を延期できるのであれば再委託30日ルールを利用する意味があるが，60日ルールに従った方が再委託30日ルールよりも支払期日が後ろになるのであれば，あえて再委託30日ルールを利用する意味がないことになる。

仮に再委託30日ルールを利用すれば支払サイトを後ろにずらす効果が期待できるとしても，下請法にない規制で新たに対応を考える必要があるほか，実務対応が2パターンに分かれ，かえって煩雑である。そこまでのコストと労力をかけてまで支払サイトを後ろにずらすメリットがあるのか考える必要がある。

このように見てくると，あえて再委託30日ルールを利用することなく，60日ルールのみに対応すればよい場合が多いだろう。

深掘りコラム12　再委託30日ルールの妥当性

フリーランス法は，下請法に存在しない再委託30日ルールをあえて付け加えたが，果たしてこのようなことが必要だったのだろうか。筆者は，かかるルールは不要と考えている。

再委託30日ルールにより直接的に保護されるのは，フリーランスではなく，フリーランスに再委託する小規模な事業者の利益である。フリーランス法全体

がフリーランスたる「個人が事業者として受託した業務に安定的に従事する」ための法律であることを考えると（法1条），法律全体の趣旨に合わない規制という印象を受ける。もちろん，立案担当者も，小規模な事業者がフリーランスに対する再委託を忌避する結果，フリーランスの受注機会が損なわれることを防止しようとする点で，なおフリーランスの利益保護につながると考えているのであろう[33]。しかし，60日ルールを一律に適用することによってフリーランスの受注機会が損なわれるなどという関係がなぜ認められるのか，立法事実が存在するようには思えない。

　最も重要な問題は，再委託30日ルールが，フリーランスが再受託した業務を行ったにもかかわらず，役務提供日等後60日を超えてなお長期間報酬をもらえないことを，法的に是認してしまっていることである。フリーランス・トラブル110番における筆者の相談経験からしても，元委託者→中間の受託者（再委託者）→フリーランスと順次再委託されたケースで，中間の受託者（再委託者）が，元委託者から報酬を支払ってもらえないなどの理由でフリーランスへの報酬支払を遅らせたり拒んだりするケースは少なくない。このような現実を見ている筆者からすれば，小規模な発注者とはいえ従業員や他の役員が存在し組織としての実態を有する事業者の利益のために，それよりも立場の弱いフリーランスの利益を犠牲にすることに，合理性があるとは思えない。

　さらに，8(2)④で述べたとおり，政府見解によっても，「元委託支払期日」は元委託者が実際に支払をした日ではなく，もともと元委託者が支払をする予定であった期日を意味する。したがって，元委託者が報酬支払を怠ったり遅延した場合には，中間の受託者（再委託者）が自らは報酬を得られないのにフリーランスには報酬の支払を余儀なくされることに変わりはない。フリーランス・トラブル110番における筆者の相談経験においても，トラブルになるのは元委託者が支払義務を怠る場合が多いのであって，再委託30日ルールが小規模な中間受託者を実効的に保護する効果は想定されるより小さいものと思われる。

33　渡辺ほか48頁，岡田ほか33頁，松井ほか38頁

付け加えると，8(2)⑥で述べたとおり，60日ルールよりも再委託30日ルールの方が小規模な発注者に一律に有利であるわけでもない。解釈ガイドラインは，再委託30日ルールを用いたがゆえに小規模な発注者の不利になることを防ぐために，60日ルールによったほうが支払期日が後になる場合にはそれに従っておけば足りると解釈しているが（同第2部第2の1(2)イ(ア)），このような解釈が妥当でないことは，**深掘りコラム13**で詳述した。もちろん，発注者としては，再委託である旨や元委託支払期日など一定の事項をフリーランスに対し契約条件として明示しなければ，再委託30日ルールを適用しないことができるが（6(2)③参照），小規模な発注者が，個別の取引でかかる利害得失を考慮したうえで60日ルールと再委託30日ルールのいずれかを選択することを期待できるのかは疑わしい。

以上述べたような理由で，私見は，再委託30日ルールをあえて設ける必要性に乏しく，立法論として削除すべきものと考えている。

深掘りコラム13　再委託30日ルールと60日ルールの関係に関する私見

解釈ガイドラインは，再委託30日ルールを適用すると60日ルールによる場合より支払期日が前に来てしまう場合には，60日ルールに従って支払えば足りると解釈している（同第2部第2の1(2)イ(ア)）。

しかし，フリーランス法4条は，1・2項において，報酬支払期日を給付受領日・役務提供日から60日以内とする原則を定めつつ，3・4項においてフリーランスに再委託を行う場合で，元委託支払期日等を明示する場合に限って，元委託支払期日から30日以内とする旨の例外を設けている。

ここで4条3項の規定は，「前二項の規定にかかわらず」との文言で始まり，末尾が，「なければならない」と結ばれており，この文言からすれば，4条3・4項が適用される場合には，4条1・2項の規定が排除され（1・2項と3・4項の適用は択一的で，いずれもが重畳的に適用されるわけではない），

3項が適用される場合には，3項の規定する条件を遵守することが義務であることが明白である。すなわち，フリーランスに再委託を行う場合であって，元委託支払期日等を明示した場合には，元委託支払期日から30日以内に支払わなければならず，給付受領日・役務提供日から60日以内に支払えば足りると解釈できる文言ではない。

また，4条3項が適用される場合には，4項によって元委託支払期日ないしそれから起算して30日を経過する日が報酬支払期日とみなされるのであって，この後に給付受領日・役務提供日から60日経過日が到来する場合であっても，この帰結は変わらない。

解釈ガイドラインの上記解釈は，このようなフリーランス法の明示の文言に反し違法であるばかりでなく，4条1・2項と3・4項の適用関係をいたずらに混乱させるものであり，改められるべきである。

解釈ガイドラインのような解釈を取らなくとも，発注者は，元委託支払期日等を明示して4条3・4項の規定に従うか，これらを明示しないで4条1・2項の規定に従うか，選択権があるのであるから（公取則1条2項参照），発注者の利益を過度に害することはない。

深掘りコラム14 海外在住のフリーランスとの取引における留意点

海外在住のフリーランスと取引する事例は，昨今あまり珍しいことではない。このような事例において，そもそもフリーランス法の適用があるかどうかは**深掘りコラム7**において，準拠法と紛争解決条項については**4(6)(7)**において，それぞれ解説したので，ここではその他の留意点を解説する。

なお，フリーランスが国境を越えて働くことは，「越境ワーク」の一事例である。「越境ワーク」の法務・労務・税務上の問題点については，拙著『Ｑ＆Ａ越境ワークの法務・労務・税務ガイドブック』（日本法令，2023年）で詳述したため，こちらも参照されたい。

(1) コミュニケーションの方法や言語

　海外在住のフリーランスとのコミュニケーションは，契約条件明示も含め，必然的にすべてのやり取りをリモートで行うことになる。

　まず，契約条件の明示（法3条）は，紙の書面を交付しようとするとEMS，FedEx，DHLといった国際郵便サービスを用いることになり，時間も手間も費用もかかる。フリーランス法がメールやSNSでの明示を許容している以上（公取則2条。前述の4参照），これに頼る場面が圧倒的に多くなるだろう。

　契約解除・不更新の予告（法12条）も，メールやSNSが許容されているため（厚労則3条，**第9章2(4)参照**），基本的にこれによればよいが，フリーランスに到達することを確実にし，かつ証拠化したいという場合は，EMS，FedEx，DHLといった追跡サービス付の国際郵便サービスをも併用する必要があるだろう。即時解除の意思表示等も同様である。

　このほか，打合せは，電話やウェブ会議システム（Teams，Zoom，Webex，Google Meet など）を用いることが多くなる。日本にいる発注者が日本時間ベースでビジネスアワー中に打合せを設定しても，時差によっては，海外在住のフリーランスにとっては深夜や早朝になることがある。また，日本と海外では休日が異なるため，日本では平日であっても海外では休日であることがままある。この点を考慮して，日本でも海外でも平日の常識的な時間帯で打合せの調整を試みたり，やむを得ずフリーランスに早朝，深夜，休日に打合せに応じてもらう場合にも，このことに謝意を表するなど，人としての最低限の配慮は必要である。

　海外在住のフリーランスが日本語を解さない場合，英語等の外国語でコミュニケーションを取らざるを得ない。とはいえ，こういった場合であっても，契約書や3条通知，解除予告書面その他の書面まですべて英語等で記載しなければならないわけではない。もちろん英語を用いてもよいが，自らの母語である日本語を正文として作成する方が，のちほど紛争化した際の翻訳の手間や紛争解決の方向性の見込みを考えると有利なことも多い。これではフリーランスが

内容を確認できないこともあり得るが，例えば，英語等の外国語訳を付してあげるものの，あくまでも翻訳であって正文ではないことを契約書上明示しておくことが考えられる。

(2) 報酬支払

　海外在住のフリーランスが日本国内の銀行に口座を有し，報酬をこれに振り込むことを希望している場合，報酬支払に支障は少ないだろう。しかし，海外在住のフリーランスが日本国内に銀行口座を有しないか，海外の銀行口座への振込を希望した場合には，海外送金の手間，費用と時間が発生することになる。

　国・地域によってはそもそも海外送金が困難な場合がある。例えば，ロシアの銀行がＳＷＩＦＴから排除されていることなどから，ロシアへの海外送金は困難であることが想定される。このほか，中国本土への送金は規制が強くそう簡単ではないことが多い。

　海外送金自体は可能でも，送金手数料を誰が負担するかという問題がある。一般に，海外送金手数料は，送金元の銀行において発生するほか，送金先の銀行でも発生し，着金時に差し引かれることがある。しかし，送金元の銀行では，送金先で送金手数料が発生するのか，発生するとしていくら発生するかがわからないことがある。仮に，送金先銀行で発生する送金手数料まで発注者負担としてしまうと，意図せず報酬の全額が着金しないことがあり得ることになる。したがって，業務委託契約書上，海外送金先銀行で発生する手数料はフリーランス負担とする旨定めることが考えられる。このように，振込手数料をフリーランス負担とすることをあらかじめ合意し，実際に実費の範囲内で手数料を差し引いて報酬を支払う場合には，禁止される報酬減額には該当しないとされるが（解釈ガイドライン第2部第2の2(2)イ(ウ)），このような合意もないのに手数料分を差し引いてしまうと禁止される報酬減額としてフリーランス法に違反するため（同(イ)③），注意したい。

　また，海外送金には時間がかかるため，フリーランス法上の報酬支払期日の

ルール（60日ルール，再委託30日ルール，**8**参照）を遵守するため，時間的余裕をもって送金手続を行う必要がある。

(3) ＰＥリスク

　ＰＥ（Permanent Establishment）とは，「恒久的施設」と訳される概念である。国際的な税務の基本ルールとして，「ＰＥなければ課税なし」という原則が確立しており，ある国や地域がある法人に課税するためには，当該法人のＰＥが当該国・地域内に存在する必要がある。

　ＰＥには，一般に建設ＰＥ，支店ＰＥ，代理人ＰＥの３種があり，租税条約によってはコンサルＰＥという類型を定める例もある。

　海外在住のフリーランスが，在住国で発注者の代理人ＰＥやコンサルＰＥと認定されてしまうと，発注者が当該国で課税されるリスクがあることになる。インドなど新興国ではＰＥ課税に積極的な国もあるため，このような国に所在するフリーランスに業務委託をする場合には，発注者を代理して契約を締結するなどのＰＥと認定され得る活動をさせないようにしたり，契約書上「いかなる意味においても代理人と解釈されてはならない」旨の規定を設けたりするなどの対応が考えられる。

第 5 章

発注後の対応①－業務進行中

～本章のポイント～

　本章では，フリーランスに業務を発注した後，フリーランスが業務を進行している段階で留意すべきポイントを2つ解説する。なお，業務進行中の対応として，第7章の妊娠出産育児介護配慮義務，第8章のハラスメント対策義務も同様に重要である。

　まず，フリーランスが「労働者」とみなされないように，業務進行中の段階でも注意する必要がある。せっかく契約書を整備しても，働き方の実態が「労働者」なのであれば全く意味がないからである。契約書等に記載した業務以外の業務をさせる場合には別途協議して新たな契約書等を作成する，勤務場所・時間を拘束しない，業務指示を必要最小限度とする，名刺を与えたり社内規程を適用したりしないなどの工夫が求められる。

　また，業務進行中に問題となり得る禁止行為の類型として，自己の指定する物を強制して購入させ又は役務を強制して利用させる行為，不当な経済上の利益の要請がある。特に後者にあたる可能性のあるケースとして，フリーランスに対する費用，違約金，損害賠償金の請求，追加的役務の無償提供要請のケースには特に留意したい。

1 「労働者」とみなされないための対応

　フリーランスが働き方の実態として「労働者」にあたる場合（偽装フリーランス）の問題は，**第3章1**で詳述した。フリーランスが偽装フリーランスといわれないためには，契約書を整備しさえすれば足りるというものではなく，業務遂行中におけるフリーランスの取扱いの段階でも，実態として「労働者」にあたらないように注意する必要がある。

　第1に，3条通知や契約書に記載した業務以外の業務を，ラフに依頼しないようにすべきである。労働者かどうかの判断要素の重要なものとして，諾否の自由という要素がある。契約上明記された業務以外の業務に従事することまで強制しているかのような外観が生じると，諾否の自由が否定されかねない。また，業務遂行に対する指揮監督があるとされると労働者性を肯定する事情になるが，契約上行うべき業務以外の業務に従事させることは，まさに業務遂行に対する指揮監督があることを基礎づける事情になる。仮に3条通知や契約書に記載した業務以外の業務をさせたいのであれば，別途見積もりを依頼し，業務範囲や報酬等を協議したうえで，別途3条通知や契約書等を作成したうえで行わせるべきである。

　第2に，フリーランスの勤務場所や勤務時間を拘束せず，また管理しないようにする。勤務場所や勤務時間が拘束されていると，「労働者」性を肯定する重い要素となりかねない。契約書に勤務場所や勤務時間は自由である旨せっかく書いていたとしても，実態として拘束されているのであれば元も子もない。

　第3に，業務指示は必要最小限度にとどめることが望ましい。業務の内容や進め方について事細かに発注者から指示されている場合には，「労働者」だといえる方向のかなり重い要素となる。例えば，フリーランスが実際に行う作業を，毎日の朝礼などで随時指示することは避けたほうがよい。

　第4に，フリーランスに肩書（「●課長」など）や会社の名刺を与えたり，社内規程（特に懲戒規程）を適用したり，人事考課を行ったりして，発注者の

従業員と同様の取扱いをすることは避けたい。このような事情があると，フリーランスは発注者の組織に組み入れられているものとみなされ，労働者性を肯定する強い事情となりかねない。フリーランスはあくまで外注先であり，発注者の従業員とは異なるという認識を，発注者とフリーランス双方が持ちたいところである。

2　業務進行中における禁止行為

ここでは，業務進行中に問題になり得る禁止行為の規制（法5条）を解説する。

なお，この規制は1か月以上継続する業務委託にのみ適用があるが（法5条1項，令1条），事実上ほとんどの取引に適用があるし，適用がなくても独禁法上の優越的地位の濫用規制によりいずれにせよ同じ行為が禁止されているので，期間の長短を問わず遵守すべきである（**第4章7(1)**）。

発注段階における禁止行為は**第4章7**で，納品・代金支払段階における禁止行為は**第6章**で，契約終了時における禁止行為は**第9章1**で，それぞれ解説している。

(1)　購入・利用強制

発注者は，「正当な理由」がある場合を除き，自己の指定する物を強制して購入させ，又は役務を強制して利用させてはならない（法5条1項5号）。

①　「自己の指定する物」「役務」の「強制」の意味

「自己の指定する物」とは，原材料等のみならず，発注者又はその関連会社等が販売する物であって，フリーランスに購入させる対象として特定した物がすべて含まれる（解釈ガイドライン第2部第2の2(2)オ(ア)）。

「自己の指定する役務」とは，発注者又はその関連会社等が提供するものであって，フリーランスに利用させる対象として特定した役務がすべて含まれる（同）。例えば，保険，リース，インターネット・プロバイダ等のサービス等も当然含まれる（Q&A79）。

「強制して」購入させる，利用させるとは，物の購入又は役務の利用を取引の条件とする場合や，購入又は利用しないことに対して不利益を与える場合のほか，取引関係を利用して，事実上，購入又は利用を余儀なくさせていると認められる場合も含まれる（解釈ガイドライン第2部第2の2⑵オ(イ)）。発注者としては任意の購入や利用を依頼していたと認識していても，免責されることはない（同）。

② 「正当な理由」

物や役務の購入・利用強制が許されるのは，フリーランスの給付（物品や情報成果物も，役務も含まれる。）の内容を均質にし，又はその改善を図るため必要がある場合，その他正当な理由がある場合に限られる（法5条1項5号）。

(2) 不当な経済上の利益の提供要請

発注者は，自己のために金銭，役務その他の経済上の利益を提供させることにより，フリーランスの「利益を不当に害し」てはならない（法5条2項1号）。

① 「金銭，役務その他の経済上の利益」

「金銭，役務その他の経済上の利益」とは，協賛金，協力金等の名目を問わず，報酬の支払とは独立して行われる金銭の提供，作業への労務の提供等を含む（解釈ガイドライン第2部第2の2⑵カ(ア)）。

② フリーランスの利益を「不当に害する」

　フリーランスが「経済上の利益」を提供することが業務委託を受けた物品の販売促進につながるなど，直接の利益になる（経済上の利益を提供することにより実際に生じる利益が不利益を上回るもので，将来の取引が有利になるというような間接的な利益を含まない。）ものとして，フリーランスの自由な意思により提供する場合には，「不当に害する」とはいえない（解釈ガイドライン第2部第2の2(2)カ(イ)）。

　しかし，発注者の決算対策等を理由とした協賛金の要請等，フリーランスの直接の利益とならない場合には，フリーランスの利益を「不当に害する」ものにあたる。また，フリーランスが「経済上の利益」を提供することと，フリーランスの利益との関係を発注者が明確にしないで提供させる場合（負担額及び算出根拠，使途，提供の条件等について明確になっていない場合や，虚偽の数字を示して提供させる場合を含む。）にも，フリーランスの利益を「不当に害する」ものにあたる。（解釈ガイドライン第2部第2の2(2)カ(イ)）

　以下，不当な経済上の利益の提供要請として実務上問題となりうる典型例をいくつか取り上げる。

③ フリーランスに対する費用，違約金，損害賠償金の請求

　フリーランス・トラブル110番の現場においては，特にフリーランスが契約解消を申し出た際に，発注者が費用，違約金，損害賠償金名目で支払を請求し，結局やめられなくなってしまうトラブルが多く発生している（**第9章4**）。このような費用，違約金，損害賠償金名目の支払請求も，報酬の支払とは独立して行われる金銭の提供を要請するものとして，「経済上の利益」を提供させることにあたり，かつ，このような支払請求は何らフリーランスに直接の利益をもたらすものではなく，フリーランスの利益を「不当に害する」ものとして，法5条2項1号に違反すると考えておくべきである。

第5章　発注後の対応①－業務進行中　　**237**

④　追加的役務の無償提供要請

　フリーランスに対し，要請に応じなければ不利益な取扱いをする旨示唆して金銭・労務等の提供を要請すること，フリーランスが提供する意思がないと表明したにもかかわらず，又はその表明がなくとも明らかに提供する意思がないと認められるにもかかわらず，重ねて金銭・労務等の提供を要請することは，不当な経済上の利益の提供要請に該当するおそれがある（解釈ガイドライン第2部第2の2(2)カ(エ)③④）。

　このほか，発注者が契約内容に含まれていないにもかかわらずフリーランスに追加的な役務を無償で提供させることは，広く不当な経済上の利益の提供要請に該当するおそれがある[1]。

⑤　知的財産権の譲渡・許諾

　フリーランスに発生する知的財産権を譲渡・許諾させる行為が，不当な経済上の利益の提供要請が該当するおそれがある（Q&A80）。**第4章3(4)②**を参照されたい。

(3)　実務対応

　第4章7(3)を参照されたい。

1　第211回国会衆議院内閣委員会第10号2023年4月5日会議録69番

第 6 章

発注後の対応②
－納品・報酬支払

～本章のポイント～

本章では，フリーランスから納品を受け，フリーランスに対し報酬を支払う段階で留意すべきポイントを解説する。

納品に関しては，受領拒否，返品，給付内容の変更，やり直し，という各禁止行為を行わないよう注意する必要がある。フリーランスに「責めに帰すべき事由」があると現場で考えてしまうことも多いであろうが，フリーランス法におけるフリーランスの「責めに帰すべき事由」はかなり狭く解釈されており，軽々に「責めに帰すべき事由」があると考えるべきではない。禁止行為にあたらないことを確保しながらフリーランスの成果物の質を担保するには，3条通知において成果物の満たすべき内容が明確になっていることが最低限求められる。

報酬支払に関しては，報酬支払期日を遵守するほか，報酬減額という禁止行為を行なわないように注意する必要がある。報酬支払期日は既に第4章で詳述した。報酬減額は，フリーランスに「責めに帰すべき事由」がある場合には許容されるが，かなり狭く解釈されており，軽々に「責めに帰すべき事由」があると考えるべきではない。報酬減額を合法的に行う余地を残す意味でも，3条通知において成果物の満たすべき内容が明確になっていることが最低限求められる。実務上は，費用，違約金，損害賠償金を報酬から差し引くことで報酬減額を行う例が散見されるが，契約書上明確に記載があってもフリーランス法に反する可能性があるので，避けるべきである。

第6章　発注後の対応②－納品・報酬支払　**241**

　本章では，納品・報酬支払段階に問題になり得る禁止行為の規制（法5条）を主として解説するほか，報酬支払期日の規制（法4条）の支払段階における留意点にも触れる。

　なお，禁止行為の規制（法5条）は1か月以上継続する業務委託にのみ適用があるが（法5条1項，令1条），事実上ほとんどの取引に適用があるし，適用がなくても独禁法上の優越的地位の濫用規制によりいずれにせよ同じ行為が禁止されているので，期間の長短を問わず遵守すべきである（**第4章7(1)**）。

　発注段階における禁止行為は**第4章7**で，フリーランスの業務進行中における禁止行為は**第5章2**で，契約終了時における禁止行為は**第9章1**で，それぞれ解説している。

1　納品の留意点

(1)　受領拒否

　発注者は，フリーランスの「責めに帰すべき事由」がないのに，フリーランスの「給付の受領」を拒んではならない（法5条1項1号）。

①　「給付の受領」の拒否

　「給付の受領」とは，物品や情報成果物を受領することをいい，役務提供の拒否は対象にならない（解釈ガイドライン第2部第2の1(1)，同2(2)ア(ア)。法2条7項かっこ書参照）。役務提供の拒否は，(3)で後述する給付内容変更等（法2条2項2号）の問題となる。

　「受領を拒む」とは，フリーランスの物品や情報成果物の給付の全部又は一部を納期に受け取らないことをいう（解釈ガイドライン第2部第2の2(2)ア(イ)）。

　実務上最も重要なのは，業務委託の解除により受け取らない場合も受領拒否

に含まれる点である（解釈ガイドライン第2部第2の2(2)ア(イ)）。**第9章1で**でも後述するとおり，発注者からの契約解除にこの規制の適用がある結果，契約解除自体が制限されることになる。

② フリーランスの「責めに帰すべき事由」

フリーランスから物品や情報成果物の受領を拒むことができるのは，フリーランスに「責めに帰すべき事由」がある場合のみである（法5条1項1号）。そして，フリーランスに「責めに帰すべき事由」があるとされるのは，次の2つの場合に限られる（解釈ガイドライン第2部第2の2(2)ア(ウ)）。

① フリーランスの給付の内容が委託内容と適合しないこと等がある場合
② フリーランスの給付が3条通知に記載された納期までに行われなかったため，そのものが不要になった場合

しかも，上記2つの場合はかなり厳格に解釈される。

上記①の委託内容不適合は，例えば以下の場合にはフリーランスの「責めに帰すべき事由」が認められない（解釈ガイドライン第2部第2の2(2)ア(ウ)①）。

➤ 3条通知に委託内容が明確に記載されておらず，又は検査基準が明確でない等のため，フリーランスの給付の内容が委託内容と適合しないことが明らかでない場合
➤ 取引の過程において，委託内容についてフリーランスが提案し，確認を求めたところ，発注者が了承したので，フリーランスが当該内容に基づき製造等を行ったにもかかわらず，給付の内容が委託内容と適合しないとする場合

筆者のフリーランス・トラブル110番における相談経験からすると，発注者がフリーランスの受領を拒むのは上記の2つの場合が多いように思われる。例えば，デザイナー，動画制作，ライターなどのクリエイター系のフリーランス

は、発注者も発注時には具体的な成果物のイメージがついていないが、いざ納品してみると「イメージと違う」などと思いがちで、受領を拒否したりやり直しを求めたりする。しかし、たいていの場合、契約書や発注書自体が存在しないか、存在したとしても成果物の満たすべき仕様や規格等が何ら記載されておらず、成果物が委託内容と適合しないと発注者側が立証することが困難なケースが多い。また、慎重なフリーランスであれば、どのような成果物を作成すべきか事前に発注者に提案し、確認を求め、発注者の了承を得て業務を進めることが多いが、このような場合でも、いざ成果物を受領すると発注者が気に入らないか、その他の思惑（あわよくば代金を踏み倒してやろう、値引きしてやろう、お金がないので支払を遅らせたいなど）をもって受領を拒否するケースも見かける。しかし、上記のとおり、これらの場合にはフリーランスの「責めに帰すべき事由」がないので、発注者はフリーランス法に違反することになる。

　上記②の納期遅れは、3条通知に納期が明確に記載されていない等のため納期遅れであることが明らかでない場合や、納期がフリーランスの事情を考慮せずに一方的に決定されたものである場合には、フリーランスの「責めに帰すべき事由」が認められない（解釈ガイドライン第2部第2の2(2)ア(ウ)②）。

(2)　返品

　発注者は、フリーランスの「責めに帰すべき事由」がないのに、フリーランスからの給付を受領した後、当該給付にかかる物をフリーランスに引き取らせてはならない（法5条1項3号）。

①　返品とは

　返品は、物品の製造委託や情報成果物作成委託の場合に問題となり、役務提供の拒否は対象にならない（解釈ガイドライン第2部第2の2(2)ウ。法2条7項かっこ書参照）。役務提供の拒否は、(3)で後述する給付内容変更等（法2条2項2号）の問題となる。

重要なポイントは，発注者とフリーランスとの間で返品について合意があったとしても，フリーランスに「責めに帰すべき事由」がない限り，フリーランス法違反とされるという点である（解釈ガイドライン第2部第2の2(2)ウ）。フリーランスから返品につき同意書をとったり，了解をとったりするだけでは，フリーランス法違反を免れることができない。

② フリーランスの「責めに帰すべき事由」

フリーランスに返品することができるのは，フリーランスに「責めに帰すべき事由」がある場合のみである（法5条1項3号）。そして，フリーランスに「責めに帰すべき事由」があるとされるのは，フリーランスの給付の内容に委託内容と適合しないこと等がある場合で，かつ，以下の期間内に限られる（解釈ガイドライン第2部第2の2(2)ウ(ア)(イ)）。

① 委託内容不適合が直ちに発見することができる場合は，受領後速やかに返品しなければならない（意図的に検査期間を延ばすことはできない）。
② 委託内容不適合が直ちに発見することができない場合，給付の受領後6か月以内に返品しなければならない（ただし，一般消費者に6か月を超えて保証期間を定めている場合には，最長1年以内に返品しなければならない）。

しかも，委託内容不適合にあたるか否かはかなり厳格に解釈される。例えば以下の場合にはフリーランスの「責めに帰すべき事由」が認められない（解釈ガイドライン第2部第2の2(2)ウ(ア)）。

➤ 3条通知に委託内容が明確に記載されておらず，又は検査基準が明確でない等のため，フリーランスの給付の内容が委託内容と適合しないことが明らかでない場合
➤ 業務委託後に検査基準を恣意的に厳しくすることにより，委託内容と適合しないとして，従来の検査基準で合格とされたものを不合格とする場合

➤給付に係る検査を省略する場合
➤給付に係る検査を特定業務委託事業者が行わず，かつ，当該検査をフリーランスに書面又は電磁的方法によって委任していない場合

　期間制限については，直ちに委託内容不適合が発見できるならすぐに返品しなければならないし，そうでなくても6か月以内に返品しなければならず，タイトである。この規律は，「商人間の売買」に適用される商法526条の内容を念頭に置いたものと思われる。フリーランスが「商人」（商法4条）に当たらない限りは商法526条の適用はないはずであるが，このような場合であっても，フリーランス法の返品の規制は依然として適用があり，遅くとも6か月以内に返品することが求められる。

(3)　不当な給付内容の変更，不当なやり直し

　発注者は，フリーランスの「責めに帰すべき事由」がないのに，フリーランスの「給付の内容を変更させ」，又はフリーランスの給付を受領し又は役務提供を受けた後，給付を「やり直させ」，フリーランスの利益を「不当に害し」てはならない（法5条2項2号）。

①　「給付の内容を変更させ」ること

　「給付の内容を変更させ」るとは，発注者が給付（製造委託の物品，情報成果物の納品のほか，役務の提供も含む。法2条7項かっこ書参照）の受領前に，フリーランスに，3条通知に記載された「給付の内容」（**第4章2(3)参照**）を変更し，当初の委託内容とは異なる作業を行わせることをいう（解釈ガイドライン第2部第2の2(2)キ(ア)）。
　実務的に重要なのは，業務委託を取り消すこと（契約の解除）も給付内容の変更に該当することである（解釈ガイドライン第2部第2の2(2)キ(ア)）。**第9章1**でも後述するとおり，発注者からの契約解除にこの規制の適用がある結果，

契約解除自体が制限されることになる。

② 「やり直させ」ること

「給付をやり直させ」るとは，発注者が給付（製造委託の物品，情報成果物の納品のほか，役務の提供も含む。法2条7項かっこ書参照）の受領後に，フリーランスに，当該給付に関して追加的な作業を行わせることをいう（解釈ガイドライン第2部第2の2(2)キ(イ)）。

③ フリーランスの利益を「不当に害する」

給付内容の変更ややり直しによって，フリーランスがそれまでに行った作業が無駄になり，又はフリーランスにとって当初委託された内容にはない追加的な作業が必要となった場合に，発注者がその費用を負担しないことは，フリーランスの利益を不当に害するものである（解釈ガイドライン第2部第2の2(2)キ(ウ)）。

他方で，給付内容の変更又はやり直しのために必要な費用を発注者が負担するなどにより，フリーランスの利益を不当に害しないと認められる場合には，不当な給付内容の変更及び不当なやり直しの問題とはならない（同）。

要するに，発注者は，給付内容を変更させたりやり直させたりするためには，費用を負担しなければならない。

④ フリーランスの「責めに帰すべき事由」

フリーランスの給付内容を変更したりやり直させたりできるのは，フリーランスに「責めに帰すべき事由」がある場合のみである（法5条2項2号）。そして，フリーランスに「責めに帰すべき事由」があるとして，発注者が費用を全く負担することなくフリーランスの給付の内容を変更したりやり直させたりすることが認められるのは，次の3つの場合に限られる（解釈ガイドライン第2部第2の2(2)キ(エ)）。

a　給付を受領する前にフリーランスの要請により給付の内容を変更する場合

b　給付を受領する前にフリーランスの給付の内容を確認したところ，給付の内容が３条通知に記載された「給付の内容」と適合しないこと等があることが合理的に判断され，給付の内容を変更させる場合

c　フリーランスの給付の受領後，フリーランスの給付の内容が３条通知に記載された「給付の内容」と適合しないこと等があるため，やり直しをさせる場合

　しかも，上記３つの場合はかなり厳格に解釈される。

　例えば，上記ｂ，ｃの委託内容不適合は，例えば以下の場合には，発注者が追加費用の全額を負担することなく給付内容の変更ややり直しをさせることはできない（解釈ガイドライン第２部第２の２(2)キ(オ)①②）。

➤フリーランスの給付の受領前に，フリーランスから給付の内容を明確にするよう求めがあったにもかかわらず，発注者が正当な理由なく給付の内容を明確にせず，フリーランスに継続して作業を行わせ，その後，給付の内容が委託内容と適合しないとする場合

➤取引の過程において，委託内容についてフリーランスが提案し，確認を求めたところ，発注者が了承したので，フリーランスが当該内容に基づき，製造等を行ったにもかかわらず，給付の内容が委託内容と適合しないとする場合

　筆者のフリーランス・トラブル110番における相談経験からすると，発注者がフリーランスの受領を拒むのは上記の２つの場合が多いように思われる。例えば，デザイナー，動画制作，ライターなどのクリエイター系のフリーランスは，どのような成果物を作成すべきか事前に発注者に提案し，確認を求めるが，発注者がこれに返答しなかったり，発注者の了承を得たりして業務を進めたところ，いざ成果物を受領すると発注者が気に入らないか，その他の思惑（あわよくば代金を踏み倒してやろう，値引きしてやろう，お金がないので支払を遅

らせたいなど）をもって成果物の内容の変更ややり直しを求めるケースも見かける。しかし，上記のとおり，これらの場合にはフリーランスの「責めに帰すべき事由」がないので，発注者はフリーランス法に違反することになる。

なお，通常の検査で委託内容と適合しないことを発見できないフリーランスの給付について，受領後1年を経過した場合には，原則として給付内容の変更又はやり直しを要請することは許されない。ここでいう「受領後1年」は，民法上の契約不適合責任の期間制限（民法566条）を念頭に置いたものと思われる。ただし，フリーランスとの取引が「商人間の売買」にあたる場合には，原則として別途商法526条が適用され，受領後6か月以内に通知しなければ契約不適合責任を問うことができなくなる。フリーランス法よりも商法の規制の方が厳しい場合があるので，この点にも留意する必要がある。

(4) 実務対応

以上を踏まえると，いざ納品を受けた後に出来の悪い成果物・納期遅れの成果物の受領を拒絶できるようにするためには，実務対応としては，まず3条通知において，納期を明確に記載し，かつ成果物の満たすべき仕様や規格等を可能な限り明記しておくことが必須である。この点は，**第4章2(3)(4)**を参照されたい。

そのうえで，検収を適時に行い，フリーランスの納入した成果物が契約上の仕様，規格等を満たさないことを，言語化し，証拠化することが求められる。

このほか，**第4章7(3)**も参照されたい。

第6章　発注後の対応②－納品・報酬支払　　**249**

2　報酬支払の留意点

(1)　報酬支払遅延

　報酬支払期日は，3条通知で明確に記載すべき事項であるし（**第4章2(6)**），60日ルールか再委託30日ルールが適用されるため（**第4章8**），報酬支払期日に支払をしない場合には，即フリーランス法違反となりかねない。

　60日ルールか再委託30日ルールとの関係では，発注者は，フリーランスの「責めに帰すべき事由」がない限り，定められた支払期日までに支払をする義務を負う（法4条5項）。フリーランスの「責めに帰すべき事由」として想定されているのは，フリーランスが誤った報酬振込先の口座番号を伝えていたといった場合に過ぎない（解釈ガイドライン第2部第2の1(3)ア）。フリーランスが請求書を提出しないことすら，報酬支払遅延を正当化する「責めに帰すべき事由」にならない（Q&A57）。そもそも下請法では下請事業者の「責めに帰すべき事由」を考慮する余地を認めていないこと（同法4条の2）をも勘案すると，フリーランス法における同事由の範囲は極めて限定されると考えておいたほうがよい[1]。そして，同事由が消滅した場合には，その時点から起算して60日（再委託30日ルールの場合は30日）以内に支払う必要がある（法4条5項ただし書）。

　報酬の支払を遅延すれば，フリーランス法違反となるばかりでなく，契約に基づく債務不履行責任（遅延損害金）が発生することにもなる（民法419条）。遅延損害金の起算点は，民法（412条）や契約の定めで決まるものと考えるが，フリーランス法4条に私法的効力を認めるなら（**深掘りコラム1**），同条で定

1　滝澤紗矢子「フリーランス法の意義と特徴―独禁法・下請法に通ずる観点から」ジュリ1589号56頁も，「本法制定の趣旨からすれば，ある程度厳格に解釈すべきように思われる」とする。

まる日を起算点とする道もある。

(2) 報酬減額

　発注者は，フリーランスの「責めに帰すべき事由」がないのに，報酬の額を減じてはならない（法5条1項2号）。

　なお，この規制は1か月以上継続する業務委託にのみ適用があるが（法5条1項，令1条），事実上ほとんどの取引に適用があるし，適用がなくても独禁法上の優越的地位の濫用規制によりいずれにせよ同じ行為が禁止されているので，期間の長短を問わず遵守すべきである（**第4章7(1)**）。

① 報酬の「額を減ずる」とは？

　報酬の額を「減ずる」とは，いったん決定された報酬の額を事後に減ずることをいい，減額の名目，方法，金額の多寡を問わない（解釈ガイドライン第2部第2の2(2)イ(ｱ)）。

　重要なポイントは，発注者とフリーランスとの間で報酬の減額等についてあらかじめ合意があったとしても，フリーランスに「責めに帰すべき事由」がない限り，フリーランス法違反とされるという点である（解釈ガイドライン第2部第2の2(2)イ）。フリーランスから報酬減額につき同意書をとったり，了解をとったりするだけでは，フリーランス法違反を免れることができない。

　いくつか実務上よくある違反例を述べると，まず，消費税・地方消費税額相当分を支払わないことは報酬減額にあたる（解釈ガイドライン第2部第2の2(2)イ(ｲ)②）。いわゆるインボイス制度に関連してよく問題になる。インボイスにまつわる問題については，**深掘りコラム15**で詳述した。

　費用，違約金，損害賠償金名目で報酬から差し引くことも，報酬減額となる。解釈ガイドラインも，以下のような例は報酬減額にあたると明示する（同第2部第2の2(2)イ(ｲ)③④⑤⑩⑪⑫）。

第6章　発注後の対応②－納品・報酬支払　251

➤フリーランスと書面又は電磁的方法で合意することなく，報酬をフリーラン
スの金融機関口座へ振り込む際の「手数料」をフリーランスに負担させ，報
酬の額から差し引くこと。(費用)(Q&A77も参照)

➤報酬をフリーランスの金融機関口座に振り込む際の「手数料」をフリーラン
スに負担させることを書面又は電磁的方法で合意している場合に，金融機関
に支払う実費を超えた振込手数料の額を報酬の額から差し引くこと。(費用)
(Q&A77も参照)

➤発注者からの作成に必要な原材料等の支給の遅れ又は無理な納期指定によっ
て生じた納期遅れ等をフリーランスの責任によるものとして，納期遅れによ
る「商品価値の低下分」とする額を報酬の額から差し引くこと。(損害賠償)

➤発注者が，フリーランスが業務委託に係る業務の遂行に要する「費用」等を
発注者が自ら負担する旨を明示していた場合に，当該費用等相当額を支払わ
ないこと。(費用)

➤発注者がフリーランスに対して元委託業務の一部を再委託した場合において，
発注者とフリーランスの間で，元委託業務の実施に当たり発注者が締結した
保険契約の「保険料」の一部をフリーランスが負担する旨の取決めを行って
いなかったにもかかわらず，発注者が当該保険料の一部相当額を報酬の額か
ら差し引くこと。(費用)

➤発注者とフリーランスの間で，業務委託に係る契約の更新は義務となってお
らず，かつ，契約の更新を行わなかった際には「違約金」等が発生する旨の
合意がなされていなかったにもかかわらず，発注者がフリーランスに契約の
更新を求めフリーランスがこれを拒んだところ，報酬の額から違約金等の名
目で一定の割合又は一定額を報酬の額から差し引くこと。(違約金)

　契約書上明確に記載のある費用，違約金，損害賠償金であっても，フリーラ
ンスに「責めに帰すべき事由」がない限り，報酬から差し引くことは許されな
いと考えるべきである。

② フリーランスの「責めに帰すべき事由」

　フリーランスの報酬を減額できるのは，フリーランスに「責めに帰すべき事由」がある場合のみである（法5条1項2号）。そして，フリーランスに「責めに帰すべき事由」があるとされるのは，フリーランスの給付の内容が委託内容と適合しない，納期に遅れたなどとして，受領拒否又は返品がフリーランス法違反とならない場合に限られる（解釈ガイドライン第2部第2の2⑵イ㋑）。受領拒否が許容される場合がかなり厳格に解釈されることは，1⑴②のとおりであり，報酬減額のハードルもかなり高いことになる。

| 深掘りコラム15 | フリーランスとインボイスをめぐる問題 |

⑴　インボイス制度とは

　「インボイス制度」とは，「仕入税額控除」を行うため「適格請求書発行事業者」の交付する「適格請求書」（インボイス）の保存を必要とする制度である[2]。この制度は2023年10月1日から開始された。

　「仕入税額控除」とは何か。事業者は，売上として受け取った消費税額（売上税額）から，仕入や経費等として支払った消費税額（仕入税額）を差し引いた消費税額を納付する。仕入税額を差し引くことを「仕入税額控除」という。

　「インボイス制度」のもとでは，発注者は，仕入先の受注者が適格請求書発行事業者の登録をしないと，受注者に支払った消費税額を仕入税額控除できないため，納付する消費税額が多くなる。そこで発注者は，受注者に対し当該登録を強制したり，当該登録をしないなら代金額を減額したりする。これにより受注者の収入は減ってしまう。これが，独禁法上の優越的地位の濫用，下請法

2　国税庁「消費税の仕入税額控除制度における適格請求書等保存方式に関するQ&A」問1

上の禁止行為のほか，フリーランス法上の禁止行為（法5条）に該当し，違法とされないかが問題となる。

2022年1月19日，公取委ほか4省庁は，「免税事業者及びその取引先のインボイス制度への対応に関するQ&A」（以下「インボイスQ&A」という。）[3]で，消費税の納税義務が免除される「免税事業者」への適法・違法な対応の例を示した。以下ではこれに依拠しながら具体的事例を見てみよう。

(2) インボイス登録の要請・強要

発注者が，インボイス制度に対応するため，受注者に対し課税事業者になるよう要請することがありうる。

この要請を行うこと自体は独禁法上もフリーランス法上も問題とならない（インボイスQ&AQ7の6，Q&A115）。しかし，単なる要請にとどまらず，課税事業者にならなければ取引価格を引き下げる，取引を打ち切るなどと一方的に通告することは，独禁法上又は下請法上問題となるおそれがある（同）。フリーランス法施行後は，同様の行為は報酬減額，受領拒否，給付内容変更等（法5条）として問題になり得る（Q&A115）。

(3) 値下げ

フリーランスが課税事業者として登録しない場合，発注者は，仕入税額控除が行えないから，これを理由に値下げを要求することがありうる。

仕入税額控除ができないことを理由に値下げを「要請」し，取引価格の「再交渉」を行い，仕入税額控除が制限される分（免税事業者からの課税仕入れについては，インボイス制度の実施後3年間は，仕入税額相当額の8割，その後

3　https://www.jftc.go.jp/dk/guideline/unyoukijun/invoice_qanda.html　［2024年7月7日閲覧］

の3年間は同5割の控除ができることとされている。）について，受注者の仕入れや諸経費の支払に係る消費税の負担をも考慮したうえで，「双方納得のうえで」取引価格を設定するなら，独禁法上問題とならない（インボイスQ&AQ7の1）。

他方で，「再交渉」が形式的なものに過ぎず，発注者の都合のみで，受注者の負担分の消費税額も払えないような「著しく低い価格」を設定する行為等は，独禁法上の優越的地位の濫用として，また下請法違反として，許されない（インボイスQ&AQ7の1）。これも，フリーランス法施行後は同法違反にもなり得ると思われる（Q&A115参照）。

(4) 発注の取消し・取引の停止

フリーランスが課税事業者としての登録や値下げに応じない場合，発注者が，フリーランスに対し既にした発注を取り消し，又は新たな発注を停止することもありうる。

発注者がフリーランスに発注した後に，フリーランスが免税事業者であることを理由に商品の受領を拒否したり返品したりすることは，優越的地位の濫用又は下請法上の禁止行為として問題となりうる（インボイスQ&AQ7の2）。

また，事業者がどの事業者と取引するかは基本的に自由であるけれども，例えば，発注者が，インボイス制度の実施を契機として，フリーランスに対し著しく低い取引価格を一方的に設定したうえ，これに応じないフリーランスとの取引を停止した場合は，独禁法上問題となるおそれがある（インボイスQ&AQ7の5）。

以上も，フリーランス法施行後は同法違反とされるものと思われる（Q&A115参照）。

(5)　実務対応

　上記で触れた事例はほんの一例に過ぎないが，これらを見るだけでも，発注者が最低限押さえるべき2つのポイントがわかる。

　第1に，「双方向性」である。強い方の発注者が「一方的に」自らの要求を押し付けてはいけない。発注者は，弱い立場にあるフリーランスに対し，発注者の欲する結論（例えば，フリーランスに課税事業者の登録をしてほしい，代金額を一定額減額してほしいなど）を「要請」し，決して一方的な通知で終わらせてはいけない。そして，そのような「要請」をする合理的な理由も説明する。フリーランスの言い分も「傾聴」し，それも踏まえながら条件を「交渉」し，場合によっては多少譲歩してあげる（例えば，代金減額を要請した場合には，一定期間の激変緩和期間をおいて順次減額をしていくこともありうる）。このようなプロセスを経て，最終的に「双方向」の合意に達する。このようなプロセスを行い，かつ議事録等を適時に作成するなどして全過程を証拠化しておけば，後に違法性を問われるリスクは低くなる。

　第2に，負担の「分かち合い」である。フリーランスが課税事業者の登録をしてくれなければ，単純に発注者の負担だけが増加することになりかねないから，受注者に対し応分の負担を求めること自体は否定されない。しかし，負担増加分を全部フリーランスに転嫁する，さらに負担増加分を超える負担をフリーランスに強要することは許されない。フリーランスに代金減額その他の方法で応分の負担を求めるとしても，その金額は，インボイス制度による負担増加分の一部のみとすべきである。インボイス制度開始後6年間は，インボイスがなくても一定割合に限って仕入税額控除を認める経過措置が設けられているから[4]，税負担増加分の転嫁をこの範囲内にとどめることも考慮されてよい。

4　国税庁「適格請求書等保存方式の概要－インボイス制度の理解のために─」（令和5年7月）15頁

第 7 章

発注後の対応③
－妊娠出産育児介護配慮義務

～本章のポイント～

　本章では，発注後の対応の一環として，妊娠出産育児介護配慮義務を解説する。

　フリーランスに業務委託する発注者は，6か月以上継続する業務委託をしているフリーランスの申出があれば，それに応じて，妊娠出産育児介護と両立しつつ業務に従事できるよう，妊娠出産育児介護の状況に応じた「必要な配慮」をする義務を負う。

　より具体的には，フリーランスの配慮の申出の内容等を把握したうえ，発注者において配慮の内容や取り得る選択肢を検討し，可能な配慮が存在するのであれば，配慮の内容を伝達して実施し，他方，配慮を行うことが困難なのであれば，配慮を実施しない旨伝達するとともに理由を説明することが求められる。

　フリーランスによる配慮申出を阻害する行為を行うことや，フリーランスが配慮申出をしたり配慮を受けたことのみを理由として契約の解除その他の不利益な取扱いを行うことは，許されない。

1　概要

フリーランスに業務委託する発注者（正確には，特定業務委託事業者のみ）は，「継続的業務委託」をしているフリーランスの申出があれば，それに応じて，妊娠出産育児介護と両立しつつ業務に従事できるよう，妊娠出産育児介護の状況に応じた「必要な配慮」をする義務を負う（法13条1項）。「継続的業務委託」ではない業務委託の場合であっても，「必要な配慮」をする努力義務がある（同条2項）。

2　「継続的業務委託」とは？

妊娠出産育児介護配慮義務が生じるのは，「継続的業務委託」である場合に限られる。「継続的業務委託」とは，以下の2つをいずれも含む概念であり（法13条1項，令3条），期限の定めのない業務委託も含まれる。

---

① 　6か月以上の期間行う業務委託
② 　当該業務委託に係る契約の更新により6か月以上の期間継続して行うこととなる業務委託

期間の算定は，業務委託をした日を始期，最後の給付受領・役務提供の「予定」日を終期とする（指針第3の1(3)，解釈ガイドライン第2部第2の2(1)ア）。この間の期間が6か月以上であるかどうかを考えることになる。

なお，禁止行為の規制（法5条）も，1か月以上継続することとなる業務委託のみに適用される（令1条）。期間は異なるが，始期と終期の考え方は同じなので（解釈ガイドライン第3部2），ここで一括して解説する。

(1) 始期の考え方

　始期は,「業務委託をした日」, すなわち業務委託契約を締結した日である（指針第3の1(3)）。発注者とフリーランスとが基本契約を締結している場合には,「基本契約の成立日」が始期となる（指針第3の1(3)）。(個別)業務委託契約と基本契約とが双方締結されているようなケースでは, いずれか早い日である（解釈ガイドライン第2部第2の2(1)ア(ｱ)）。初日は算入する（解釈ガイドライン第2部第2の2(1)）。Q&A59にも同様の考え方がまとめられている。

　業務委託契約を締結した日と業務委託契約の契約期間の開始日とが同じなら, その日を「業務委託をした日」とすればよい。
　ところが, 前者の方が先にずれる場合, 例えば, 契約期間をN年4月1日からN年9月20日とする業務委託契約を, N年3月15日に締結した場合はどうなるであろうか（図表7-1）。

【図表7-1】

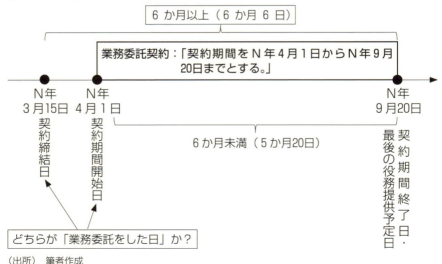

（出所）筆者作成

第7章　発注後の対応③－妊娠出産育児介護配慮義務　　**261**

　政府見解は，別途業務開始日を定めた場合であっても，契約を締結した日（基本契約を締結する場合にはその締結日）を始期とし，業務開始日よりも前に契約を締結したとしても同じと解釈している（下位法令パブコメ回答2-3-16）。なぜならば，業務開始日よりも前に契約を締結した場合であっても，契約が開始すれば発注者とフリーランスに一定の経済的依存・従属関係が生じるからである（同）。

　図表7-1の例では，契約期間自体は5か月と20日に過ぎず，6か月に満たないが，契約締結日であるN年3月15日の翌日16日から起算すると6か月を超えるため，継続的業務委託にあたる。

(2)　終期の考え方

　終期は，最後の給付受領・役務提供の「予定」日，基本契約が締結される場合には基本契約の満了予定日である（指針第3の1(3)）。3条通知で明示する給付受領日・役務提供日（給付・役務提供の期間を定める場合には当該期間の最終日），契約終了日，又は基本契約が終了する日，のいずれか遅い日とも定式化される（解釈ガイドライン第2部第2の2(1)ア(イ)）。Q&A59にも同様の考え方がまとめられている。

①　6か月を実際に経過する必要はなく，「見込み」で足りる

　最後の給付受領・役務提供の「予定」日が6か月以上先であれば，実際には6か月を経過していなくても，業務委託をした日時点で，6か月継続する「見込み」があるものとして，「継続的業務委託」に該当する（指針第3の1(3)）。

　例えば，契約期間をN年4月1日からN+1年3月31日までの1年とすると明記した業務委託契約を，N年4月1日に締結した場合，当該契約は，業務委託をした日（N年4月1日）から6か月を経過したN年10月1日を待つまでもなく，N年4月1日時点でも6か月継続する見込みがあるから，初日から「継続的業務委託」となる。**図表7-2**は，このイメージを示したものである。

【図表7-2】

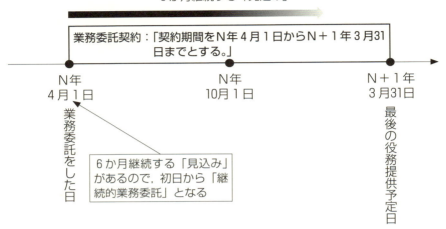

（出所）筆者作成

② 実際には6か月以内に納品した場合

例えば，発注者がN年4月1日に発注書をフリーランスに送付し，ある成果物をN年10月15日を納期として作成納入するよう発注し，フリーランスがこれを即日（N年4月1日に）承諾したが，実際にはフリーランスがN年9月15日に成果物を納入した，という事例を考える（**図表7-3**）。

【図表7-3】

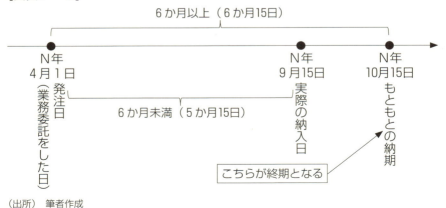

（出所）筆者作成

第7章　発注後の対応③－妊娠出産育児介護配慮義務　263

　この場合，実際の給付受領・役務提供日は始期から6か月以内ではあるものの，もともとの給付受領・役務提供の「予定」日はN年10月15日であり，始期から6か月以上先であるから，継続的業務委託に該当する（**図表7－3**）。終期は，実際の給付受領日が前倒し又は後ろ倒しとなっても変動しないとされており（解釈ガイドライン第2部第2の2(1)ア(イ)，同第3部2，Q&A61），要するに契約締結当初から予定されていた契約期間で考えることになるからである。

③　もともとの納期が遵守されなかった場合

　逆に，フリーランスがもともとの納期を遵守しなかった場合はどうか。例えば，発注者がN年4月1日に発注書をフリーランスに送付し，ある成果物をN年9月15日を納期として作成納入するよう発注し，フリーランスがこれを即日（N年4月1日に）承諾したが，フリーランスが納期までに成果物を納入できず，N年10月15日にやっと納入したという事例を考える（**図表7－4**）。

【図表7－4】

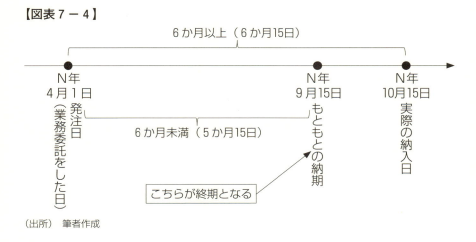

（出所）　筆者作成

　この場合，実際の納入日は発注日から6か月以上先ではあるものの，終期は，実際の給付受領日が前倒し又は後ろ倒しとなっても変動しないとされており（解釈ガイドライン第2部第2の2(1)ア(イ)，同第3部2，Q&A61），要するに

契約締結当初から予定されていた契約期間で考えることになるから，当初の想定どおり，給付受領・役務提供の「予定」日であるN年9月15日を終期と考え，継続的業務委託ではないと考えることになる。

　では，フリーランスの責めに帰すべきとはいえない事由で納入が遅れた場合，例えば，まさに，発注後にフリーランス自身の妊娠が発覚し，妊娠に起因する症状により業務を行うことができなかったことが納入が遅れた原因である場合はどうか。このような場合であっても，フリーランスの帰責事由の有無によって終期が異なるとすると，継続的業務委託かどうかの判断が不安定になるため，ややフリーランスにはかわいそうであるが，やはり，当初の想定どおり，給付受領・役務提供の「予定」日であるN年9月15日を終期と考え，継続的業務委託ではないと考えたほうがよいように思われる。もっとも，継続的業務委託でない場合にも，必要な配慮をする努力義務があるから（法13条2項），発注者としてもフリーランスの事情をなおざりにしてよいというわけではない。また，妊娠に起因する症状により業務を行うことができなかったことを理由として不利益な取扱いをすることはマタハラに該当するため（法14条1項1号），その意味で許されないことになる。

④　納期が合意により延長された場合

　図表7－4の例を少し変えて，発注者とフリーランスとが，N年9月1日に納期を10月15日に変更する合意をし，フリーランスが変更後納期どおり10月15日に成果物を納品した場合はどうか（**図表7－5**）?

　この場合には，当事者間の合意により給付受領・役務提供の「予定」日が変更されたから，変更後の納期であるN年10月15日を終期と考えるべきであろう。そうすると，始期と終期の間が6か月以上となるから，継続的業務委託に該当することになる。

　ただし，始期と終期の間が6か月以上となったのは，N年9月1日の納期変更合意によってであるから，継続的業務委託に該当するのは，同日以降と考えるべきであろう。逆に，N年8月31日以前にさかのぼって継続的業務委託に該

【図表7−5】

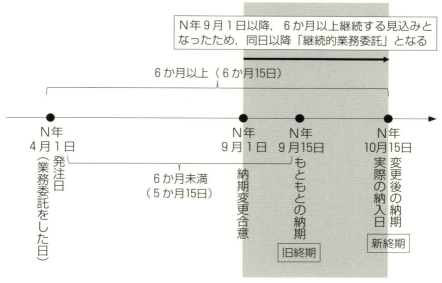

(出所) 筆者作成

当すると考えてしまうと，継続的業務委託でないと考えていた発注者に予測しない事態を生じさせるから妥当でない。

⑤ 契約が中途解除された場合

6か月以上継続するはずだった契約が，6か月経過前に中途解除された場合はどうか。例えば，契約期間をN年4月1日からN＋1年3月31日までの1年とすると明記した業務委託契約を，N年4月1日に締結したが，N年7月31日をもって中途解除された場合を考える（**図表7−6**）。

この場合，N年4月1日の時点から，6か月以上契約が継続することが見込まれるので，同日の時点ですでに継続的業務委託に該当する。その後の中途解除によって，契約期間は結局4か月に過ぎず，6か月に達していないが，もともと最後の役務提供日がN＋1年3月31日であったことに変わりはないから，4か月の全期間が継続的業務委託と取り扱われることになると考えられる。

【図表 7 − 6】

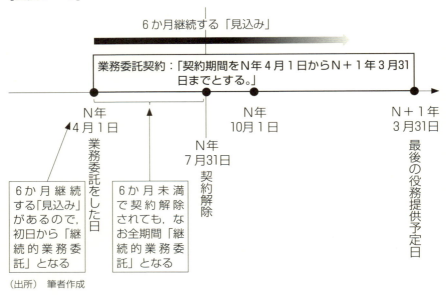

(出所) 筆者作成

(3) 契約の更新の場合の継続の考え方

　契約が更新されることにより複数の業務委託契約が存在する場合であっても，①契約間の空白期間が 1 か月未満であり，かつ，②契約主体が同一で，給付・役務内容が少なくとも一定程度の同一性を有すれば，複数の契約全体を一体に見て，最初の業務委託をした日を始期とし，最後の業務委託における最後の給付受領・役務提供の「予定」日を終期とする（指針第 3 の 1(3)，解釈ガイドライン第 2 部第 2 の 2(1)イ(ア)(イ)，Q&A63）。

　契約が更新されることにより，最初に契約した時点から通算した契約期間が 6 か月以上になることが判明した契約更新の時点から，継続的業務委託に該当する。例えば，2 か月契約を更新する場合には，2 回目の契約更新時（3 回目の契約締結時）に，全体の契約期間が 6 か月以上となることが判明することから，2 回目の契約更新時（3 回目の契約締結時）の時点で，（実際には契約期

間は4か月しかないにもかかわらず）継続的業務委託とされる（**図表7－7**）。

【図表7－7】

（出所）筆者作成

　契約が連続して更新されるのではなく，一定の空白期間があって，契約が繰り返される場合であっても，上記①のとおり，空白期間が1か月未満の場合は，空白期間を含めて契約期間が通算して計算される。例えば，1回目の2か月の業務委託契約が行われ終了し，1か月未満の空白期間のあと，2回目の同じ内容の1か月半の業務委託が行われ終了し，1か月未満の空白期間のあと，3回目に3か月半の業務委託契約が始まるような場合（**図表7－8**の真ん中の図），各空白期間が1か月未満であることから，これら業務委託契約は1回目から3回目まで継続しているものとされる。その結果，間の空白期間を含めて期間を計算すると3回目の契約をした段階で，（未だ最初の契約開始から6か月経過していないにもかかわらず）1回目の業務委託契約から6か月以上の契約が継続していることになり，この時点で「継続的業務委託」とされる。なお，空白期間も業務委託の期間に算入する（Q&A71）。

　空白期間は，始期の初日から起算して（空白期間の初日を算入して），翌月の応当日（翌月の同日。ただし，翌月に応当日がない場合には，翌月の末日。）

の前日までの期間をもって，1か月未満かどうかを判断する（Q&A69）。

　例えば，前の業務委託の終期が12月31日の場合，空白期間の始期は1月1日となるので，1月31日（翌月の応当日である2月1日の前日）までの期間をもって1か月とする。そのため，次の業務委託の始期が同日（空白期間の終期が1月30日）までであれば，空白期間は1か月未満となる。

　前の業務委託の終期が5月15日の場合，空白期間の始期は5月16日となるので，6月15日（翌月の応当日である6月16日の前日）までの期間をもって1か月となる。そのため，次の業務委託の始期が同日（空白期間の終期が6月14日）までであれば，空白期間は1か月未満となる。

　前の業務委託の終期が8月30日の場合，空白期間の始期は8月31日となるので，9月30日（9月に31日目が存在しないので，同月末日である9月30日が終期となる。）までの期間をもって1か月とする。そのため，次の業務委託の始期が同日（空白期間の終期が9月29日）までであれば，空白期間は1か月未満となる。

　空白期間の始期の初日は，前の業務委託の終期（①給付受領日・役務提供日，②契約期間終了日，③基本契約終了日）の翌日となるのが通常であるが，給付を受領する予定期日よりも実際には遅く給付を受領した場合には，実際に給付を受領した日と②③とを比べて遅い日を前の業務委託の終期とし，その翌日を空白期間の始期の初日とする（Q&A70）。例えば，4月1日から6月10日までを契約期間とする1回目の業務委託をし，実際には6月15日に給付を受領した後，新たに6月21日から10月31日までを契約期間とする2回目の業務委託をした場合には，空白期間は，6月11日（1回目の業務委託の契約期間の終期の翌日）ではなく，6月16日（実際に給付を受領した日の翌日）が初日となるので，空白期間は5日（6月16日〜20日）となる（同）。

　②のうち給付等の内容の一定程度の同一性の判断にあたっては，機能，効用，態様等を考慮要素として判断する（指針第3の1(3)，解釈ガイドライン第2部第2の2(1)イ(ア)，Q&A65）。その際，「日本標準産業分類」の小分類を参照して，前後の業務委託に係る給付等の内容が同一の分類に属するか否かで判断し，

第7章 発注後の対応③－妊娠出産育児介護配慮義務　269

【図表7－8】継続的業務委託の「期間」のイメージ

○ 継続的業務委託の期間を6か月とした場合の例は，以下の図のとおり。

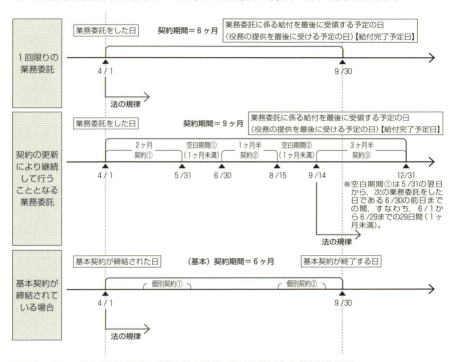

（出所）　第7回特定受託事業者の就業環境の整備に関する検討会参考資料集38頁

それが適当ではないと考えられる事情として，当事者間のこれまでの契約や発注者における同種の業務委託契約の状況等に鑑み，通常，前後の業務委託は一体のものとしてなされている状況があるといった事情がある場合には，上記の考慮要素から個別に判断するとされる（同）。

　例えば，以下のような事例は，給付又は役務の提供の内容が少なくとも一定程度の同一性を有すると認められる（Q&A66,67,68）。

▶レコード会社がフリーランスに歌手Aの楽曲Xの編曲を委託し，その後，歌手Bの楽曲Yの編曲を委託する（日本標準産業分類では，いずれも「412

音声情報制作業」に該当すると考えられる。）。

➢宿泊サービス会社がフリーランスにサーバーの設計を委託し，完成後，改めてそのサーバーの運用・保守を委託する（日本標準産業分類では，いずれも「401　インターネット附随サービス業」に該当すると考えられる。）。

➢工務店がフリーランスに対し，現場Aのとび工事について委託し，その後，別の現場Bの土工工事について委託する（日本標準産業分類では，いずれも「072　とび・土工・コンクリート工事業」に該当すると考えられる。）。

➢人材派遣会社がフリーランスに対し，給与計算・経理業務を委託し，契約期間終了後に，総務業務を委託する（日本標準産業分類では，いずれも「920　管理，補助的経済活動を行う事業所」に該当すると考えられる。）。

➢小売業者がフリーランスに対し，経営コンサルタントとしての業務を委託し，契約終了後に，人事コンサルタントとしての業務を委託する（日本標準産業分類では，いずれも「728　経営コンサルタント業，純粋持株会社」に該当すると考えられる。）。

➢不動産会社がフリーランスにデータベースの設計及びサーバーの運用・保守を委託し，契約終了後，改めてサーバーの運用・保守のみを委託する（日本標準産業分類では，前の業務委託は「391　ソフトウェア業」及び「401　インターネット附随サービス業」，後の業務委託は「401　インターネット附随サービス業」に該当すると考えられる。）。

➢居宅について，大工工事の業務委託をし，その後当該居宅に関する内装工事を追加で発注する場合（大工工事は「071　大工工事業」に，内装工事は「078　床・内装工事業」に該当すると考えられるが，同一の居宅について，先に大工工事について業務委託を行い，後で内装工事について業務委託を行うといった状況がある場合には，前後の業務委託は一体のものとしてなされているといえる。）。

第7章　発注後の対応③－妊娠出産育児介護配慮義務　　271

3　妊娠，出産，育児，介護とは？

　妊娠と出産という語については特にフリーランス法に定義はないが，育児と介護という語については，以下のとおり，育児介護休業法に準じた定義がなされている。

　「育児」とは，小学校就学の始期に達するまでの子を養育することを指す。ここでいう「子」とは，法律上の親子関係がある子をいうが，育児介護休業法2条1号の「子」と同様，養子，養子縁組里親に委託されている児童等をも含む（指針第3の1(4)）。

　「介護」とは，要介護状態（負傷，疾病又は身体上若しくは精神上の障害により，2週間以上にわたり常時介護を必要とする状態）にある家族の介護その他の世話を行うことをいう。「家族」とは，育児介護休業法2条4号の「対象家族」と同様，配偶者（事実婚を含む。），父母，子，配偶者の父母，祖父母，兄弟姉妹，孫をいう（指針第3の1(5)）。

4　フリーランスの申出

　妊娠出産育児介護の状況に応じた必要な配慮義務は，あくまでもフリーランスからの申出があった場合に限り生じる（法13条）。逆に，フリーランスの申出がないのに，発注者側から積極的に配慮をする義務まではない。

　配慮の申出ができるフリーランスは，現に妊娠出産育児介護を行う者でなくても，妊娠出産育児介護を行う具体的な予定のある者も含まれる（指針第3の1(6)，Q&A91）。

　配慮の申出を取り下げるよう言うことは，配慮申出等への嫌がらせ型のマタハラに該当するので（Q&A99），厳に慎みたい。

5　行うべき配慮の内容

　最大の問題は，「必要な配慮」とは何かという点である。指針は，①配慮の申出の内容等を把握し，②配慮の内容や取り得る選択肢を検討し，可能な配慮が存在するのであれば，③配慮の内容を伝達して実施し，他方，配慮を行うことが困難なのであれば，④配慮を実施しない旨伝達するとともに理由を説明する，という一連の流れを行うことを求めている（第3の2(1)，**図表7－9**）。

【図表7－9】

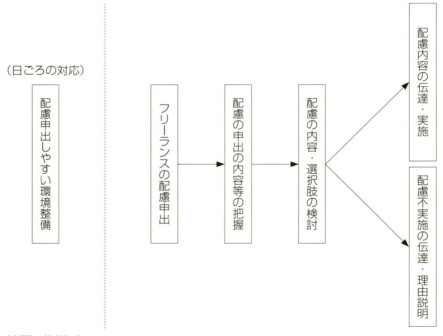

（出所）　筆者作成

　配慮義務は，フリーランスの申出に応じて，申出の内容を検討し，可能な範囲で対応を講じることを求めるものであり，申出の内容を必ず実現することま

第7章　発注後の対応③－妊娠出産育児介護配慮義務　　**273**

で求めているものではない（Q&A94）[1]。

(1)　配慮の申出の内容等の把握

　まずは，フリーランスから配慮の申出を受けた場合には，フリーランスが求める配慮の具体的内容や，妊娠，出産，育児，介護の状況を把握することから始まる（指針第3の2(1)イ）。逆に，申出を無視することはフリーランス法違反となる（Q&A93）。

　ただし，これらの情報は極めて機微なフリーランスのプライバシー情報であるから，必要以上に問いただすことがあってはならないし，聞き取った情報の共有も必要最小限の範囲に限るべきである（指針第3の2(1)イ）。

(2)　配慮の内容又は取り得る選択肢の検討

　(1)で聞き取ったフリーランスの希望を踏まえ，希望どおりの配慮を行うかどうか，するとしてどのような配慮を行うか，希望どおりの配慮までは困難ではあるものの他にとりうる対応がないかなど，「十分に」検討することが求められる（指針第3の2(1)ロ）。逆に，一切検討しなければフリーランス法違反となる（Q&A93）。

　(4)で述べるとおり，配慮を行わないためには，(4)で述べるような理由が存在することにより「やむを得ず」配慮を行なえないことを要するし，しかもそれをフリーランスに説明できるようにしておく必要があるから，慎重な検討が求められよう。

1　渡辺ほか50頁，岡田ほか35頁，松井ほか41頁

(3) 配慮の内容の伝達及び実施

　具体的な配慮の内容が確定した際には，「速やかに」フリーランスに伝え，実施する。フリーランスの希望する配慮の内容とは異なるものの，フリーランスが配慮を必要とする事情に照らし，取り得る対応が他にもある場合，フリーランスの意向を十分に尊重した上で，発注者がより対応しやすい方法で配慮を行うことは差し支えないとされる（指針第3の2(1)ハ）。

(4) 配慮の不実施の場合の伝達・理由の説明

　他方で，(2)の検討の結果，以下に例示する理由により「やむを得ず」必要な配慮を行うことができない場合には，フリーランスにその旨を伝達し，必要に応じ，その理由も書面や電子メール等でわかりやすく説明することが求められる（指針第3の2(1)ニ）。

➢業務の性質や実施体制等に照らして困難であること
➢当該配慮を行うことにより業務のほとんどが行えない等，契約目的が達成できなくなること

　配慮を実施しない理由は上記の2つに限られるものではないものの，実務上は，上記の2つに準ずるような「やむを得」ない理由を言語化できる必要がある。
　逆に，配慮を実施しない理由を説明しなかったり，調整が面倒なので配慮を実施しないことは，フリーランス法違反となる（Q&A93）。

(5) 配慮申出しやすい環境整備

　このほか，妊娠，出産，育児，介護に対する配慮が円滑に行われるようにす

るため，フリーランスが申出をしやすい環境を整備しておくことが重要であるため，以下のような取り組みを行うことが「望ましい」とされる（指針第3の2⑴，Q&A92）。

① 配慮の申出が可能であることや，配慮を申し出る際の窓口・担当者，配慮の申出を行う場合の手続等を周知すること
② 妊娠，出産，育児，介護に否定的な言動が頻繁に行われるといった配慮の申出を行いにくい状況がある場合にはそれを解消するための取組を行うこと
③ その他，妊娠，出産，育児，介護への理解促進に努めること

(6) 配慮の具体例

指針とQ&A95は，求められる配慮の例として，以下を例示する（指針第3の2⑵）。

① 妊婦健診がある日について，打合せの時間を調整してほしいとの申出に対し，調整したうえで特定受託事業者が打合せに参加できるようにすること
② 妊娠に起因する症状により急に業務に対応できなくなる場合について相談したいとの申出に対し，そのような場合の対応についてあらかじめ取決めをしておくこと
③ 出産のため一時的に特定業務委託事業者の事業所から離れた地域に居住することとなったため，成果物の納入方法を対面での手渡しから宅配便での郵送に切り替えてほしいとの申出に対し，納入方法を変更すること
④ 子の急病等により作業時間を予定どおり確保することができなくなったことから，納期を短期間繰り下げることが可能かとの申出に対し，納期を変更すること
⑤ 特定受託事業者からの介護のために特定の曜日についてはオンラインで就業したいとの申出に対し，一部業務をオンラインに切り替えられるよう調整

すること

元委託者→発注者→フリーランスと再委託されており，フリーランスが元委託者の事業所で業務を行う場合には，発注者は，元委託者に対し調整を依頼する必要がある（指針第3の2(2)）。

もっとも，配慮の内容は個々のフリーランスの状況，業務の性質，発注者の状況により異なり，多様かつ個別性の高いものなので，上記の例をいつも行わなければならないということでもなければ，上記のような対応を取っておけば許されるというものでもない。結局は個別に対応を検討する必要がある。

なお，育児等のためにこれまでよりも短い時間で業務を行うこととなったフリーランスについて，就業時間の短縮により減少した業務量に相当する報酬を減額することは，不利益取扱いにならない（Q&A96）。

6　許されない行為

フリーランスによる配慮申出を阻害する行為や，フリーランスが配慮申出をしたり配慮を受けたことのみを理由として契約の解除その他の不利益な取扱いを行うことは，許されない。指針は，これらの行為は「望ましくない取扱い」であると位置づけ，あたかも違法ではないかのように記載しているが（同第3の3），いずれもマタハラ（法14条）として許されない行為である。加えて，内容によっては，禁止行為の規制（法5条），報酬支払期日の規制（法4条）にも違反することとなる可能性もある。

特に，指針は，以下のような場合は不利益な取扱いに該当するとしており（同第3の3），別途フリーランス法5条の禁止行為や4条の報酬支払期日の規制違反に該当するおそれがあるから（Q&A96），厳に慎むべきである。

①　介護のため特定の曜日や時間の業務を行うことが難しくなったため，配慮

の申出をしたフリーランスについて，別の曜日や時間は引き続き業務を行うことが可能であり，契約目的も達成できることが見込まれる中，配慮の申出をしたことを理由として，契約の解除を行うこと

②　フリーランスが出産に関する配慮を受けたことを理由として，現に役務を提供しなかった業務量に相当する分を超えて報酬を減額すること

③　フリーランスが育児や介護に関する配慮を受けたことにより，発注者の労働者が繰り返し又は継続的に嫌がらせ的な言動を行い，フリーランスの能力発揮や業務の継続に悪影響を生じさせること

第 8 章

発注後の対応④
─ハラスメント対策

～本章のポイント～

　本章では，ハラスメント対策義務を解説する。

　フリーランスに業務委託する発注者は，フリーランスに対するセクハラ・パワハラ・マタハラの言動による不利益や就業環境の悪化を防ぐため，フリーランスからの相談に応じ，適切に対応するために必要な体制の整備その他の必要な措置を講じる義務がある。当該相談をしたことや相談対応協力時に事実を述べたことを理由とする解除その他の不利益取扱いは禁止される。

　労働者を1人でも雇用しているのであれば，労働者に対しハラスメント防止措置を行なっているはずであるから（逆に，これを怠っているとすれば，現状労働法規違反である），かかる措置をフリーランスにも適用する修正をすることで対応できる。

1　概要

　フリーランスに業務委託する発注者（正確には，特定業務委託事業者のみ）は，フリーランス（正確には，特定受託業務従事者）に対するセクハラ・パワハラ・マタハラの言動により不利益や就業環境の悪化を防ぐため，フリーランスからの相談に応じ，適切に対応するために必要な体制の整備その他の必要な措置を講じる義務がある（法14条1項）。当該相談をしたことや相談対応協力時に事実を述べたことを理由とする解除その他の不利益取扱いは禁止される（同条2項）。

　同様の規定は，既に労働者について，均等法，労働施策総合推進法，育児介護休業法に定められているものである。**図表8－1**は，セクハラ・パワハラ・マタハラに関するフリーランス法の規定と，労働者を対象とする均等法，労働施策総合推進法，育児介護休業法の規定の対応関係を示したものである。フリーランス法は，後述のとおり労働者のみが利用できる法律上の制度・措置にかかるものを除いて，これらの条文をフリーランスに引き直したものに過ぎない。

【図表8－1】

	セクハラ	パワハラ	マタハラ
フリーランスに対するもの	法14条1項1号・2項	法14条1項3号・2項	法14条1項2号・2項，厚労則2条
労働者に対するもの	均等法11条1項・2項	労働施策総合推進法30条の2第1項・2項	均等法11条の3第1項・2項 （育児介護休業法25条）

（出所）　筆者作成

　フリーランス法を受けて定められた指針第4も，均等法，労働施策総合推進法に基づき定められたセクハラ指針[1]，パワハラ指針[2]，マタハラ指針[3]の文言をほぼ引き写している。

2 対象となるフリーランス

フリーランス法上のハラスメント対策は，既に業務委託契約を締結したフリーランスのみを対象としており，業務委託契約を締結する前のフリーランスは対象とならない（法14条1項柱書，指針第4の1(4)）。しかし，契約締結前のフリーランスに対しても，同法上のハラスメント対策を講じることが「望ましい」とされる（指針第4の6）。

3 フリーランスに対するハラスメントとは？

(1) セクハラ

フリーランスに対するセクハラは，業務委託に関して，①性的な言動に対するフリーランスの対応により業務委託の条件について不利益を与え，又は，②性的な言動により特定受託業務従事者の就業環境を害することをいう（法14条1項1号）。均等法11条1項における定義とほぼ同一である。

文言上は，均等法11条1項は，セクハラを「職場において行われる」性的な言動と位置付けている一方，フリーランス法14条1項1号では「職場において行われる」との限定がない代わり，「業務委託に関して行われる」との限定があるにとどまる。もっとも，均等法における「職場」とは，通常就業している場所以外にも，取引先の事務所，取引先と打合せをするための飲食店，顧客の

1 　事業主が職場における性的な言動に起因する問題に関して雇用管理上講ずべき措置等についての指針（平成18年厚労告615号）
2 　事業主が職場における優越的な関係を背景とした言動に起因する問題に関して雇用管理上講ずべき措置等についての指針（令和2年厚労告5号）
3 　事業主が職場における妊娠，出産等に関する言動に起因する問題に関して雇用管理上講ずべき措置等についての指針（平成28年厚労告312号）

自宅等であっても，労働者が業務を遂行する場所であれば含まれるとされており（セクハラ指針2(2)），かなり広範な概念である。フリーランス法上の「業務委託に関して行われる」の意味も，通常業務を遂行している場所ばかりでなく，フリーランスが業務を遂行している場所が含まれると指針上明示されており（指針第4の1(4)），例えば，取引先の事務所，顧客の自宅，取引先と打合せをするための飲食店，同じ業務を遂行する関係者の打ち上げ，フリーランスとの電話やメール等も含まれる（Q&A98）。同法と均等法とで差はない。

(2) パワハラ

フリーランスに対するパワハラは，業務委託に関して，取引上の優越的な関係を背景とした言動であって，業務遂行上必要かつ相当な範囲を超えたものにより，フリーランスの就業環境を害することをいう（法14条1項3号）。労働施策総合推進法30条の2第1項における定義とほぼ同一である。

文言上は，労働施策総合推進法30条の2第1項は，パワハラを「職場において行われる」優越的な関係を背景とした言動と位置付けている一方，フリーランス法14条1項3号では「取引上の」優越的な関係を背景とした言動とされ，「業務委託に関して行われる」との限定があるにとどまる。もっとも，労働施策総合推進法における「職場」も，通常就業している場所以外であっても，労働者が業務を遂行する場所であれば含まれるとされており（パワハラ指針2(2)），かなり広範な概念である。フリーランス法上の「業務委託に関して行われる」の意味も，通常業務を遂行している場所ばかりでなく，フリーランスが業務を遂行している場所が含まれると指針上明示されており（指針第4の1(4)），例えば，取引先の事務所，顧客の自宅，取引先と打合せをするための飲食店，同じ業務を遂行する関係者の打ち上げ，フリーランスとの電話やメール等も含まれる（Q&A98）。同法と労働施策総合推進法との間に差はない。

(3) マタハラ

　フリーランスに対するマタハラは，業務委託に関して，①妊娠，②出産，③妊娠又は出産に起因する症状により業務委託に係る業務を行えないこと若しくは行えなかったこと又は業務の能率が低下したこと，④妊娠・出産に関する配慮（法13条），の４つの事由に関する言動により，フリーランスの就業環境を害することをいう（法14条１項２号，厚労則２条）。

　フリーランス法14条と労働者に対する諸法での最も大きな相違は，労働者のみが利用できる法律上の制度・措置に関するマタハラの規定が，フリーランス法に盛り込まれていないことである。フリーランスは，労働者性がない場合にはかかる制度又は措置を利用する余地がないため，あえて除かれているものと思われる。**図表８−２**は，中列に記載した事由に関するマタハラについての定めの有無を比較したものである。

　これを受けて，フリーランス法に基づく指針では，マタハラを「状態への嫌がらせ型」（①妊娠，②出産，③妊娠又は出産に起因する症状により業務委託に係る業務を行えないこと若しくは行えなかったこと又は業務の能率が低下したことに対応）と「配慮申出等への嫌がらせ型」（④妊娠・出産に関する配慮（法13条）に対応）の２類型に分類している（同第４の３(1)）。マタハラ指針上の「制度等の利用への嫌がらせ型」（同２(1)イ）は，そもそも労働者性のないフリーランスには「制度等」の適用がないため，指針には盛り込まれていないものの，「制度等の利用への嫌がらせ型」の具体例（セクハラ指針２(4)ロ）は，指針上の「配慮申出等への嫌がらせ型」の具体例（指針第４の３(3)イロハ）として引き写されている。

　配慮申出等への嫌がらせ型のマタハラの例として，フリーランスが妊娠・出産に関する配慮の申出をしたことに対し申出を取り下げるよう言うこと（Q&A99），フリーランスが配慮の申出をしたい旨相談したこと，配慮の申出をしたこと，配慮を受けたことのみを理由として，契約解除，報酬減額，取引数量の削減，取引の停止等の不利益な取扱いを示唆すること（Q&A100）が挙

【図表8−2】

労働者	事由	フリーランス
均等法11条の3第1項，同施行規則2条の2第1号	妊娠	法14条1項2号，厚労則2条1号
均等法11条の3第1項，同施行規則2条の2第2号	出産	法14条1項2号，厚労則2条2号
均等法11条の3第1項，同施行規則2条の2第3号	妊娠中・出産後の保健指導・健康診査を受けるための措置（均等法12条，同施行規則2条の4）	なし
均等法11条の3第1項，同施行規則2条の2第4号	坑内業務・危険有害業務の制限（労基法64条の2第1号，同64条の3第1項）	なし
均等法11条の3第1項，同施行規則2条の2第5号	産前産後休業（労基法65条1項・2項）	なし
均等法11条の3第1項，同施行規則2条の2第6号	妊娠中の女性に対する軽易な業務への転換措置（労基法65条3項）	なし
均等法11条の3第1項，同施行規則2条の2第7号	妊産婦に対する変形労働時間制・フレックスタイム制・時間外労働・休日労働・深夜労働の制限（労基法66条）	なし
均等法11条の3第1項，同施行規則2条の2第8号	育児時間（同法67条）	なし
均等法11条の3第1項，同施行規則2条の2第9号	妊娠又は出産に起因する症状により業務を行えないこと・行えなかったこと又は業務能率が低下したこと	法14条1項2号，厚労則2条3号
なし	妊娠・出産に関する配慮（フリーランス法13条）	法14条1項2号，厚労則2条4号
育児介護休業法25条，同法施行規則76条	育児休業，介護休業，子の看護休暇，介護休暇，時短勤務といった同法に定める制度又は措置	なし

（出所）　筆者作成

げられる。後者の不利益な取扱いの示唆には，妊娠，出産等の配慮を受けても業務量が変わらないにもかかわらず報酬の減額を示唆すること，実際に業務量が減少した分以上の報酬を減額することを示唆することも含まれ，例えば，以下のような例は「典型例」とされる（Q&A100）。

➤ 妊娠に関する配慮の申出を契約担当者に相談したところ，「配慮の申出をするなら契約を解除する」と言われた。

➤ 出産に関する配慮の申出を契約担当者に相談したところ，「配慮の申出をするなら，これまでの報酬を減額する」と言われた。

(4) まとめ

　全体として，フリーランスに対するハラスメントの定義は，労働者に対するハラスメントとほとんど異ならない。

　労働者に対し行うとハラスメントと認められる言動なら，フリーランスに対して行うことも許されない。労働者に対しては許されない言動でもフリーランスだから許されるということはない。フリーランス・トラブル110番の相談経験からすると，この点を誤解している発注者が多いものと思われるので，当たり前のことではあるが明記しておきたい。

　もっとも，労働者とフリーランスとで，ハラスメントに該当するか否かの判断に微妙な違いが生じうるものもある。その例の一つが，「通常の取引行為」の範疇にあるかどうかが問題となる言動がパワハラにあたるかどうか，というポイントである。

　例えば，パワハラ指針は，客観的に見て，業務上必要かつ相当な範囲で行われる適正な業務指示や指導は，パワハラに該当しないとするが（同2(1)），指針は，客観的に見て，業務遂行上必要な範囲で行われる適正な指示のほか，「通常の取引行為としての交渉の範囲内での話合い」も，パワハラに該当しないとする（同第4の4(1)）。

また，業務遂行上必要かつ相当な範囲を超えたかどうかの判断要素として，指針では，パワハラ指針（同2(5)）では明記されていない「通常の取引行為と照らした当該言動の妥当性」も挙げられている（同第4の4(3)）。

指針では，パワハラ指針とは異なり，「契約内容に基づき成果物を納品したにもかかわらず正当な理由なく報酬を支払わないこと又は減額することを，度を超して繰り返し示唆する又は威圧的に迫ること」，「明確な検収基準を示さずに嫌がらせのために特定受託事業者の給付の受領を何度も拒み，やり直しを強要すること」はパワハラにあたる一方，「事業者間の通常の取引行為の一環として，取引条件の変更について協議を行うこと」，「検収基準を明らかにして指示しているにもかかわらず，当該基準に達しない給付を行う特定受託業務従事者に対し，当該基準に達しない部分を示してやり直しを指示すること」はパワハラに該当しないとする（指針第4の4(5)ロニ）。

これらの記載からすると，フリーランス法5条に定める一連の禁止行為なら，「通常の取引行為」とはいえず，その強度や反復継続性にもよるものの，パワハラにも該当し得るように思われる。

4　とるべき措置の内容と体制構築の実際

ハラスメント対策として取るべき措置の具体的内容は，大きく分けて，①方針等の明確化・周知・啓発，②相談に適切に対応するための必要な体制の整備，③ハラスメントが発生した場合の事後の迅速かつ適切な対応，④その他の措置，の4項目に分けることができる（指針第4の5）。いずれも，セクハラ指針（同4），パワハラ指針（同4），マタハラ指針（同4）とほぼ同じ内容であるため，実務対応としては，従業員向け相談窓口の利用対象者にフリーランスも加えるなど，労働者につき現状講じているハラスメント対策をフリーランスへも拡張適用することで対応できるものと思われる（指針第4の5(2)イ，Q&A103参照）。逆にいえば，現時点で以下に解説するハラスメント対策を行っていないとすれば，現行の労働関係法規に違反している可能性が高いので，早

急な対応が求められる。

　以下では，各概要と共に，これら労働者に関する諸指針との相違点を主に取り上げつつ，体制構築の実際を解説する。

(1)　方針等の明確化・周知・啓発─就業規則等社内規程の作成改訂，研修の実施

　発注者は，フリーランスに対するハラスメントの内容や，かかるハラスメントを行ってはならない旨の方針を明確化し，ハラスメントを行った者には厳正に対処する旨の方針と対処の内容を文書に規定し，それぞれ，発注者が雇用する労働者に周知・啓発する必要がある（指針第4の5(1)）。

　より具体的には，就業規則その他の社内規程の整備が必要となる。既に労働者に対するハラスメント対策として社内規程を整備済みであれば，ハラスメントを受ける者に労働者のみならずフリーランスも含まれるよう，文言を微修正すればよいであろう。広く参照されている厚労省のモデル就業規則[4]でも，職場におけるハラスメントに関する規定があるが，これをフリーランス法にも対応すべくカスタマイズしようと思えば，例えば以下のようなイメージになる。

（パワーハラスメントの禁止）

第●条　職務上の地位，人間関係や取引上の関係などの職場内又は取引上の優越的な関係を背景とした，業務上又は業務遂行上必要かつ相当な範囲を超えた言動により，他の労働者又は特定受託事業者（特定受託事業者に係る取引の適正化等に関する法律に定義する特定受託事業者をいう。以下同じ。）の就業環境を害するようなことをしてはならない。

4　https://www.mhlw.go.jp/stf/seisakunitsuite/bunya/koyou_roudou/roudoukijun/
zigyonushi/model/index.html　［2024年8月12日閲覧］

第8章　発注後の対応④─ハラスメント対策　289

（セクシュアルハラスメントの禁止）

第●条　性的言動により，他の労働者又は特定受託事業者に不利益や不快感を与えたり，就業環境を害するようなことをしてはならない。

（妊娠・出産・育児休業・介護休業等に関するハラスメントの禁止）

第●条　妊娠・出産等に関する言動及び妊娠・出産・育児・介護等に関する制度又は措置の利用に関する言動により，他の労働者又は特定受託事業者の就業環境を害するようなことをしてはならない。

（その他あらゆるハラスメントの禁止）

第●条　第●条から前条までに規定するもののほか，性的指向・性自認に関する言動によるものなど職場又は取引におけるあらゆるハラスメントにより，他の労働者又は特定受託事業者の就業環境を害するようなことをしてはならない。

　このほか，定期的にハラスメント研修を実施することも必要となる。これも，ハラスメントを受ける者に労働者のみならずフリーランスも含まれるよう，研修内容を微修正すればよいであろう。

　研修内容を修正する際には，フリーランスが取引の構造上弱い立場にあることが，フリーランスに対するパワハラの原因や背景に存在するため，このことを明示的に指摘して，パワハラをしてはならない旨指導することも必要となる（指針第4の5(1)ア）。

　マタハラについては，妊娠，出産等に対する配慮の申出がしにくい雰囲気があったり，そもそも配慮の申出ができることの周知自体が不十分であったりすると，マタハラを誘発しかねないため（指針第4の5(1)ア），研修の際には，フリーランスであっても妊娠，出産等に対する配慮を申し出ることができることを明示的に説明したうえで，こうした申出がしやすい雰囲気の醸成のため，妊娠，出産，これらに起因する症状，配慮申出，不妊治療に対する否定的な言動は，妊娠，出産等の当事者であるフリーランスがいない場であっても控える

べきであることなど，具体的に気を付けるべきポイントを挙げて諸点を解説することが望ましいであろう。

(2)　相談に適切に対応するための必要な体制の整備－相談窓口の設置，研修の実施

　発注者は，フリーランスからの相談に適切かつ柔軟に対応するための必要な体制を整備する必要がある（指針第4の5(2)）。

　より具体的には，まず，相談窓口を定めフリーランスに周知する必要がある（指針第4の5(2)イ）。相談窓口は，社内で相談対応者を定めておいてもよいし，外部機関に委託してもよい。既に労働者を対象とするハラスメント窓口を設けているのであれば，その対象をフリーランスにも拡張すればよい（Q&A103）。相談窓口の連絡先は，フリーランスとの間の業務委託契約や契約条件明示書面に記載したり，フリーランスが定期的に閲覧するイントラネット等に掲載したりして，フリーランスにわかるように示しておく必要がある（Q&A102）。

　また，相談窓口の担当者が適切に対応できるよう，担当者のためにマニュアルを作成したり研修を実施したりすることも求められる（指針第4の5(2)ロ）。筆者は，ハラスメント通報窓口の担当者向けに，通報の受理，調査，事実認定，措置の一連の流れを解説する社内研修を多く行っているので，必要とあらばご依頼いただくことが可能である。

　なお，指針は，フリーランスが他の事業者等からパワハラ，マタハラを受けたり，顧客等から著しい迷惑行為を受けたりすることのないよう，上記に準じて相談体制を整備することが望ましいとする（同第4の7(1)イ，パワハラ指針7(1)参照）。発注者としては，自らやその雇用する労働者がハラスメントの加害者でなく，他の事業者等が加害者であるような場面であっても，相談窓口で相談を受け付けることが望ましいことになる。

(3) ハラスメントが発生した場合の事後の迅速かつ適切な対応－相談の受理，調査，措置

発注者は，ハラスメントが発生した場合，迅速かつ適切な対応を行う必要がある。

第1に，フリーランスから相談の申出があった場合には，客観的資料を収集し，その上で被害者，行為者，関係者にヒアリングするなどして，事実関係を確認する必要がある（指針第4の5(3)イ）。具体的な流れは，**図表8－3**のとおりである。相談窓口にフリーランスから申し出があるなどして「認知」すれば，その後は「調査」の段階に進む。調査の段階では，ヒアリングをすることになるが，可能な限り，ヒアリングをする前段階でメール，録音などの客観的証拠を収集し検討することが，充実したヒアリングを実施することにつながる。また，ヒアリングの順序は，通報者，目撃者，通報対象者の順が原則であり，特に，通報対象者が通報者などに報復したり，通報者が誰かを探索するような

【図表8－3】

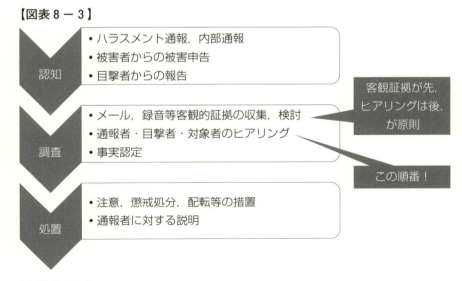

(出所) 筆者作成

行為を誘発しないよう，通報対象者のヒアリングは最後に行なうことが鉄則である。

第2に，ハラスメントの事実が確認できた場合には，被害者に対しては，行為者との引き離しや不利益の回復等の措置を，行為者に対しては，懲戒処分，配置転換などの措置を，それぞれ講ずる必要がある（指針第4の5(3)ロ）。講ずべき措置の内容は個々の具体的ケースにより異なるが，特に被害者に対する措置は，ハラスメント相談をしたことを理由とする不利益取扱いとみなされるとフリーランス法に違反するため（法14条2項），被害者とよく相談したうえで，被害者の意向に沿って，少なくとも被害者の意向を十分に尊重して，行う必要がある。

第3に，改めてハラスメントに反する方針を周知啓発するなど，再発防止に向けた措置を講ずる必要がある（指針第4の5(3)ハ）。

なお，指針は，フリーランスが他の事業者等からパワハラ，マタハラを受けたり，顧客等から著しい迷惑行為を受けたりした旨相談があった場合には，事実関係を確認し，被害者に対する配慮のための取組みを行うことが望ましいとする（同第4の7(1)ロ，パワハラ指針7(2)参照）。発注者としては，自らやその雇用する労働者がハラスメントの加害者でなく，他の事業者等が加害者であるような場面であっても，相談窓口で相談を受け付け，事実確認を行い，何らかの措置を講じることが望ましいことになる。

(4) その他の措置

上記(1)〜(3)の措置を講ずるに当たっては，ハラスメントの相談者，行為者等のプライバシーを保護するために必要な措置を講じ，その旨を周知すること，フリーランスがハラスメントの相談をしたことなどを理由として業務委託契約の解除その他の不利益な取扱いをされない旨を定め，フリーランスに周知することが求められる（指針第4の5(4)）。フリーランスとの業務委託契約書，メール等にこれらの旨を記載したり，パンフレット等の資料を配布したりする

ことが考えられる。

このほか，指針は，他の事業者のパワハラやマタハラ，顧客等の著しい迷惑行為（いわゆるカスハラ）からフリーランスが被害を受けることを防止するための対応マニュアルの作成や研修の実施等を発注者が行うことも「望ましい」としている（第4の7(1)ハ，パワハラ指針7(3)参照）。

フリーランスが元委託事業者その他の発注者以外の事業者の下で就業する場合に備え，発注者が，元委託事業者やその他の事業者との契約上，ハラスメント対策に係る内容を盛り込むことも「望ましい」としている（指針第4の7(2)。Q&A104も参照）。

第 9 章

契約解消に関する対応

～本章のポイント～

　本章では，フリーランスとの契約の解消に関する留意点を解説する。

　発注者が契約を解消することには制約がある。発注取消しは，給付受領拒絶又は給付内容変更として，フリーランスに「責めに帰すべき事由」がない限り禁止される。また，偽装フリーランスの場合には，労契法上の解雇規制・雇止め規制により，契約解消が極めて困難になりかねない。

　発注者の契約解消自体は許容される場合でも，30日前に予告しなければならず，また，契約解消日までに請求があれば，契約終了理由を開示しなければならない。

　他方，実務上トラブルが多いのが，フリーランスから契約を解消しようとするのに対し，発注者が，違約金，損害賠償請求等をちらつかせて妨害しようとするケースである。この点に対し，現行法の枠組みだけで相当かつ実効的な解決を図ることは容易でなく，適用されるフリーランス法の規定も限定的である。とはいえ，法的整理はどうあれ，辞めたいと言っているフリーランスを引き留め，強制的に働かせようとしても，甲斐がない。激高する気持ちを抑えつつ，「去る者追わず」の精神で臨むことが，トラブル予防に肝要である。

第9章　契約解消に関する対応　**297**

1　発注者からの契約解消がそもそも許されるか？

(1)　禁止行為規制（法5条）

　発注者がフリーランスとの業務委託契約を解除することは，フリーランス法の法文上は明示されていないものの，物品の製造委託や情報成果物作成委託の場合には給付受領拒絶として（法5条1項1号），役務提供委託の場合は給付内容変更として（法5条2項2号），フリーランスに「責めに帰すべき事由」がない限り禁止される。どのような場合にフリーランスに「責めに帰すべき事由」があるとされるかを含め，詳細は**第6章1(1)(3)**を参照されたい。

(2)　「労働者」性がある場合

　フリーランスが働き方の実態として「労働者」とみなされてしまう場合（偽装フリーランスの場合），発注者がフリーランスとの契約を解消することは極めて困難となる。

①　解雇規制

　偽装フリーランスとの間の契約を発注者が解除しようとするときは，かかる解除は「解雇」に該当し，いわゆる解雇権濫用法理が適用される。

　契約期間の定めがない場合には，解雇は，客観的合理的な理由を欠き，社会通念上相当と認められない場合には，権利濫用として無効となる（労契法16条）。実務上，解雇が有効となるケースはまれであり，よほど労働者に重大な非違行為があり，改善の機会を与えても改善せず，かつ，これらの事情を客観的書証で豊富に立証できるような場合でもなければ，解雇を有効と認めてもらうことは困難である[1]。

　契約期間の定めがある場合に期間途中で解雇するためには，さらに「やむを

得ない事由」が必要とされる（労契法17条1項）。「やむを得ない事由」は，無期契約の解雇権濫用法理（16条）の適用に比べより厳格に判断されるものであり，期間満了を待たずに直ちに契約を終了させざるを得ないような重大な事由がなければならない（学校法人奈良学園事件・奈良地判令和2年7月21日労判1231号56頁等)[2]。

② 雇止め規制

　偽装フリーランスとの間の契約が有期契約であり，契約期間満了で契約を終了しようと思っても，契約が更新されるものと労働者が期待することについて合理的な理由があるときは，「雇止め」の規制が適用され，客観的合理的な理由を欠き，社会通念上相当と認められない場合には，契約が更新したものとされてしまう（労契法19条）。雇止めの規制が適用される場合には，契約不更新には解雇と同等のハードルが課されるのである。

2　30日前予告義務

(1)　概要

　フリーランスに業務委託する発注者（正確には，特定業務委託事業者のみ）は，「継続的業務委託」の契約を解除し，又は契約期間の満了後に更新しないこととする場合には，原則として，少なくとも30日前までに予告する義務を負う（法16条1項）。この義務を，ここでは30日前予告義務と呼ぶことにする。

　そして，契約解除・不更新予告日から「契約満了日」までに，フリーランス

1　詳細は，第二東京弁護士会労働問題検討委員会『労働事件ハンドブック改訂版』（労働開発研究会，2023年）403頁以下を参照。
2　詳細は，労働事件ハンドブック・前掲注1）518頁以下を参照。

が請求すれば，発注者は，原則として，遅滞なく契約解除・不更新の理由を開示する義務を負う（同条2項）。

(2)　「継続的業務委託」とは？

30日前予告義務は，「継続的業務委託」の場合にのみ適用される。「継続的業務委託」の意味は，妊娠出産育児介護への配慮義務で述べたこと（**第7章2**）と同じであるので，そちらを参照されたい。

(3)　「不更新」「解除」の意味

30日前予告義務は，フリーランスとの業務委託契約を解除する場合のみならず，契約期間満了時に更新しない場合にも適用があるが，契約期間が満了する場合にいつでも予告しなければならないわけではなく，「不更新をしようとする意思」をもって不更新となる場合にのみ，予告が義務付けられるにとどまる（解釈ガイドライン第3部4(2)）。

例えば，切れ目なく契約が更新され，あるいは今後なされることが想定されるにもかかわらず不更新とする場合や，業務委託契約が断続的になされているにもかかわらず発注者側が次の契約申込み（発注）を行わない場合には，「不更新をしようとする意思」があるからこそ不更新となるので，30日前予告が必要となる（解釈ガイドライン第3部4(2)①②）。

他方，業務委託契約の性質上一回限りであることが明らかである場合や，断続的に業務委託契約が締結されているが次の契約申込みを行うことができるかが明らかではない場合には，不更新となるのは契約期間の満了という自動的な事象に基づくもので，「不更新をしようとする意思」が介在しないので，30日前予告は不要と解されている（解釈ガイドライン第3部4(2)③④）。

「解除」にあたるかどうかが問題になる事例として，アカウントの一時停止が挙げられる。政府見解は，フリーランスが事前にアカウントを登録した上で

業務委託を行う場合，業務の遂行にあたってアカウントの一時停止を行うことは，一時停止となる理由，一時停止の理由に照らして適切な一時停止の予定期間，一時停止の解除条件など，一時停止であることが明らかである事由をフリーランスに明示した上で，アカウントを一時停止とする場合は，「解除」に該当せず，予告義務等の対象にならないとする（Q&A109）。逆に，かかる事由をフリーランスに明示せずにアカウントを一時停止する場合には，「解除」にあたり，予告義務等が生じる余地を示したものであり，注目される。

(4)　予告の方法

30日前予告は，①書面交付，②FAX送信，又は③電子メール等の送信のいずれかで行う必要がある（法16条1項，厚労則3条1項）。

③電子メール等は，印刷，プリントアウトといった，記録を出力して書面が作成できるものに限られる。SNSも許容されるが（解釈ガイドライン第3部4(3)），最低限スクリーンショット等の機能で保存できる必要がある（Q&A113）。音声データの送付，メッセージ消去機能，何らかの機能制限により随時の確認ができない方法，スクリーンショット等の機能を制限した方法など，記録に残すことができない方法は認められない（Q&A113）。

②FAXと③電子メール等による予告は，受信時に到達したものとみなされる（厚労則3条2項）。

フリーランス法16条の「30日」は，文字どおり30日を意味し，下請法類似のルールである報酬支払期日に関するフリーランス法4条と異なり，「1か月」と読み替えることはできない（下位法令パブコメ2-2-14）。したがって，30日に満たない月（2月）をまたいで予告をしようとする場合には，単に1か月前の予告だと30日を割り込む可能性があるので，最低限30日は予告期間を確保できるように注意する必要がある。予告日（当日）から解除日の前日までの期間が30日間確保されている必要があるため，例えば，8月31日に解除する場合には8月1日までに予告が必要となる（Q&A106）。

第9章　契約解消に関する対応　**301**

(5)　30日前予告義務がある場合，ない場合

①　即時解除が禁止されない場合

　以下の5つのいずれかの場合には，例外的に委託者の即時解除が禁止されない（法16条1項ただし書，厚労則4条）。

①　災害その他やむを得ない事由により予告することが困難な場合（厚労則4条1号）

②　元委託者→発注者→フリーランスと順に再委託された場合で，元委託契約の全部又は一部が解除され，フリーランスに再委託した業務の大部分が不要となった場合など，直ちに再委託を解除・不更新する必要があると認められる場合（厚労則4条2号）

③　基本契約に基づいて業務委託を行う場合又は契約の更新により継続して業務委託を行うこととなる場合であって，契約期間が短期間（30日間以下）である個別契約を解除しようとする場合（厚労則4条3号）

④　フリーランスの責めに帰すべき事由により直ちに契約を解除することが必要であると認められる場合（厚労則4条4号）

⑤　基本契約を締結している場合であって，フリーランスの事情により，相当な期間，個別契約が締結されていない場合（厚労則4条5号）

　逆に，契約上即時解除を認める条項を置いていた場合であっても，上記の5つの例外に当たらない限り，フリーランス法上は即時解除は許容されない点に留意が必要である（解釈ガイドライン第3部4(2)）。

　さらに，重要なことであるが，上記の5つの例外にあたれば必ず即時解除が許されるということではなく，単に，フリーランス法上の30日前予告義務が課されないというにとどまる。有効に即時解除を行うためには，上記の5つの例外にあたるだけでなく，契約上又は民法上即時解除の根拠がある必要がある。この意味で，法16条1項ただし書により即時解除が禁止されない範囲内で，契

約書上即時解除を許容する根拠規定を整備しておく必要がある（**第4章4(1)(2)**参照）。

② フリーランスの「責めに帰すべき事由」

実務的には，フリーランスの「責めに帰すべき事由」（厚労則4条4号）があるかどうかが問題になるケースが圧倒的に多くなるだろうと予想される。しかし，労基法20条の「責に帰すべき事由」の考え方と同等程度に限定的に解される。

フリーランスの「責めに帰すべき事由」とは，フリーランスの故意，過失又はこれと同視すべき事由である。法16条の保護を与える必要のない程度に重大又は悪質なものであり，従って30日予告をさせることが当該事由と比較して均衡を失するようなものに限られる（解釈ガイドライン第3部4(4)エ）。判定に当たっては，業務委託契約の内容等を考慮の上，総合的に判断される（同）。

例えば，以下のようなものがフリーランスの「責めに帰すべき事由」とされる（解釈ガイドライン第3部4(4)エ）。

- 原則として極めて軽微なものを除き，業務委託に関連して盗取，横領，傷害等刑法犯等に該当する行為のあった場合
- 一般的にみて「極めて軽微」な事案であっても，発注者があらかじめ不祥事件の防止について諸種の手段を講じていたことが客観的に認められ，しかもなおフリーランスが継続的に又は断続的に盗取，横領，傷害等の刑法犯等又はこれに類する行為を行った場合
- 業務委託と関連なく盗取，横領，傷害等刑法犯等に該当する行為があった場合であっても，それが著しく発注者の名誉もしくは信用を失墜するもの，取引関係に悪影響を与えるもの又は両者間の信頼関係を喪失させるものと認められる場合
- 賭博，風紀紊乱等により業務委託契約上協力して業務を遂行する者等に悪影響を及ぼす場合

- 賭博，風紀紊乱等の行為が業務委託と関連しない場合であっても，それが著しく発注者の名誉もしくは信用を失墜するもの，取引関係に悪影響を与えるもの又は両者間の信頼関係を喪失させるものと認められる場合
- 業務委託の際にその委託をする条件の要素となるような経歴・能力を詐称した場合，及び，業務委託の際，発注者の行う調査に対し，業務委託をしない要因となるような経歴・能力を詐称した場合
- フリーランスが，業務委託契約に定められた給付及び役務を合理的な理由なく全く又はほとんど提供しない場合
- フリーランスが，契約に定める業務内容から著しく逸脱した悪質な行為を故意に行い，当該行為の改善を求めても全く改善が見られない場合

　より具体的な例を挙げると，個別の判断が必要にはなるものの，以下のような例はフリーランスの「責めに帰すべき事由」があるとされる（Q&A112）。

➢自動車等の運転を要する業務において，交通ルール等の遵守を周知しているにもかかわらず，危険運転を行うことやナンバープレートの表示などのルール等を遵守していない場合
➢フリーランスが業務委託に関連し，暴力行為等に及んだ可能性がある場合であって，それに関する事件の調査協力を繰り返し行っているにもかかわらず調査の協力を拒む場合
➢業務委託の取引先や顧客に対する暴言や嫌がらせ，暴力，詐取，性的な迷惑行為，業務遂行に際して取得した個人情報の目的外利用などの第三者の安全に支障を及ぼす又は第三者に損害を与える行為
➢事前にフリーランスがアカウントを作成し，プラットフォームを介して業務委託を受ける場合において，登録時の経歴詐称，虚偽情報の登録，他の者とのアカウントの共有などを行っていた場合
➢業務委託の前提となるフリーランスの運転免許証や在留カード等が有効期限切れの場合

➤フリーランスが業務の遂行に必要な業法等における登録の失効・取消事由等に該当した場合又は当該事由により行政処分・罰則の適用を受けた場合

➤配達を伴う業務において，事前に商品の取扱い等に関する社内ルールを周知しているにもかかわらず，配達中の商品を触ったり，配達時間や距離を偽って報酬を多く得たりするなど，繰り返し当該ルールに反する行為を行う場合

➤配達を伴う業務において商品を届けないなど，業務委託契約に定められた業務の重要な部分を合理的な理由なく行わない場合

➤フリーランスに契約違反の是正を書面等で求め，改善が見られなければ解除することについて伝達してもなお契約違反が是正されない場合

➤フリーランスが業務遂行の能力や資格等を喪失するなど，業務遂行ができなくなる又は業務遂行に重大な支障が生じる場合

　他方，実務上，破産や差押え等の事実がある場合に即時解除を認める旨の規定を契約書に定めることが一般的であるが，このような事実があるだけで直ちにフリーランスの「責めに帰すべき事由」があるとされるものではなく，個別の事案ごとに判断される（Q&A110）。例えば，破産や差押え等によりフリーランスの今後の業務遂行に重大な支障が出る場合や発注者に損害が生じる場合などには，フリーランスの「責めに帰すべき事由」に該当する可能性が高いとされるが（Q&A110），このような業務遂行への重大な支障があることを証明できるかがキーとなる。

　このほか，契約の本旨に照らして本質的とはいえない事項に関する違反や軽微な違反行為は，フリーランスの「責めに帰すべき事由」と解すべきではなく，「責めに帰すべき事由」とは，フリーランスの行為が公序良俗に反したり，法令違反や重大な契約違反等にあたる場合と解する見解がある[3]。

　以上のように，フリーランスの落ち度が重大であったり悪質であったりする必要があり，軽微な契約違反などがあるだけでは足りないことに留意する必要

3　鎌田＝長谷川174頁〔鎌田耕一〕

第 9 章　契約解消に関する対応　**305**

がある。

③　元委託の解除により再委託業務が不要となった場合等

　元委託契約の全部又は一部が解除され，フリーランスに再委託した業務の大部分が不要となった場合など，直ちに再委託を解除・不更新する必要があると認められる場合にも，即時解除が許容される（厚労則 4 条 2 号）。ここでいう「直ちに解除・不更新する必要があると認められる場合」とは，元委託契約の全部又は一部が解除され，不要となった再委託業務が一部であったとしても重要な部分であり，大部分が不要になった場合と同視できる程度に，直ちに再委託を解除することが必要であると認められる場合を指すとされる（解釈ガイドライン第 3 部 4 ⑷イ）。

　この事由は，いずれにしても，元委託契約の全部又は一部が解除され，かつ，フリーランスに再委託した業務が一部でも不要になったというシチュエーションのみを対象とする。逆に，こうしたシチュエーションがないのに，直ちに再委託を解除・不更新する必要があれば即時解除を許容する趣旨ではない。かなり限定的に解釈される。

④　災害その他やむを得ない事由

　「災害その他やむを得ない事由」（厚労則 4 条 1 号）とは，天災事変に準ずる程度に不可抗力に基づき，かつ，突発的な事由を意味し，事業者として社会通念上採るべき必要な措置をもってしても通常対応することが難しい状況になったために，フリーランスに対して予告することが困難である場合をいう（解釈ガイドライン第 3 部 4 ⑷ア）。労働契約の解雇予告義務を定めた労基法20条 1 項にも「天災事変その他やむを得ない事由」の文言の解釈[4]とほとんど同じである。

4　厚労省労働基準局上292頁

労基法の「やむを得ない事由」の例を挙げると，例えば，事業場が（事業主の故意重過失によらずに）火災により焼失した場合，震災に伴う工場，事業場の倒壊，類焼等により事業の継続が不可能となった場合はこれに含まれる[5]。他方，事業主が経済法令違反のため強制収容されたり諸機械・資材等を没収された場合，税金の滞納処分を受け事業廃止となった場合，事業経営上の見通しの齟齬のような事業主の危険負担に属すべき事由に起因して金融難に陥った場合などは，「やむを得ない事由」に含まれない[6]。

実務的には，労働契約であっても「天災事変その他やむを得ない事由」を理由に即時解雇する例はまれであり，フリーランス法にあっても「災害その他やむを得ない事由」があるとされるケースは極めて限定的だろう。

⑤　短期の個別契約の解除・個別契約なき基本契約の解除

基本契約と個別契約を双方締結して業務を受託するフリーランスにあっては，基本契約自体はそれなりに長期で「継続的業務委託」に該当する場合であっても，個別契約自体は30日間以下の短期であるときは，かかる個別契約だけを解除するだけなら即時解除が禁止されない（厚労則4条3号）。

他方で，フリーランス側の事情で相当期間個別契約が締結されていない場合には，基本契約自体が「継続的業務委託」であっても，即時解除が禁止されない（厚労則4条5号）。「相当期間」とは，概ね6か月以上を指す（解釈ガイドライン第3部4(4)オ）。ここでは，「フリーランス側の事情」があることがポイントであり，逆に，発注者側がことさらにフリーランスへの個別の発注を控えていたなど発注者側の事情に起因していた場合には，即時解除は許容されない点に留意されたい。

5　厚労省労働基準局上292頁

6　同上

⑥ 合意解約

　発注者とフリーランスとが合意により契約を解消することは，「契約の解除」にも「更新しない」ことにも含まれないから，即時に契約を解消したとしても，法16条1項の違反にはならない（解釈ガイドライン第3部4(2)）。しかし，厚労省は，解約合意がフリーランスの「自由な意思に基づくもの」であるかどうかを慎重に判断する必要があるとする（同）。

　ここでいう「自由な意思」とは，労働者の意思表示の効力が争われた諸判例において用いられてきたフレーズである。例えば，山梨県民信用組合事件・第二小判平成28年2月19日民集70巻2号123頁は，賃金や退職金の減額に対し労働者が合意したというには，単に減額を受け入れる旨の労働者の行為では足りず，当該行為が「自由な意思に基づいてされたものと認めるに足りる合理的な理由が客観的に存在する」必要があるとした。労働者の退職合意について同様の基準でその効力を判断した裁判例として，TRUST事件・東京地立川支判平成29年1月31日労判1156号11頁，グローバルマーケティングほか事件・東京地判令和3年10月14日労判1264号42頁がある。

　「自由な意思に基づいてされたものと認めるに足りる合理的な理由が客観的に存在する」か否かの判断要素として，前掲グローバルマーケティングほか事件は，意思表示の動機，具体的言動等を挙げる。前掲山梨県民信用組合事件も，不利益の内容や程度，労働者の受け入れ行為の経緯・態様，当該行為に先立つ労働者への情報提供や説明の内容等を挙げる。

　実務対応を考える上では，30日予告義務に違反せずに契約を即時に解消する手段として合意解約を選択する場合には，ただ単に合意解約の契約書にフリーランスをしてサインさせるだけでは十分とはいえず，フリーランスが自由な意思に基づいて解約に合意したと認めるに足りる合理的理由を客観的に基礎づけるための材料として，例えば，合意解約をフリーランス側から言い出した場合にはそのことを示す証拠，合意解約の理由を示す証拠，合意解約に先だって正確かつ十分な情報提供や説明を行なった証拠などを可能な限り保持しておくことが，のちのちのトラブル防止の観点からは望ましいだろう。

⑹　30日前予告義務に違反するとどうなるか？

　30日前予告義務に違反した場合には，フリーランス法自体が有する行政法上のエンフォースメントの仕組み（**第10章 1**）に従って，行政上の制裁を受ける可能性があるのは当然である。

　実務上より重要な問題なのは，30日前予告義務に違反して契約を解除したり契約を不更新とした場合に，当該契約解消の効力自体が否定され，当該契約が少なくとも30日間は継続するといった効果まで生じるか，そこまでの効果まではなくとも，一定の（例えば，30日の報酬額相当額の）損害賠償を請求されるのか，といった私法的効力の有無である。この点は，**深掘りコラム 1** で詳述したので，参照されたい。

3　契約終了理由の開示

⑴　概要

　フリーランスに業務委託する発注者（正確には，特定業務委託事業者のみ）がフリーランスとの契約を解除し，又は契約期間の満了後に更新しないこととする場合に，契約解除・不更新予告日から「契約満了日」までにフリーランスが請求すれば，発注者は，原則として遅滞なく契約解除・不更新の理由を開示する義務を負う（同条 2 項）。

⑵　フリーランスの請求のタイミング

　契約解消の理由開示が必要となるのは，フリーランスが契約解除・不更新予告日から「契約満了日」までに請求した場合に限られる。逆に，契約満了日の後に契約解消の理由開示を請求された場合であっても，フリーランス法上の理

由開示義務はないことになる。この点は，退職後であっても理由開示を求めることができる労基法22条とは異なる。

しかし，「契約満了日」後の契約解消の理由開示請求を一律に拒否することが妥当か，議論はありうる。この点は，**深掘りコラム16**で詳述する。

(3) 理由開示の方法

契約終了の理由開示の方法は30日前予告の方法と同様であるので（法16条2項，厚労則5条），2(4)を参照されたい。

契約終了の理由開示として，具体的にどの程度の内容の説明が求められるかについて，解釈ガイドラインには何らの記載もない。よって，具体的な説明内容を考えるに当たっては，なぜ理由開示が義務付けられているのか，その理由にさかのぼって考えてみるのが有益である。厚労省によれば，契約解消の理由開示を義務付けている理由は，解除予告を受けたフリーランスが，「契約の存続に向けた交渉，それから別の取引に向けた事業の見直し，またトラブルの回避に資するよう」にするためであるという[7]。Q&A105も同旨を記載する。これを踏まえると，理由を説明するのであれば，フリーランスとして契約を打ち切られることを任意に受け入れやすいような説明をした方が，トラブルの回避にもつながるし，フリーランスにとっても別の取引をするに参考になるであろうから，このような心構えで理由を考えてみるのが有益である。

(4) 理由開示が不要な場合

契約終了の理由の開示が，第三者の利益を害するおそれがある場合，又は，

---

[7] 厚生労働省第5回特定受託事業者の就業環境の整備に関する検討会議事録5頁〔立石大臣官房参事官発言〕 https://www.mhlw.go.jp/content/001173403.pdf 〔2024年7月6日閲覧〕

他の法令に違反することとなる場合には，例外的に理由開示を要しない（法16条２項ただし書，厚労則６条）。例えば，顧客からのクレームに基づき解約したことを告げた場合に，理由を開示すると顧客への報復の蓋然性が高い場合，法令上守秘義務が課されている事業等を営む発注者が，理由を開示すると法違反となる場合が含まれる（Q&A114）。

このほか，事前予告の例外事由に該当する場合は，理由開示の請求対象とならない（解釈ガイドライン第３部４(6)）。これをそのまま読めば，30日前予告義務がないにもかかわらずあえて予告期間をおいて解除した場合も，解除日まで期間があるにもかかわらず理由開示義務はないとする趣旨とも読める。

しかし，フリーランス法16条２項には，契約解消の予告をしたにもかかわらず，30日前予告義務がないときを理由開示義務の対象から除外する文言があるとはいえないし，そもそも理由開示はフリーランスとのトラブル回避に資する側面もあるので，保守的に考えて，このような場合にもフリーランスから請求があれば理由を開示することも，一つの実務上の選択肢かと思われる。

深掘りコラム16　契約満了日後の理由開示請求

厚労省によると，契約解消の理由開示を義務付けている理由は，解除予告を受けたフリーランスが，「契約の存続に向けた交渉，それから別の取引に向けた事業の見直し，またトラブルの回避に資するよう」にするためであるという（Q&A105も同旨）[8]。このような理由は，契約満了日後であっても同様に妥当するものと思われる。契約はいったん満了したとしても，理由を開示させたうえでそれに基づいて契約を復活させる交渉をさせることはできる。契約満了日

8　厚生労働省第５回特定受託事業者の就業環境の整備に関する検討会議事録５頁〔立石大臣官房参事官発言〕　https://www.mhlw.go.jp/content/001173403.pdf　〔2024年４月７日閲覧〕

後であっても，その理由の開示を受けられれば，別の取引に向けてフリーランスが事業を見直す契機となる。トラブルはむしろ契約満了日後に発生する可能性が高いから，契約満了日後であっても理由を開示させる必要性は消えない。

このように考えていくと，契約解消の理由開示の請求のタイミングを契約満了日までに限る理由はないように思える。労基法22条1項は，解雇の効力発生日以後であっても，解雇の理由を示す証明書を請求できる旨規定していることからすれば，フリーランス法施行後3年後に想定される見直し（附則2項）の際に，理由開示請求のタイミングが契約満了日後に拡張される可能性は想定しておいたほうが良いものと思われる。

4　フリーランスからの契約解消申出への対応

(1)　トラブルの実情

フリーランス・トラブル110番の2024年4〜9月の統計を見ると，相談内容として最も多いのは，「報酬の支払い」のトラブルで，31.2%を占める。要するにフリーランスが報酬をもらえないという相談である。次に多いのは「契約条件の明示」という項目である（15.0%）。契約書や発注書などで契約条件が明示されていないケースがいかに多いかが分かる。このような問題がフリーランスの問題に多いことは，大方の予想に沿うであろう。

しかし，3番目の項目は，「受注者からの中途解除・不更新」である（9.5%）。要するに，受注者たるフリーランスが契約を解消したいのに，辞めさせてもらえないという事例が，1割もの割合を占める。これとセットで生じやすいのが4番目の「発注者からの損害賠償」であり（8.7%），要するに，フリーランスが辞めると言い出した際などに，それなら損害を賠償せよと発注者が請求するトラブルである。発注者側からフリーランスをクビにする類型の「発注者からの中途解除・不更新」という項目は，5番目の7.9%にとどまる。少なくとも

フリーランス・トラブル110番の相談を担当する筆者にとっては，発注者が一方的に契約を解消するトラブルが多いだろう予想していただけに，フリーランスが契約を解消したくてもできないというトラブルがこれほど多い現状は意外

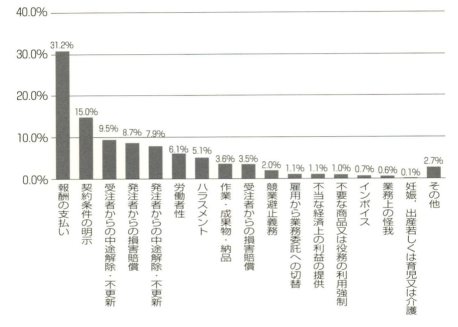

【図表9－1】 フリーランス・トラブル110番の相談内容

● 相談内容は，最も多いのが「報酬の支払い」で 31.2%，次いで多いのが「契約条件の明示」の相談で 15.0% となっている。

(参考)　「報酬の支払い」：報酬の全額不払い（13.2%），支払遅延（7.4%），一方的減額（7.5%），著しく低い報酬（1.9%），その他報酬の支払いに関する事項（1.3%）。
　　　　「契約条件の明示」：書面等の不交付（5.4%），条件・内容が不明確（6.9%），不適格な募集情報（1.2%），その他契約条件の明示に関する事項（1.4%）。
　　　　「作業・成果物・納品」：受領拒否（0.2%），成果物の返品（0.1%），内容変更・やり直し（1.5%），納品日の変更（0.1%），知的財産権関係（1.1%），その他作業・成果物・納品に関する事項（0.6%）。
　　　　「その他」：アカウント停止，個人情報の扱い，仕事がもらえないなど。
※N＝10,610（令和6年4月～令和6年9月の件数。ただし，1つの相談につき複数の相談内容が含まれる場合は各相談内容について1件とカウント。）
(出所)　厚労省令和6年9月時点統計資料4頁（https://www.mhlw.go.jp/content/001323087.pdf）［2024年11月4日閲覧］

であった[9]。

　フリーランス・トラブル110番の相談現場でよく見かけるフリーランスからの契約解消の相談のイメージは，例えば以下のようなものである[10]。

　フリーランスとして，配送会社と「業務委託契約書」を締結して，配送業務を始めました。
　配送業務に用いるトラックは，配送会社からリースで借りて，リース代とガソリン代は私負担となっています。配送先に荷物を届けて回り，報酬は荷物1個●円です。1日●時間，週●日働いていますが，トラックのリース代やガソリン代は報酬から差し引かれます。また，遅配誤配があると，1件●万円の罰金を支払わないといけません。
　もともとの求人情報では，月●十万円稼げるとか書いてありました。それを信じて，業務委託契約書をよく読まずにサインしてしまったのですが，実際には，リース代やらガソリン代やら罰金やらが差し引かれると書いてあったようです。手取り額ではとても生活することができないので，給料を前借しています。給料の前借分を返すためには，余計に仕事をしなければならないのですが，配送する荷物の量が最初の想像よりもはるかに多く，ここ数か月ほど働きづめで，既に体力の限界です。つい最近も，トラックを運転中に居眠りしてしまい，ちょっとした物損事故を起こしてしまいました。
　もうこれ以上この生活を続けることができないと思ったので，会社に辞めたいと申し出ました。すると，前借分を返済しなければ辞められない，トラックの修理代を払ってもらう，「業務委託契約書」上辞めるなら契約上3か月前までに予告しなければならず，これに違反すると報酬3か月分と残リース代の違約金を支払ってもらう条項がある，当然，今月分の報酬

9　フリーランス・トラブル110番事業の統括責任者として制度開始以来一貫してその重責を担ってきた山田康成弁護士や，厚労省雇用環境・均等局に出向経験があり，フリーランス・トラブル110番事業において日常的にフリーランスの相談に従事し，公取委「特定受託事業者に係る取引の適正化に関する検討会」の委員も務めた森田茉莉子弁護士も，同様の感想を示す（鎌田＝長谷川619頁〔山田康成〕，森田茉莉子「フリーランス・トラブル110番（厚労省委託）の意義」季刊労働法276号（2022年）95頁）。

10　鎌田＝長谷川619頁〜〔山田康成〕，森田・前掲注9）95頁も，同様の実態を述べる。

は違約金と相殺して支払わない，などと言われ，辞めるに辞められなくなってしまいました。

私はどうしたらよいのでしょうか。

フリーランスにも職業選択の自由（憲法22条）が保障されているのであって，これを不当に長期に拘束しないようにすることが求められる。フリーランスによる契約解消に対する過度な制約を防止する観点で，現行法上何かフリーランス側から法的な対応手段が取られ得るだろうか。

(2) 民法の解釈

民法上，フリーランス側の契約解消には制約が伴う。

① 請負契約

フリーランスに対する業務委託契約が請負契約とカテゴライズされる場合には，注文者（発注者）には任意解約権（民法641条）が認められているのとは異なり，請負人（フリーランス）には任意解約権が認められていないから，特に契約上フリーランスに任意解約権が認められない限り，そもそもフリーランスが任意に契約を解約することはできない。

② 準委任契約

準委任契約の場合，フリーランス側にも任意解約権が民法上与えられている（民法651条1項）。もっとも，**深掘りコラム10(1)**で詳述したとおり，任意解約権を排除する特約は有効であり，業務委託契約書の定めによって，フリーランスの任意解約権が何らかの形で制限される余地がある。

フリーランスが任意解約をなし得たとしても，発注者（委任者）に不利な時期に委任を解除したときは，「やむを得ない事由」がある場合を除いて，発注者の損害を賠償する義務を負うことになる（民法651条2項1号）。委任者に不

利な時期とは，例えば，自身又は第三者による事務処理継続が困難な時期などをいうとされる[11]。やむを得ない事由とは，受任者自身の疾病，委任者の不誠実な行動（不徳の，又は不信な行為）等が含まれる[12]。

(3) 労働法規の適用・類推適用

他方，フリーランスに労基法上の労働者性が認められる場合（**第3章1参照**），以下に述べる労働法規が適用され，フリーランスが契約を解消するための法的な障壁はほとんどない。

① 2週間の予告期間による辞職

労働者性のあるフリーランスの契約に期間の定めがない場合，フリーランスは，民法627条1項の適用により，2週間の予告期間をおくだけで，一方的な意思表示により契約を解約（辞職）できる。

民法627条の規定は，労働者の辞職については強行規定と解するのが，裁判例（日本軽金属事件・東京地判昭和47年11月17日労判165号40頁，高野メリヤス事件・東京地判昭和51年10月29日判時841号102頁等）と学説の大勢であり[13]，この解釈は債権法改正後も同様に妥当する[14]。

② 即時辞職

労働者性のあるフリーランスは，「やむを得ない事由」があれば，即時に辞

11　山本豊編『新注釈民法(14)債権(7)』（有斐閣，2018年）330頁〔一木孝之〕

12　山本豊編・前掲注11）332頁〔一木孝之〕

13　水町勇一郎『詳解労働法〔第3版〕』（東京大学出版会，2023年）1034頁，土田道夫『労働契約法〔第2版〕』（有斐閣，2016年）633頁。ただし，民法627条1項は辞職に限っていえば任意規定と解しつつ，辞職について不当に長期の予告を義務付けることは労働者の職業選択の自由に対する侵害として公序違反により無効とする見解もある（東京大学労働法研究会『注釈労働基準法上巻』（有斐閣，2003年）314頁〔野田進〕）。

14　山本豊編・前掲注11）92頁〔山川隆一〕

職することができる（民法628条）。この規律は，有期契約の場合にも無期契約
の場合にも適用される[15]。

「やむを得ない事由」がなくとも労働者からの辞職を認める規定を契約に定
めた場合，これを有効とする見解が多数とされるが[16]，民法628条は強行法規
であり，上記のような契約上の規定も無効と解する見解もある[17]。

契約期間が1年を超える場合，労働者は，契約期間の初日から1年を経過し
た日以後はいつでも辞職することができる（労基法137条）[18]。

③ 損害賠償の予定の禁止

労基法16条は，労働契約の不履行について違約金や損害賠償の予定の条項を
明文で禁止する。同条に違反する違約金契約又は損害賠償の予定をする契約は，
私法上当然に無効となる[19]。

したがって，労働者性のあるフリーランスの業務委託契約の中に違約金や損
害賠償の予定の条項があったとしても，当該条項に基づく違約金や損害賠償の
支払義務を免れる可能性がある。

大阪地判令和5年4月21日判決は，芸能プロダクションXと専属的マネジメ
ント契約を締結したアイドルYが同契約を解除したところ，特定の条項への違
反1回につき200万円の違約金を支払う旨の同契約上の違約金条項に基づき，
XがYに対し，アイドルグループからの脱退を含む条項違反を主張して，約1
千万円もの違約金を請求した事案で，Yの労働者性を認め，違約金条項は労基

15　山本豊編・前掲注11）102頁〔山川隆一〕
16　荒木尚志ほか『詳説労働契約法〔第2版〕』（弘文堂，2014年）169-170頁，西谷敏ほか『新
　基本法コンメンタール労働基準法・労働契約法〔第2版〕』（日本評論社，2020年）416頁〔中
　窪裕也〕
17　土田・前掲注13）783頁
18　マネジメント専属契約が労基法上の労働契約であると認定した上で，労基法附則137条
　を適用して辞職を認めた裁判例として，ジェイロック事件・東京地判平成28年3月31日判
　タ1438号164頁がある。
19　厚労省労働基準局上253頁

法16条に違反するとした。同判決の詳細は，**深掘りコラム 8 (5)**紹介した。

④　使用者の損害賠償請求の制限

　使用者の労働者に対する損害賠償請求や求償請求は，「損害の公平な分担という見地から信義則上相当と認められる限度において」のみ認められるとするのが判例である（茨石事件・最一小判昭和51年7月8日民集30巻7号689頁）。同判例によれば，請求が認められる範囲を判断するに当たっては，「事業の性格，規模，施設の状況，被用者の業務の内容，労働条件，勤務態度，加害行為の態様，加害行為の予防若しくは損失の分散についての使用者の配慮の程度その他諸般の事情」が考慮される。仮にフリーランスに労働者性が認められるのであれば，この判例法理をストレートに適用することができる[20]。

　では，どの程度労働者の責任が軽減されるか。前掲茨石事件は，結果として労働者の責任を損害の4分の1に制限した。近時の裁判例では，労働者の責任を2分の1以下に制限しているものが複数ある。片山興業事件・東京地判平成24年7月18日労判1057号162頁は，労働者が運転者の基本的な注意義務を怠ったことや，労働者の賃金額，使用者が自動車保険を適用していないこと等を考慮し，責任を損害の2分の1に制限した。信州フーズ事件・佐賀地判平成27年9月11日労判1172号81頁は，労働者の業務の性質上，事故発生の危険性を内包する長距離の自動車運転を予定するものであったこと，労働者は，相応の態度で業務に取り組んでおり，その業務量も少なくなかったこと，労働者の過失の内容は，自動車運転に伴って通常予想される事故の範囲を超えるものではないこと等を考慮し，責任を損害の30％に制限した。

　使用者の請求を全部認めない裁判例もある。エーディーディー事件・京都地判平成23年10月31日労判1041号49頁は，労働者に故意又は重過失がなく，使用者に生じた損害が報償責任・危険責任の観点から本来的に使用者が負担すべき

20　使用者から労働者に対する損害賠償請求全般につき，第二東京弁護士会労働問題検討委員会編『労働事件ハンドブック〔改訂版〕』（労働開発研究会，2023年）296-300頁も参照。

リスクであり，取引関係にある企業同士で通常有り得るトラブルといえるような場合に，賃金額に比して損害額があまりにも高額であるとして，使用者による賠償請求や求償請求を全部棄却した。仙台地判平成24年11月9日裁判所ウェブサイトは，労働者の過失が相当小さく，使用者が車両保険契約を締結せず，かつ，悪天候の中労働者にタクシー乗務をさせたにもかかわらず，損害発生に対する有意な回避措置をとっていないとして，使用者による損害賠償請求を全部棄却した。

　他方，トラック運転手が退職する旨の書置きを残したのみで無断欠勤したことでトラックの運行が不能になったことによる損害について，事前に退職の意思を伝えることができないほどの緊急性があったとはいえないとして，当該運転手の賠償責任を信義則上制限すべき事情はないと判示した裁判例もある（大島産業事件・福岡地判平成30年9月14日労経速2367号10頁）。

⑤　労働者性が認められない場合の類推適用

　厳密には労働者性までは認められない場合であっても，フリーランスの働き方の実態によっては，上記の労働法規の条文や判例法理が類推適用される可能性はあるだろう。例えば，労働者性までは認定せずに，民法628条を類推適用した裁判例がある（**深掘りコラム10(4)**）。

(4)　禁止行為（法5条）該当性

　フリーランスに労基法上の労働者性が認められない場合には，フリーランス法5条1項2号はフリーランスの帰責事由なく報酬を減額することを（**第6章2(2)参照**），同項4号は買いたたきを（**第4章7(2)参照**），同条1項1号は不当な経済上の利益の提供要請を（**第5章2(2)参照**），それぞれ禁止しているため，契約上の違約金条項や費用の天引条項がこれらに違反しないかが問題となる。

　フリーランスと発注者との間で報酬の減額等についてあらかじめ合意があったとしても，フリーランスの責めに帰すべき事由なく報酬額を減じる場合には，

フリーランス法違反となる（解釈ガイドライン第2部第2の2(2)イ）。これによれば，報酬額から違約金等の名目で一定額を差し引くことも，フリーランスの帰責事由がない限り許されないことになりそうである。そして，フリーランスの帰責事由は，フリーランスの給付内容が委託内容と適合しない場合，納期遅れにより給付そのものが不要となった場合に限られるようであるし，これらの意義もかなり厳格に解釈される（解釈ガイドライン第2部第2の2(2)ア(ウ)，同イ(エ)。**第6章1(1)②**も参照）。このように見てくると，違約金や費用を天引することを許容する書面上の合意が存在する場合であっても，当該合意に基づき実際に違約金や費用を天引きすることは，フリーランス法に違反するとされる可能性が高い。

仮にフリーランス法5条に違反したとされる場合には，**深掘りコラム1**で詳述したとおり，私法上契約条項が無効となるかという問題が生じる。不当性が強い場合，独禁法に反する場合には，私法上の効力も否定される可能性がある。

(5) 消費者契約法の類推適用

深掘りコラム10(3)で述べたとおり，消費者契約法とフリーランス法の趣旨の同一性に着目して，消費者契約法の規定が類推適用される可能性がある。違約金条項や費用の天引き条項に関連する規定としては，消費者が支払う損害賠償額を予定する条項等を無効とする同法9条のほか，広く任意規定に加重して信義則に反し消費者の利益を一方的に害する条項を無効とする同法10条が問題になる。

解約に伴う違約金の合意の効力を否定した東京地判令和2年1月9日ウェストロー2020WLJPCA01098004は，極めて参考になる。同裁判例は，CD等の制作販売会社・タレントマネージメント会社が提供するギターレッスンの契約において，契約期間内に契約を解除する場合には違約金として契約代金の全額相当額を支払う旨の条項について，当該契約の法的性質は準委任契約であり，民法651条に基づき任意解約権があるところ，上記のような違約金条項は，解約

時期，解約による会社の損害の有無及び程度にかかわらず一律に契約代金相当額の違約金を課するものであり，「強行法規（消費者契約法10条参照）に反するものといわざるを得ず，また，公序良俗にも反するものとして，無効」と判示した。また，会社に何らかの具体的な損害が生じたことが全くうかがわれない点も指摘されている。この事例は，消費者契約法そのものは適用されない場合でも，同法を「参照」して，かつ「公序良俗」違反との理由づけも付記して無効との結論を導いており，厳密には消費者契約法が適用されないフリーランスの取引にも趣旨が妥当するものと考えられる。

東京地判平成30年3月23日ウェストロー2018WLJPCA03238022は，プロの司会者を目指す個人が締結した司会者養成講座受講契約に，解約に伴う受講料返金を制限する不返金特約が付されていた事案において，当該受講契約は準委任契約であり民法651条の任意解約権があるから，当該不返金特約はかかる任意解約権を一方的に制限するものであるところ，当該養成講座は，将来的に司会者としてデビューできる見込みのある受講希望者を選別する必要があり，また，講師が直接受講生を指導するため，無制限に受講生を受け入れることができるものではないが，他方で，受講希望者の募集に時期的な制限がなく，受講生の受入人数を柔軟に設定でき，代替可能性・変更ないし転用可能性が低いとは認められず，開講に当たって要する準備費用も相対的には大きくない業態の事業であることから，解除の事由，時期を問わず，受講契約の解除（解約）により一律に受講料相当額の損害が生ずるとは認められず，不返金特約は平均的な損害額を超える損害賠償の額を予定するものとして，消費者契約法9条1号により無効と判示した。これも，受講契約時点では消費者であったものの，「プロの司会者を目指」している点でフリーランスの事案と見る余地もあり，フリーランスとの取引に対しても示唆が大きい。

他方で，カナダでの家事使用人としての就労を仲介する契約において，就労希望者が契約を中止した場合には50万円を差し引く旨の条項が設けられていた事案で，仲介業者が計100時間の英語勉強会等を実施し，情報を収集し提供したこと，カナダへの渡航の段取りを整えたこと，就労希望者とSNSで頻繁に

連絡を取っていたこと，契約締結から解約まで1年以上が経過していることから，50万円という金額は平均的な損害額を超えず，有効と判示した裁判例もある（東京地判平成28年3月23日ウェストロー2016WLJPCA03238031）。

(6)　約款規制

　深掘りコラム10(2)と同様，フリーランスとの取引が定型取引にあたるような例外的な場合には，民法548条の2第2項に基づき，違約金条項や費用の天引き条項の効力が否定される可能性もある。

　過大な違約罰を定める条項など，条項の内容自体に強い不当性が認められる場合には，合意しなかったものとみなされる典型例として説明される[21]。

　裁判例を見ても，東京地判令和3年5月19日ウェストロー2021WLJPCA05198004は，商品の転売禁止とそれに違反した場合の50万円の違約金支払合意につき，商品購入者の転売によって，販売者に50万円もの損害が生じるとは考え難いこと，利用規約上の違約金支払条項を商品購入者が確認することを期待できず，そのことを販売者も認識し得たこと，違約金50万円は商品の販売価格の約32倍に上り過大であることから，民法548条の2第2項により違約金条項の効力を否定した。

　他方で，インターネット上で求人・求職者情報を提供するサービスの業者が，同サービスを通じて「採用」に成功したにもかかわらず不採用と報告した行為につき，成功報酬194万円あまりのほか，約定に基づき違約金400万円を請求した事案において，違約金の金額は若干高額ではあれ，求人・求職者が口裏を合わせて「不採用」と報告することによる成功報酬の支払逃れを抑止する必要性と合理性があること，サービス利用者も事業者であること，違約金の金額が規約上明記されているばかりでなく，サービス申込書にも抜粋されていたこと，サービス利用者が支払逃れを行おうとしていた可能性を否定しえないこと等か

21　筒井健夫＝村松秀樹編著『一問一答民法（債権関係）改正』（商事法務，2018年）252頁

ら，違約金の請求を認めた裁判例もある（東京地判平成31年4月22日ウェストロー2019WLJPCA04228008）。

(7) 今後の展望

① 現行法上の枠組みの限界

　以上に詳細に検討したように，現行法上可能な枠組みで，フリーランスによる契約解消に対する過度な制約の問題を解決するには，フリーランスに労働者性があることを示して労働法規を適用するか，労働者に類似するものとして類推適用することが一つの方法である。

　しかし，一般にフリーランスが労働者と認められる事例が多いというわけではない（第3章1参照）。そもそも，**深掘りコラム8**で詳述したようにフリーランス自身が労働者としての地位を望んでいないことが多い。労働法規の規律を十把一絡げにフリーランスに適用することは，その自由な働き方を阻害する要因になりかねない。労働者性概念は，実態として労働者である場合に労働法規を適用するためには使えても，労働者であることを欲しないフリーランスに，労働法の規制から逃れ，自由に働く自由を与えてはくれないのであって，フリーランスに労働者性を認めることは，実はフリーランス自身のニーズに合わない。

　そうかといって，労働者性を前提としない場合，フリーランス法上の禁止行為規制（法5条）を援用するほか，消費者契約法，約款規制を適用ないし類推適用することも考えられるが，以上に詳細に検討したことからすれば，実効性はおぼつかない。

② 新たな条文の追加？

　フリーランスは，業務内容も業務形態も業務遂行方法も千差万別であり，それぞれに必要な保護の内容や強度はまちまちである。これに対し統一的・画一的な労働者概念だけで立ち向かおうとすると，ある場合には必要な保護を及ぼ

すことができず，逆にある場合には不必要な保護を及ぼすことになる。個々の
フリーランスに，過不足のない保護を与え，他方で不必要な保護を与えないた
めには，現行法上労働者性が容易に認められるフリーランスであるなら格別，
そうでない限り，フリーランスを一律に労働者として扱うのではなく，フリー
ランスにも適用する必要がある一定の労働法規の規律のみ，フリーランス法に
追加する方法が考えられる[22]。

第1に，「やむを得ない事由」がある場合に労働者に即時辞職を許す規定
（民法628条）は，労働者性のないフリーランスについても同様の規律を設ける
必要がある。フリーランス法第3章に，以下の規律を追加するのはどうだろう
か。

「当事者が契約期間を定めた場合であっても，やむを得ない事由がある
ときは，特定受託事業者は，直ちに契約の解除をすることができる。」

第2に，労働者性のないフリーランスであっても，フリーランスからの契約
解消に違約金その他の障害を契約上定めることを許してしまっては，契約解消
が事実上困難になりかねないから，労基法16条と同様の規律を，フリーランス
法第3章に追加することも考えられる。

「業務委託事業者は，特定受託事業者が業務委託に係る契約を解除する
ことについて違約金を定め，又は損害賠償を予定する契約をしてはならな
い。」

22　本文と同様，労働者概念自体を拡張するのではなく，雇用類似就業者にふさわしい特別
　規制を個別に追加していく法政策が賢明であることを説くものとして，荒木尚志「プラッ
　トフォームワーカーの法的保護の総論的考察」ジュリ1572号14頁参照。

(8) 実務対応

　以上のとおり，フリーランスの契約解消の申出を妨げようとする行為に対し，現行法上も何かしら対抗手段がないわけではないし，フリーランス法上適用される規定がないではない。今後のフリーランス法等の改正の可能性をも視野に入れれば，契約を解消したいといっているフリーランスに対し，それを妨げようとする試みが成功するとは限らず，かえって法的リスクを惹起する可能性が捨てきれない。

　そもそも，法的整理はどうあれ，辞めたいと言っているフリーランスを引き留め，強制的に働かせようとしても，甲斐がない。損害賠償を請求することが法的には可能でも，フリーランスに財産がないか，あるとしてその所在がわからなければ，実際には賠償させようもない。

　激高する気持ちを抑えつつ，「去る者追わず」の精神で臨むことが，トラブル予防に肝要である。

第10章

紛争対応

～本章のポイント～

　本章では，フリーランスとの間で紛争が生じた場合の対応，特に紛争解決手続を解説する。

　フリーランスと発注者との間の紛争は，訴額が小さく，したがって弁護士や司法書士といった専門家に手続代理を依頼することが困難であり，フリーランスが独力で遂行し得る手段が取られることが多い。

　フリーランス法は，行政指導，勧告，命令といった行政上の措置を定めており，フリーランス法施行後はこれが積極的に発動される可能性を念頭に置く必要がある。公取委，中企庁，都道府県労働局などの行政当局からアプローチがあった場合には，なおざりにしたり無視したり反抗したりせずに誠実に対応するとともに，速やかに必要な是正措置を取ることが，その後のより強度な制裁（特に，命令を受けたことを公表され，あるいは刑事罰まで課せられる事態）を避けるために極めて重要である。

　このほか，民事上の紛争解決手続として，裁判所で行う少額訴訟，督促手続，民事調停があり，フリーランス・トラブル110番を運営する第二東京弁護士会が和解あっせん手続を実施している。特に和解あっせん手続は実務上広く用いられている。さらに，都道府県労働局のあっせん手続，下請駆け込み寺の調停手続などもある。労働組合から団体交渉を申し入れられる可能性もある。いずれにおいても，紛争がさらにエスカレートして，さらなる時間・費用・労力が必要となる事態を避けるためには，なおざりにせずに手続に応諾し，早期に解決を目指すことがトータルで見て得である場合も多いだろう。

第10章　紛争対応　**327**

1　フリーランスとの紛争の特徴

　フリーランスと発注者との間の紛争は，訴額が小さく，したがって弁護士や司法書士といった専門家に手続代理を依頼することが困難であるという特徴がある。勢い，かかる専門家に依頼することなくフリーランスが独力で遂行し得る手段が取られることが多い。フリーランス・トラブル110番の相談現場でも，専門家への依頼が必要のない手段を教示することが一般である。

　以下では，専門家への依頼が必要ない手段を取り上げ，それに対する発注者としての対応を解説する。

2　行政指導，勧告，命令

(1)　行政的エンフォースメントの仕組み

　フリーランス法違反がある場合，フリーランスは行政機関に申告を行うことができ（法6，17条），行政機関は，助言指導等（法22条），勧告（法8，18条）を経て，勧告に従う旨の命令（法9条）を下し，この命令に違反したときや虚偽報告・検査報告等があったときに初めて50万円以下の罰金に処する刑事罰を科すことができるとされ（法24条），全体として制裁が極めて謙抑的なものといえる。

　刑事罰については，両罰規定と呼ばれる規定があり，行為者たる自然人（例えば現場責任者，人事担当役員等）のみならず，法人自体も刑事責任を負いうる（法25条）。

　図表10－1は，フリーランスが行政当局に申告した後のフローを示したものである。

【図表10－1】

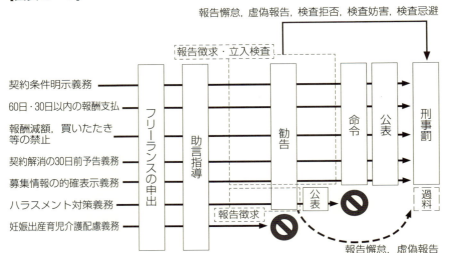

(出所) 筆者作成

　どの措置が可能かは，違反した義務の内容によって異なる。まとめると**図表10－2**のとおりである。

　妊娠出産育児介護配慮義務違反については，助言指導ができるにとどまり，勧告以降の措置の対象とされていない。

　また，ハラスメント対策義務違反については，勧告（とその公表）までは可能であるが，命令以降の措置の対象とされていない。また，報告を徴求することのみが可能で，立入検査はできず（法20条2項，1項），報告徴求に対し報告を怠り又は虚偽報告をした場合でも，刑事罰までは課されず，20万円以下の過料が科され得るにとどまる（法26条）。

　公取委は，2024年4月1日，同法違反行為が疑われる事業者に対する調査・措置等の業務を担当する「フリーランス取引適正化室」を設置した[1]。フリー

1　公正取引委員会「『フリーランス取引適正化室』の設置について」（2024年4月1日）https://www.jftc.go.jp/houdou/pressrelease/2024/apr/240401_officeofensuringfairtransactionsInvolvingfreelancecontractors.html ［2024年7月6日閲覧］

【図表10−2】

項目	申出・助言指導	勧告	報告徴求立入検査	命令	刑事罰・過料
契約条件明示義務	公取委・中小企業庁（法6条,22条）	公取委（法8条）	公取委・中小企業庁（法11条）	公取委（法9条1項）※公表も可（同条2項）	50万円以下の罰金（法24条1号）※虚偽報告・検査妨害等も同じ（同条2号）
60日・30日以内の報酬支払					
報酬減額, 買いたたき等の禁止					
契約解消の30日前予告義務	厚生労働大臣（都道府県労働局長）（法17条,22条）	厚生労働大臣（都道府県労働局長）（法18条1項）	厚生労働大臣（都道府県労働局長）（法20条1項）	厚生労働大臣（都道府県労働局長）（法19条1項）※公表も可（同条2項）	
募集情報の的確表示義務					
ハラスメント対策義務		厚生労働大臣（都道府県労働局長）（法18条1項）※公表も可（法19条3項）	報告徴求のみ可能（法20条2項）	×	20万円以下の過料（虚偽報告等のみ, 法26条）
妊娠出産育児介護配慮義務		×	×	×	×

（出所）　筆者作成

ランス法施行後は,「フリーランス・事業者間取引適正化等法の被疑事実についての申出窓口」が設置され,行政当局に対しオンライン又は書面で申告する道が開かれた[2]。フリーランス法は複数の所管官庁があるが,オンラインでの申告では,申告者がわざわざ該当の所管官庁に問い合わせる必要はなく,この窓口から申告すれば,公取委,中小企業庁,都道府県労働局など所管の官庁へ自動的に回付される仕組みとなっている。申告を受けた所管官庁は,適宜何らかの調査を行うこととなる。フリーランスがフリーランス法違反を申告する

2　https://www.mhlw.go.jp/stf/seisakunitsuite/bunya/koyou_roudou/koyoukintou/zaita
ku/freelance_moushide.html

ハードルはそれほど大きくないことから，発注者が所管官庁の調査や指導等を受ける可能性は無視できない。

(2) リーニエンシー

　公取委は，フリーランス法8条に基づく勧告の対象となる違反行為に関し，発注者が自発的に申出を行い，かつ，以下の事由が認められた場合には，勧告はしないものと明言している（執行ガイドライン4）。

① 　公取委が調査に着手する前に，違反行為を自発的に申し出ている。
② 　違反行為を既に取りやめている。
③ 　違反行為によりフリーランスに与えた不利益を回復するために必要な措置を既に講じている。
④ 　違反行為を今後行わないための再発防止策を講ずることとしている。
⑤ 　違反行為について公取委の調査指導に全面的に協力している。

(3) 実務対応

　フリーランス法に違反した場合には，徐々に強度の強い制裁が用意されているため，万が一，公取委，中企庁，都道府県労働局長，厚生労働大臣から助言指導，報告徴求，立入検査，勧告等を受けた場合には，なおざりにしたり無視したり反抗したりせずに，誠実に対応するとともに，速やかに必要な是正措置を取ることが，その後のより強度な制裁（特に，命令を受けたことを公表され，あるいは刑事罰まで課せられる事態）を避けるために極めて重要である。

　可能であれば，公取委の調査が入る前に自発的に申し出るなどして，勧告を回避することも有益である。

　また，フリーランスがフリーランス法違反の申告をしたとき，発注者はそれを理由に不利益取扱いをしてはならない（法6条3項，17条3項）。したがっ

て，当局の調査，指導助言等を受けたとしても，誰が申告したか犯人探しをすることはもとより，申告したことを理由としてフリーランスとの契約を打ち切ったり，報酬を減額したり，損害賠償を求めたり，ハラスメントを行ったりすることは許されない。

3　少額訴訟

　訴額が60万円以下の金銭請求である場合には，少額訴訟という特殊な訴訟を用いることができる（民訴法368条以下）。少額訴訟は，1回の期日で審理を終えて判決に至るものであり（一期日審理の原則，同法370，374条），証拠調べは即時に取り調べることができる証拠に限定され（同法371条），反訴も控訴も禁止されるなど（同法369，377条），極めて迅速に結論が導かれる。統計上，少額訴訟の平均審理期間は，令和5年度では2.5か月に過ぎず，平成10年以降でも令和2年度の2.8か月が最大である[3]。かつ，強制執行の場面でも，執行文の付与は不要であり，判決正本のみに基づいて，裁判所書記官に申し立てることにより，簡易に強制執行が可能である（民事執行法25条ただし書，167条の2以下）。被告となる発注者の側からみれば，迅速に対応しなければ，極めて短期間のうちに敗訴判決が下され，確定し，強制執行までされてしまうリスクがあることになる。

　そこで，被告となった発注者としては，少額訴訟の訴状等を受け取り次第，訴訟を通常の手続に移行する旨の申述（同法373条）を行うことにより，少額訴訟ではなく，通常の簡易裁判所での訴訟手続に移行することが考えられる。そうすれば，期日が続行されたり，証人尋問その他の即時には取り調べられない証拠をも取り調べられたり，控訴が可能となるなど，十分に主張立証を尽く

3　裁判所「裁判所データブック2024」74頁　https://www.courts.go.jp/vc-files/courts/2024/databook2024/db2024_all.pdf　〔2024年11月5日閲覧〕

す道が開けるし，仮に何らか支払に応じるとしても，その条件交渉の時間を確保するなどの効果も見込める。

少額訴訟の終局判決が下されてしまった場合でも，送達日から2週間以内であれば，異議を述べることにより，通常の簡易裁判所での訴訟手続で審理してもらうことができる（同法378，379条）。ただし，この場合には控訴は引き続き禁止されるため（同法380条），可能なら，上記のとおり判決前に通常手続への移行申述をしておくべきである。

4　督促手続

督促手続とは，金銭請求等について，裁判所書記官が発する「支払督促」に債務者が争わない場合に，実質的審理を経ることなく簡易迅速に債務名義を取得することを可能とする手続である（民訴法382条以下）。

督促手続においては，裁判所書記官は，債権者の審尋を経ることなく「支払督促」を発して債務者に送達し（同法386，388条），当該送達日から2週間経過後に，さらに支払督促に仮執行の宣言を付して債務者に送達し（同法391条），当該送達日から2週間経過で確定すれば，支払督促は確定判決と同一の効力を有するに至る（同法393，396条）。支払督促の申立てはオンラインでも可能とされており（同法397条以下），比較的使い勝手が良い。司法統計によれば，令和5年に支払督促が発布された債務者数は24万4266人にも及び，9万7088人もの債務者に仮執行の宣言が付されている[4]。かつ，強制執行の場面でも，執行文の付与は不要であり，支払督促正本のみに基づいて強制執行が可能である（民事執行法25条ただし書）。被告となる発注者の側からみれば，迅速に対応しなければ，極めて短期間のうちに債務名義が成立し，確定し，強制執行までされてしまうリスクがあることになる。

4　https://www.courts.go.jp/app/files/toukei/721/012721.pdf　［2024年11月5日閲覧］

第10章　紛争対応　**333**

そこで，債務者となった発注者としては，支払督促を受け取り次第，督促異議の申立てを行い，訴額に応じ簡易裁判所か地方裁判所での訴訟に移行させることが考えられる（同法386条2項，395条）。これにより，十分に主張立証を尽くす道が開けるし，仮に何らか支払に応じるとしても，その条件交渉の時間を確保するなどの効果も見込める。

ただし，督促異議の申立ては，仮執行の宣言を付した支払督促の送達日から2週間を経過すると不可能となるし（同法393条），一度仮執行の宣言が付されてしまうと確定を待たずに執行力が生じ，これに基づく強制執行を阻止するには執行停止の裁判が必要となるから（同法403条1項3・4号，民事執行法22条4号），早く行う必要がある。

5　民事調停

民事調停は，裁判所が行うＡＤＲ（裁判外紛争解決手続）であり，調停主任（主として裁判官）と2名以上の民事調停委員（弁護士，各種士業，アジャスターなど多様な職を経験した人格識見豊かな方が選ばれる。）で構成される調停委員会が当事者の間に入り，当事者双方の互譲により，条理にかない実情に即した解決を図る手続である（民事調停法1条等）。令和5年度の民事調停事件の新受件数は2万9612件であり，広く使われているばかりでなく，令和4年度の平均審理期間は3.7か月であり，概ね迅速に進行する手続でもある[5]。

民事調停の申立てを受けた相手方は，指定された期日に出頭する義務を負い（民事調停規則8条等），正当な事由なく出頭しないときは5万円以下の過料に処せられる可能性がある（民事調停法34条）。実際に過料が課される事例はまれだといわれるものの，法律上の出頭義務を全く無視することは一般には推奨しにくい。また，出頭しなかったとしても，フリーランス側が通常訴訟，少額

5　裁判所データブック2024・前掲注3）43，81頁

訴訟や支払督促などの手続を始めるなど対応をエスカレートさせる可能性がある。訴訟手続に移行した場合に不利な判断が見込まれたり，そうではなくともフリーランスとトラブルを抱えている状態自体を早急に解決する必要があったりするのであれば，早期かつ迅速に穏便に解決するために，期日に出頭して話し合いに応じることも有効な選択肢だろう。当事者間でいくら話し合っても解決できないようなケースでも，調停委員会が間に入って調整することで解決に至るケースも少なくない。

6 フリーランス・トラブル110番の和解あっせん手続

第二東京弁護士会が厚労省の委託を受けて運営するフリーランス・トラブル110番事業にあっては，フリーランスから弁護士が無料で相談を受けるばかりでなく，フリーランスと発注者の間のトラブルを解決するためのＡＤＲ（裁判外紛争解決手続）として，和解あっせん手続をも利用することができる。同手続は，同会仲裁センターが運営しており，原則として10年以上の経験を持つ弁護士があっせん人となり，フリーランスと発注者双方の言い分を聞きながら，双方の話し合いによる解決を目指すものである。

同手続は，フリーランスが申立てを行う限り申立人・相手方いずれからも手数料を取らないほか，Zoom を用いたウェブ期日を利用可能であることなどから，上記５の民事調停に比しても利便性が高いため，実務上よく用いられている。厚労省の統計資料によれば，令和２〜４年度の３年間で，和解あっせん手続の申立ての受付件数は累計338件に及び，78件の事件で和解が成立している。直近の令和５年度ではさらに増えており，受付件数は207件に及び，64件もの事件で和解が成立している[6]。

もっとも，上記５の民事調停とは異なり，和解あっせん手続の申立てを受け

---

6 https://www.mhlw.go.jp/content/001323087.pdf ［2024年11月４日閲覧］

た発注者には，手続応諾義務までは課されていない。上記3，4の少額訴訟や督促手続とも異なり，無視しても特にお咎めがあるわけではない。とはいえ，無視すればフリーランス側が裁判手続を含め対応をエスカレートさせる可能性がある。裁判手続に移行した場合に不利な判断が見込まれたり，そうではなくともフリーランスとトラブルを抱えている状態自体を早急に解決する必要があったりするのであれば，早期かつ迅速に穏便に解決するために，あえて手続に応諾することも有効な選択肢だろう。当事者間でいくら話し合っても解決できないようなケースでも，あっせん人が間に入って調整することで解決に至るケースも少なくない。

　手続に応諾する場合，代理人弁護士を選任してもよいし，発注者本人が手続を行うことでも差し支えない。

7　都道府県労働局のあっせん

　個別労働関係紛争の解決の促進に関する法律5条は，個別労働関係紛争を解決するため，都道府県労働局の紛争調停委員会によるあっせんの制度を設けている。原則として1回の期日で終結するため，これも簡易迅速に紛争解決を図ることができる手続である。令和5年度の申請件数は3687件であり，直近10年間を見ると，平成30年度の5201件が最大である[7]。利用される紛争類型として，いじめ・嫌がらせが最も多く（令和5年度で20.4％），解雇事案（同20.2％），雇止め事案（同9.2％）などがそれに続くことからもわかるように[8]，契約解消事案はもとより，ハラスメント事案に特に使い勝手が良い手続ともいえる。令和5年度で51.1％の事例で相手方が手続を応諾し，全体の32.9％の事例で合意が成立しており，実効性も一定程度見込まれる[9]。

7　https://www.mhlw.go.jp/content/11909000/001306686.pdf　［2024年11月4日閲覧］
8　同上
9　同上

なお，都道府県労働局のあっせんは，労働者を対象とするものであり，労働者性がないフリーランスは本来対象外であるはずであるが，現実にフリーランスが自らは労働者である旨主張してあっせんの申立てがされてしまえば，実務的にはそのまま手続に乗せる取扱いがなされることもあり得る。

　都道府県労働局のあっせんの申立てを受けた発注者には，手続応諾義務までは課されていないが，無視すればフリーランス側が裁判手続を含め対応をエスカレートさせる可能性もある。裁判手続に移行した場合に不利な判断が見込まれたり，そうではなくともフリーランスとトラブルを抱えている状態自体を早急に解決する必要があったりするのであれば，早期かつ迅速に穏便に解決するために，あえて手続に応諾することも有効な選択肢だろう。当事者間でいくら話し合っても解決できないようなケースでも，あっせん人が間に入って調整することで解決に至るケースも少なくない。

8　下請かけこみ寺の調停手続

　下請かけこみ寺とは，中企庁の委託を受けて公益財団法人全国中小企業振興機関協会が運営する事業であり，中小企業の取引上の悩みに関する電話相談を受け付けるとともに，調停手続というADRも設けている。

　上記6のフリーランス・トラブル110番の和解あっせん手続と同様，早期かつ迅速に穏便に解決するために，あえて手続に応諾することも有効な選択肢だろう。

9　団体交渉

　フリーランスが労働組合を結成し，あるいは既存の労働組合に加入して，団

体交渉を申し入れるケースも想定される。また，フリーランスが中小企業等協同組合法上の団体交渉をするという道も，抽象的には存在する。

　労働組合から団体交渉を申し入れられた場合には，これに応じつつ，その中で穏便な解決を図ったほうがコストは少ない場合が多いだろう。なぜばら，団体交渉の申入れを無視すると，都道府県労働委員会に対し救済命令の申立てが行われ，裁判に類似した手続が開始される可能性があるからである。もちろん，そもそもフリーランスが労働組合法上の労働者にあたらず，したがって団体交渉に応じる義務はないと主張することは考えられるが，結局は救済命令の申立てが行なわれ，その手続の中でかかる主張が認められるかどうか審理されることになり，面倒なことに変わりはない。

■著者紹介

宇賀神　崇

宇賀神国際法律事務所　代表弁護士（日本・ニューヨーク州弁護士）

フリーランスのほか，副業・兼業，越境ワークなど，従来型の雇用にとらわれない「自由な働き方」の伝道者。

2010年東大法学部卒，2012年東大法科大学院修了，2013年弁護士登録（66期），2014〜2022年森・濱田松本法律事務所，2016年中国対外経済貿易大学高級ビジネス中国語課程修了，2019年ジョージタウン大学ローセンター修了，2019〜2020年香港Gall Solicitorsで執務，2020年ニューヨーク州弁護士登録，2023年東京簡易裁判所民事調停官，2024年成蹊大学非常勤講師。

「フリーランス法は11月1日施行！実務対応のポイントを解説」（BUSINESS LAWYERS），『フリーランスハンドブック』『労働事件ハンドブック改訂版』（労働開発研究会，共著），『副業・兼業の実務上の問題点と対応』（商事法務，共著），『実務中国労働法』（経団連出版，共著），『働き方改革時代の規程集』（労務行政，共著），『香港　国家安全維持法のインパクト』（日本評論社，共著）ほか著作多数。フリーランス，副業・兼業等の自由な働き方に関するセミナー多数。

実務フロー順でわかる
フリーランス法への対応

2025年1月15日　第1版第1刷発行

著　者　宇　賀　神　　崇

発行者　山　本　　　継

発行所　㈱中央経済社

発売元　㈱中央経済グループ
　　　　パブリッシング

〒101-0051　東京都千代田区神田神保町1-35
　　　　　　電　話　03(3293)3371(編集代表)
　　　　　　　　　　03(3293)3381(営業代表)
　　　　　　https://www.chuokeizai.co.jp
　　　　　　印刷／東光整版印刷㈱
　　　　　　製本／誠　製　本　㈱

ⓒ 2025
Printed in Japan

＊頁の「欠落」や「順序違い」などがありましたらお取り替えいた
　しますので発売元までご送付ください。（送料小社負担）
　　　　　　　ISBN 978-4-502-52311-3　C3032

JCOPY〈出版者著作権管理機構委託出版物〉本書を無断で複写複製（コピー）することは，
著作権法上の例外を除き，禁じられています。本書をコピーされる場合は事前に出版者
著作権管理機構（JCOPY）の許諾を受けてください。
　JCOPY〈https://www.jcopy.or.jp　eメール：info@jcopy.or.jp〉

●実務・受験に愛用されている読みやすく正確な内容のロングセラー！

定評ある税の法規・通達集 シリーズ

所得税法規集
日本税理士会連合会 編
中央経済社

❶所得税法 ❷同施行令・同施行規則・同関係告示 ❸租税特別措置法（抄） ❹同施行令・同施行規則・同関係告示（抄） ❺震災特例法・同施行令・同施行規則（抄） ❻復興財源確保法（抄） ❼復興特別所得税に関する政令・同省令 ❽能登税特法・同施行令 ❾災害減免法・同施行令（抄） ❿新型コロナ税特法・同施行令・同施行規則 ⓫国外送金等調書提出法・同施行令・同施行規則・同関係告示

所得税取扱通達集
日本税理士会連合会 編
中央経済社

❶所得税取扱通達（基本通達／個別通達） ❷租税特別措置法関係通達 ❸国外送金等調書提出法関係通達 ❹災害減免法関係通達 ❺震災特例法関係通達 ❻新型コロナウイルス感染症関係通達 ❼索引

法人税法規集
日本税理士会連合会 編
中央経済社

❶法人税法 ❷同施行令・同施行規則・法人税申告書一覧表 ❸減価償却資産耐用年数省令 ❹法人税法関係告示 ❺地方法人税法・同施行令・同施行規則 ❻租税特別措置法（抄） ❼同施行令・同施行規則・同関係告示 ❽震災特例法・同施行令・同施行規則（抄） ❾復興財源確保法（抄） ❿復興特別法人税に関する政令・同省令 ⓫新型コロナ税特法・同施行令 ⓬租特透明化法・同施行令・同施行規則

法人税取扱通達集
日本税理士会連合会 編
中央経済社

❶法人税取扱通達（基本通達／個別通達） ❷租税特別措置法関係通達（法人税編） ❸減価償却耐用年数省令 ❹機械装置の細目と個別年数 ❺耐用年数の適用等に関する取扱通達 ❻震災特例法関係通達 ❼復興特別法人税関係通達 ❽索引

相続税法規通達集
日本税理士会連合会 編
中央経済社

❶相続税法 ❷同施行令・同施行規則・同関係告示 ❸土地評価審議会令・同省令 ❹相続税法基本通達 ❺財産評価基本通達 ❻相続税法関係個別通達 ❼租税特別措置法（抄） ❽同施行令・同施行規則（抄）・同関係告示 ❾租税特別措置法（相続税法の特例）関係通達 ❿震災特例法・同施行令・同施行規則（抄）・同関係告示 ⓫震災特例法関係通達 ⓬災害減免法・同施行令（抄） ⓭国外送金等調書提出法・同施行令・同施行規則・同関係通達 ⓮索引

国税通則・徴収法規集
日本税理士会連合会 編
中央経済社

❶国税通則法 ❷同施行令・同施行規則・同関係告示 ❸同関係通達 ❹国外送金等調書提出法・同施行令・同施行規則（抄） ❺租税特別措置法・同施行令（抄） ❻新型コロナ税特法・令 ❼国税徴収法 ❽同施行令・同施行規則・同告示 ❾滞納処分と強制執行等との手続の調整に関する法律・同施行令・同施行規則 ❿税理士法・同施行令・同施行規則・同関係告示 ⓫電子帳簿保存法・同施行令・同施行規則・同関係告示・同関係通達 ⓬デジタル手続法・同国税関係法令に関する省令・同関係告示 ⓭行政手続法 ⓮行政不服審査法 ⓯行政事件訴訟法（抄） ⓰組織的犯罪処罰法（抄） ⓱没収保全と滞納処分との調整令 ⓲犯罪収益規則（抄） ⓳麻薬特例法（抄）

消費税法規通達集
日本税理士会連合会 編
中央経済社

❶消費税法 ❷別表第三等に関する法令 ❸同施行令・同施行規則・同関係告示 ❹消費税法基本通達 ❺消費税申告書様式等 ❻消費税法等関係取扱通達等 ❼租税特別措置法（抄） ❽同施行令・同施行規則・同関係告示・同関係通達 ❾消費税転嫁対策法・同ガイドライン ❿震災特例法・同施行令（抄）・同関係告示 ⓫震災特例法関係通達 ⓬新型コロナ税特法・同施行令・同施行規則・同関係告示・同関係通達 ⓭税制改革法等 ⓮地方税法（抄） ⓯同施行令・同施行規則（抄） ⓰所得税法・法人税法令（抄） ⓱輸徴法令（抄） ⓲関税法令（抄）・同関係告示 ⓳国税通則法令・同関係告示 ⓴国税通則法令・同関係告示 ㉑電子帳簿保存法令

登録免許税・印紙税法規集
日本税理士会連合会 編
中央経済社

❶登録免許税法 ❷同施行令・同施行規則 ❸租税特別措置法・同施行令・同施行規則（抄） ❹震災特例法・同施行令・同施行規則（抄） ❺印紙税法 ❻同施行令・同施行規則 ❼印紙税法基本通達 ❽租税特別措置法・同施行令・同施行規則（抄） ❾印紙税額一覧表 ❿震災特例法・同施行令・同施行規則（抄） ⓫震災特例法関係通達等

中央経済社